Clocheman

Jean-Paul Fantou

Clocheman

Presses
DE LA
RENAISSANCE

Ouvrage réalisé
sous la direction éditoriale de Victor LOUPAN

Si vous souhaitez être tenu(e)
au courant de nos publications,
envoyez vos nom et adresse, en citant ce livre,
aux Éditions des Presses de la Renaissance,
12, avenue d'Italie, 75013 Paris.
Et, pour le Canada,
à Interforum Canada inc.,
1055, bd René-Lévesque Est,
Bureau 1100,
H2L 4S5 Montréal, Québec.

Consultez notre site Internet :
www.presses-renaissance.fr

ISBN 2.7509.0089.1

À ma fille, Élisabeth Fantou
Et à mon Créateur

À côté d'une banque, renfoncé dans un coin, un peu caché par pudeur, un vieux clochard, le visage tout marqué de coups, gît sur un tas de loques. Comme il est là, inerte, un père de famille passe sur le trottoir avec sa petite fille. Dans les yeux de l'enfant, je lis de l'inquiétude, de la compassion même, pour le vieil homme abandonné et je la vois esquisser un geste vers lui. Mais son père la retient : « Laisse-le, c'est un clochard, s'il est comme ça, c'est qu'il l'a voulu. » Sur ces mots, le père presse le pas en tirant sa fille par la main pour qu'elle ne voie plus ce spectacle.

Ce jour-là, je l'ai laissé partir mais j'aurais voulu lui crier : « Non, monsieur, les clochards, les exclus, ceux qui vivent dans la rue n'ont pas choisi d'être là où ils sont. La misère, personne ne la recherche, mais un jour elle vous agrippe et elle vous entraîne avec elle dans sa spirale de malheurs. Le vieil homme qui vous repousse et qui aurait pu être votre père, s'il a cet air effroyable, c'est que la rue l'a détruit. Vous avez tort de juger sans savoir, et votre jugement, votre regard, ce sont eux plus que tout qui le condamnent à rester dans la rue. Monsieur, vous auriez dû prendre modèle sur votre fille, elle vous a donné une leçon d'humanité. Les clochards sont des hommes comme vous, qui méritent qu'on les respecte.

Je ne vous demande pas d'avoir le cœur aussi généreux que votre enfant, mais de regarder le monde avec ses yeux innocents. Vous verriez les choses autrement. Aujourd'hui, vous vous hâtez de partir, mais avez-vous pensé que, peut-être, ce vieux monsieur qui vous dérange est en train de mourir ? »

Voilà, j'aurais voulu dire tout cela, et d'autres choses encore, mais je ne l'ai pas fait. Clochard moi-même, est-ce qu'il m'aurait écouté ? Pourtant, c'est là que tout commence, mais aujourd'hui, on l'a oublié. Pour y réfléchir et ne pas l'oublier, j'ai voulu écrire ce livre où je raconte ma vie. Beaucoup de gens parlent de la rue, mais ceux qui en parlent n'y ont pas vécu. Ils peuvent avoir un cœur gros comme ça, ils ne savent pas de quoi ils parlent. Moi, je connais la rue, à l'extrême. Ça fait vingt ans que j'y suis mais je crois que j'y ai toujours eu un pied, depuis ma naissance.

Dans ma vie, j'ai vécu plusieurs vies. En moi, je rassemble presque toutes les épreuves qui conduisent à la rue. Je n'en suis pas fier, c'est comme ça. La DDASS, la zone, la prison, le divorce, la séparation d'avec un enfant, l'alcool, la drogue, j'ai tout connu, j'ai tout reçu sur la tête jusqu'à me retrouver sur le trottoir sans plus rien, absolument rien, sinon, dans mon cœur, l'amour que je porte à ma fille, Élisabeth, et mes prières à Jésus.

Pourtant, je n'ai pas honte de ce que je suis devenu. Ça me fait mal, ça me révolte, mais même dans mes pires moments je me sens homme avec ma dignité, mes souvenirs, mes peines et mes joies. Non, la vie ne m'a pas fait de cadeaux, et se retrouver à la rue n'est pas un crime. Seulement voilà, on nous traite, nous autres les exclus, comme si on avait perdu notre humanité, comme si, presque, on était des criminels. La misère nous a ghettoïsés, le regard qu'on porte sur nous-mêmes nous ghetthoïse encore plus.

Clocheman

C'est contre ça que je m'élève, c'est ce regard que je veux changer. Je veux faire comprendre à tout le monde que même dans notre plus grande misère nous sommes *toujours* des hommes et des femmes, des êtres d'avenir, et que si on nous traitait comme tels, si on nous faisait confiance, si on nous écoutait comme on le fait pour tout le reste de l'humanité, nous serions enfin en mesure de sortir de la spirale infernale qui nous retient dans la rue.

Toi, ma mère, ma galère

Je suis né à trois ans et demi, dans un foyer de l'Assistance publique. C'est de là que j'ai mon tout premier souvenir.

Je me revois, accroupi dans la poussière d'une cour de ferme, quelque part en France. J'ai devant moi un petit jouet de bois, un camion de pompiers. Ce jouet, c'est mon refuge, mon petit monde, où je m'évade, où je rêve déjà, sans le savoir, d'une autre vie. Que je me sens mal dans cette famille d'accueil ! On ne m'y aime pas. Quand on est enfant, on sent ces choses-là. On me nourrit, on me loge, en attendant. Mais en attendant quoi ? Ça je ne sais pas.

Mon petit frère, Gérard, est avec moi. Nous avons un an de différence. J'ai aussi une sœur, Muriel, de six mois, mais je ne sais pas où elle a été placée.

Voilà, c'est ma toute première image de la vie. Ce qui s'est passé avant, je n'en ai pas gardé mémoire. Un grand trou noir. Quand la vie se présente à vous avec ce visage, on ne peut pas en espérer grand-chose. Mais à trois ans et demi, on n'y pense pas. On ne sait pas ce qui se passe. On vit dans le moment. Et moi, à cet instant, je me sens très malheureux, abandonné, livré à moi-même dans un monde sans tendresse.

Je n'ai pas le temps de m'apitoyer sur mon sort. Un beau jour, on vient nous chercher, mon frère et moi. Nous quittons cette famille pour retrouver notre mère.

Notre mère, Fernande Chérault, est une petite femme menue, assez jolie, les cheveux châtain sombre. Elle est issue d'une famille de mariniers qui autrefois sillonnaient les rivières et les canaux de France en péniche et dans laquelle, m'a-t-on dit, il aurait coulé du sang noble. Ce que je sais, c'est que ma mère, parmi les aînés de dix-sept frères et sœurs, est née à Saint-Mammès, en Seine-et-Marne, et qu'elle est venue, avec sa famille, s'installer à Brienon-sur-Armençon, dans l'Yonne.

J'apprendrai, par la suite, que mon père l'a rencontrée au cours du bal de village et que je suis venu au monde sans avoir été désiré. De leur rencontre, en effet, était né un petit garçon mort à six mois de la maladie bleue, le cœur malformé. Ma mère, très perturbée par ce décès, avait alors commencé de se promener dans les rues de Brienon en serrant contre elle un petit baigneur sans cheveux, une petite poupée en plastique de l'époque qui lui tenait lieu de son enfant mort. Pour éviter qu'elle ne sombre définitivement dans la folie, le médecin du village avait alors insisté pour qu'elle ait un nouvel enfant et c'est ainsi que je suis né, moi, Jean-Paul Fantou, le jour même où Joseph Staline disparaissait, le 5 mars 1953, à l'hôpital Saint-Antoine, tout proche de la Bastille, symbole de la Révolution française.

Donc notre mère, Fernande, nous reprend, Gérard et moi, pour nous ramener chez nous, retrouver Muriel. Le temps pour elle de régler quelques papiers avec les services sociaux et nous laissons l'Assistance derrière nous.

Chez nous, c'est le quartier du Marais où je vais passer mon enfance, une partie de mon enfance. Nous habitons rue François-Miron, non loin de Saint-Paul, dans une espèce de réduit, enfin un minuscule deux-pièces sans commodités. À cette époque, à la fin des années 50, le Marais est un quartier populaire, pauvre même, on peut dire. Au bas de notre immeuble, il y a encore un bougnat plein de suie. Nous logeons au troisième. Bien sûr, il n'y a pas d'ascenseur. Il nous faut monter et descendre sans cesse un escalier de bois branlant, aux marches disjointes, qui deviendront, plus tard, mes planques, mes cachettes.

En guise de toilettes, il y a, au cinquième étage, des W.-C. à la turque. Nous, à la maison, nous avons un seau que nous allons vider là-haut chaque fois qu'il est plein. Ça, c'est une corvée réservée aux gosses. Ou plutôt une corvée qui m'est réservée. Je suis l'aîné. Les images m'en restent encore aujourd'hui. Aller vider le seau plein de défécations au cinquième ça n'a l'air de rien, mais c'est une terrible épreuve. Le seau est lourd, il sent mauvais, mais surtout la lumière, dans les escaliers, s'éteint régulièrement, me plongeant dans une nuit angoissante. Qu'est-ce qui m'attend tapi au cœur des ténèbres ? Cette seule idée me terrorise. Pourtant, il faut continuer à monter, aller chercher la lumière, le seau pesant agrippé à deux mains, les jambes écartées pour ne pas le renverser. Chaque jour, vaincre sa peur ou passer pour un lâche et prendre une volée par-dessus le marché. Quant à la salle de bains, il n'y en a aucune. Ni dans notre deux-pièces ni dans l'immeuble. Nous devons nous débrouiller avec le lavabo de la cuisine ou une bassine. Tout ça fait une ambiance plutôt sinistre, mais il y a les voisins et la rue pour nous changer les idées.

Ça ne fait pas longtemps que nous sommes revenus « chez nous » quand un type débarque. Il m'impressionne parce qu'il est grand, brun, costaud. C'est un Polonais : Tadek Dudas. Aussitôt, je l'appelle « papa », ou « papa Tadek ». Pendant très longtemps je resterai persuadé que Tadek est mon vrai père. Je ne sais pas, alors, je ne sais plus, que j'ai un autre père. Et ma mère ne fait rien pour me détromper.

Tadek sort de quatorze années de Légion. C'est au cours d'une permission qu'il a rencontré ma mère et, au lieu de rentrer à la caserne, il est resté auprès d'elle. Il est gentil avec nous, je ne peux pas dire le contraire, surtout avec notre petite sœur, Muriel. Il la surnomme sa « petite princesse ». À vrai dire, je n'ai, de lui, que de rares souvenirs, quelques instants fugaces qui se sont inscrits dans mon esprit enfantin.

Le premier est un petit instant de bonheur. Quand j'y repense, aujourd'hui, je me rends compte qu'il ne représente pas grand-chose, un tout petit fait, dérisoire. Mais ils furent si rares, ces petits faits, que je l'ai conservé comme d'autres un événement extraordinaire.

Tadek, « papa Tadek », s'est lié d'amitié avec mon oncle, Jeannot, un ancien militaire lui aussi. Des affinités d'armes, sans doute, peut-être des combats communs. Cette amitié me convient. Tonton Jeannot est presque le seul souvenir lumineux de mon enfance. Je me rappelle, maintenant encore, son sourire, sa douceur. Lorsqu'il vient nous rendre visite, il nous gâte avec des petits bonbons et beaucoup d'affection. Avec lui, nous pouvons rire. Ses visites nous procurent une immense joie.

Donc, Tadek et tonton Jeannot sont copains. Nous sommes le 24 décembre, le jour de Noël. Tonton Jeannot frappe à la porte. Il y a un petit sapin dans la pièce qui sert de salon, de cuisine et de chambre pour ma mère. Après avoir joué avec nous, comme à son habitude, tonton Jeannot nous demande de nous retirer dans l'autre pièce, au fond. Celle-ci nous sert de chambre à nous trois. Un lit, une armoire et une fenêtre. Lorsque, après quelque temps, notre mère vient nous chercher, tonton Jeannot a disparu. Mais nous n'y faisons pas attention. Nous regardons, les yeux grands ouverts, Tadek, devant le sapin. Il parle à quelqu'un d'invisible mais, ce qui est vraiment surprenant, c'est que ce quelqu'un lui répond !

On est là, bouche bée, devant ce phénomène qu'on ne comprend pas, quand notre mère nous pousse en avant et nous incite à parler. C'est à ce moment que, tout émerveillés, nous comprenons que Tadek parle avec le père Noël. Pendant quelques instants magiques nous conversons, nous aussi, avec le père Noël. Ce que nous lui avons dit ? Je ne m'en souviens plus. Mais l'important n'est pas là. La merveille, c'est que le père Noël nous écoute et nous répond. Il a une voix familière, pleine de tendresse. Il nous entraîne dans un monde de rêve où les petits enfants sont rois.

Finalement, la conversation prend fin, et quelques secondes s'écoulent à peine, que tonton Jeannot sort de l'armoire derrière laquelle il se dissimulait, avec un grand sourire, les mains pleines de friandises. Il était comme ça, tonton Jeannot. Il nous aimait. Quelques années plus tard, on devait le retrouver pendu dans un bois de Brienon.

La vie, avec Tadek, est soumise à une règle sévère. Il faut filer droit, sinon on est remis à sa place. Il n'y a pas d'âge pour apprendre la discipline. Un jour, Gérard, qui n'a que cinq ans, est accusé d'avoir volé une petite pièce. Ce vol jette l'ancien légionnaire dans une colère sombre. Il menace Gérard de la police. Celui-ci, complètement affolé, se réfugie sous le canapé-lit, ce qui a le don d'irriter encore plus Tadek. Le ton monte. Gérard s'accroche désespérément au canapé. Tadek se penche alors, l'attrape, l'arrache de force à son refuge, et sort en le tirant derrière lui. Gérard se débat mais il ne peut rien faire. Quand Tadek revient, il est seul. Deux ou trois heures s'écoulent puis il me prend avec lui. Je ne sais pas où il m'entraîne. Je ne tarde pas à le découvrir. Au commissariat du 4e arrondissement ! Ce que je vois me fait souffrir et me procure une peur horrible : derrière les barreaux j'aperçois mon frère, Gérard, en larmes, pris au piège comme un fauve. Les flics, eux, rigolent dans leur coin. Pour le punir, Tadek l'a fait enfermer dans une geôle où il l'a laissé croupir en lui faisant croire que c'était fini. Je ressors du commissariat en tremblant, mon frère à mes côtés. Il baisse la tête. Je n'ose pas lui parler. Je n'ai pas de mots pour le consoler et, de toute façon, j'ai peur, jusqu'au fond de moi-même.

La dernière image que j'ai de Tadek est encore plus terrible. Cela fait un an passé qu'il vit avec nous. J'ai six ans, peut-être six ans et demi. Ce jour là, nous nous trouvons dans la cuisine. Y a-t-il eu altercation, cris, menaces ? Je n'en ai aucune mémoire. Mais c'est sans importance. Ce qui importe, à ce moment, c'est le marteau que je vois dans la main de Tadek, un marteau qu'il brandit et qu'il abat sur la tête de ma mère. Je reste tétanisé. Je n'entends pas ma mère crier. Tadek disparaît de mon champ de vision, mais je n'en ai cure. Je regarde le sang qui coule du crâne défoncé et qui commence à envahir le visage de ma mère. Je ne pense qu'à ma mère. Je ne vois que ma mère qui se saisit d'un linge dont elle s'enroule la tête pour essayer d'enrayer l'hémorragie. Puis tout à coup, la tête dégoulinant de sang, elle se précipite hors de l'appartement. Instinctivement, je la suis. Je ne sais pas pourquoi. Je ne pense à rien. Je cours après elle. Mais elle ne s'occupe pas de moi. Elle est déjà dans l'escalier. Je me précipite à sa suite. Je l'entends hurler, à l'étage inférieur : « Reviens, je t'aime ! » Mais quand j'arrive enfin au rez-de-chaussée, je ne trouve plus personne. Le couloir est vide.

Ce qui s'est passé, ensuite, je ne m'en souviens que par fragments. Tadek est revenu sans ma mère. Il nous a pris tous trois et nous a confiés à des voisins de l'étage au-dessous, les Danas. Les Danas, nous les connaissons un peu. Ils sont d'origine israélite mais je suis bien incapable de comprendre ce que ça signifie. À ma mesure d'enfant, je ne sais qu'une chose : ils sont très gentils avec nous. Ils ont une fille, de l'âge de ma mère, qui boite. Je ne sais pas pourquoi mais, ce jour-là, lorsqu'elle nous accueille, elle me donne une petite pièce.

Un ou deux jours passent. Puis, un après-midi, on nous conduit à un hôpital. Sans doute s'agissait-il de l'hôpital Saint-Antoine, celui où je suis né, en tout cas, dans une chambre, nous découvrons notre mère, allongée dans un grand lit, la tête couverte de pansements. Ce jour-là, ce lit me paraît haut, très haut. Si haut !

À la suite de ce drame, sans que nous y comprenions grand-chose, nous nous retrouvons, pour la deuxième fois, dans les locaux de l'Assistance publique, à Denfert-Rochereau, au milieu de grands bâtiments anonymes.

À notre arrivée, on nous donne notre trousseau, une espèce d'uniforme, culotte et blouse, que tous les enfants portent. On nous passe aussi, autour du cou, une cordelette à laquelle pend un médaillon portant un numéro, notre numéro, notre identité. Puis on nous sépare. Muriel d'un côté, dans l'aile des filles, Gérard et moi d'un autre, avec les garçons. On nous affecte alors nos lits, dans le dortoir. En y pénétrant, j'y découvre des enfants de mon âge. Certains sont calmes, d'autres agités. Les plus excités sont maintenus attachés sur leurs lits par des sangles. Je n'en suis pas autrement ému. Pour moi, déjà, c'est normal. Le monde est comme ça. Quand on fait une bêtise, on est puni. Il n'y a rien à faire. De toute façon, que puis-je faire, à six ans et demi ? Je vais où on me dit d'aller. Je fais ce qu'on me dit de faire. J'ai déjà connu l'Assistance publique, la famille d'accueil, Tadek. Maintenant, je reviens à l'Assistance publique ? C'est comme ça. Le monde des adultes a ses lois que je ne comprends guère, mais qui pèsent sur moi. Sans doute aurais-je aimé être plus heureux, mais mon désir s'arrête là. Je n'imagine pas que la vie puisse être différente. Et, comme tous les autres enfants dans cette situation, je me replie sur moi-même, je prends les choses comme elles viennent.

Dans cette institution, on nous donne à manger et on ne nous bat pas. C'est déjà ça de pris. Au milieu de la cour de béton, à côté des platanes, comme nous n'avons rien pour jouer, nous arrachons nos boutons de culotte et nous nous en servons comme de billes. Les billes, c'est une passion qui va me tenir longtemps.

Combien de temps y restons-nous ? Un mois, deux mois peut-être. Finalement, ma mère se rétablit et peut nous récupérer. À nouveau, le temps de rassembler nos affaires, tout juste celui de dire furtivement au revoir aux copains et copines de l'Assistance, et nous réintégrons l'appartement de la rue François-Miron. Mais Tadek n'est plus là.

— Où il est, « papa Tadek » ?

— Il est mort ! Il s'est fait écraser par une voiture.

Je ne réalise pas bien ce que ça signifie, la « mort ». En plus, Tadek, je l'ai à peine connu. Donc, je m'acquitte de mes prières, sans trop d'émotion. Je ne le fais que parce que ma mère insiste, pour que papa Tadek aille au ciel. Ce n'est que bien plus tard que je devais apprendre qu'en réalité Tadek s'était suicidé quelques jours après que nous avions été emmenés par l'Assistance publique. Ce sont des voisins à nous qui l'avaient trouvé. Et heureusement. Ils avaient évité que l'immeuble n'explose. L'odeur du gaz les avait alertés. Ça puait à tout l'étage et l'odeur venait de chez nous. Ils avaient frappé et, comme ils n'avaient obtenu aucune réponse, ils étaient entrés. C'est là qu'ils avaient trouvé Tadek mort, la tête dans la gazinière. Mais ça, comme je le dis, je ne l'ai su que plus tard. À cette époque, pendant qu'on fait les prières, je crois dur comme fer que Tadek est mort sous une auto.

Ah, les prières ! J'aimais ça, moi, quand on se mettait à genoux, le soir avant de dormir, tous les trois avec notre mère. C'était bien. Des moments de calme et d'intimité. Des petits îlots de paix au milieu de la tourmente. On y retrouvait notre mère. Elle était de nouveau à nous. Et puis on ne prenait pas de coups pendant ces quelques minutes de recueillement. Quelques instants sans coups dans la journée, c'est appréciable.

Je dois avoir pas loin de sept ans, Gérard, six, par simple déduction, et Muriel quatre, quand nous revenons rue François-Miron. Le temps de quelques prières pour Tadek, et ma mère se retrouve à la colle avec un nouveau type : Jean Maillot. Il ne ressemble à rien de particulier. Il a l'air d'un type ordinaire, de taille moyenne, plutôt brun. Son seul signe particulier, c'est qu'il a une moustache.

Au début, on ne se méfie pas. Jean a l'air gentil. Il nous accompagne à l'école et nous promène, parfois, dans le quartier. Souvent, aussi, il traîne au bistrot. Mais ce n'est pas notre affaire. Avec ce nouveau venu, la vie s'organise tant bien que mal, dans notre réduit, rue François-Miron. Ma mère reste à la maison pendant que Jean Maillot prend la place de Tadek. Quant à nous, nous allons à l'école. Ce n'est pas terrible, l'école, pour moi. J'ai des problèmes. Je suis un peu lent, suite au fait que je me suis mis à parler très tard, et en plus je suis myope et j'ai de plus en plus de mal à voir le tableau.

Puis, un beau jour, on déménage, on va habiter à Montreuil, boulevard de Chanzy, dans une cité HLM. Je ne regrette pas la rue François-Miron. Je n'en ai pas l'idée. À vrai dire, je ne me sens pas concerné. J'ai déjà fait deux passages à la DDASS et je n'ai pas le sentiment que la rue François-Miron me soit un vrai foyer. Surtout, je n'ai pas le temps de me poser des questions parce que, en même temps, ma mère tombe enceinte et Jean Maillot brusquement vire méchant sans qu'on l'ait vu venir. Il se transforme en une brute immonde, perverse et sadique qui va s'amuser avec nous pendant pratiquement deux ans.

Pour commencer, à peine sommes-nous installés à Montreuil, qu'il s'attaque à la bouffe. Fini, pour nous, les repas normaux. Pendant pratiquement deux ans nous ne mangerons, à la maison, que du pain et du sucre. Ma mère, elle, aura droit exclusivement à du pain et à de la moutarde. Et gare si elle rebèque, parce que, alors, il se déchaîne. Il la bat à coups de pied dans le ventre – il s'en fout qu'elle soit enceinte –, à coups de baffes et de poing dans le visage. Pour le reste, notre univers est fait de privations, de punitions, d'avilissements et de volées. Tout au long des journées, des semaines, des mois que nous passons à côté de Jean Maillot, notre existence quotidienne baigne dans un enfer de sadisme qui nous terrorise.

Quand ça lui prend, à Jean, sur le premier motif venu – tout est bon pour lui –, il nous fait mettre à genoux, mon frère et moi, sur de petites soucoupes remplies de riz cru. Nous avons les genoux à vif. Il nous laisse ainsi des heures, jusqu'à ce qu'on n'en puisse plus de sentir les grains s'incruster dans notre chair, jusqu'à ce qu'on finisse en larmes et en plaintes sourdes. Pour varier, il nous fait mettre debout, les bras en croix. Sur la paume de chaque main, il pose des livres. Et il nous laisse, jusqu'à ce que l'on s'effondre, totalement épuisés et humiliés. Il a bien d'autres idées de tortures, mais je ne veux pas m'en souvenir. Il y en a trop. Tous les jours c'est comme ça. Dès qu'on se réveille, on se met à trembler, on appréhende les heures qui vont venir et qui seront faites de souffrances et de sévices.

Souvent, Jean s'en prend à Gérard, qui est le plus rebelle d'entre nous. Pour le punir, il se munit d'une aiguille à coudre, allonge Gérard sur ses genoux, lui retire le pantalon et lui enfonce l'aiguille dans les fesses, dix, vingt fois, autant qu'il faut pour assouvir sa cruauté, ou alors il l'envoie dormir à la cave, en pleine nuit. Son jeu favori consiste à nous faire tendre les mains et à nous frapper sur les doigts avec une règle.

Quand il est las de ses amusements habituels, Jean invente de nouveaux supplices. Par exemple, il décalque un dessin à notre insu puis il exige que Gérard et moi le recopiions à l'identique. Ça peut durer des heures, sans trêve, dessin après dessin, essai après essai, jusqu'à ce qu'il soit satisfait ou que nous ne puissions plus dessiner tellement nous avons mal à la main.

La vie, pour ma mère, n'est pas meilleure. De temps en temps, le soir venu, vite avant le retour de Jean, nous allons ramasser des mégots de cigarette sur le trottoir pour qu'elle puisse fumer. D'autres fois, toujours avant le retour de Jean, ma mère s'arrange pour nous faire une soupe chaude, en cachette. Quand ça arrive, c'est une véritable fête pour nous. Je me revois devant ce bol de soupe fumante, avec des légumes dedans, seul, sans la présence de l'autre. C'est un véritable bonheur. Dans ces moments, j'aime ma mère comme je ne l'ai jamais aimée. Je me sens protégé. Mais Jean arrive. Il est saoul, comme toujours. Il nous regarde de travers et son regard suffit à nous terroriser. Nous attendons en tremblant ce qu'il va encore inventer comme supplice.

Un jour, pourtant, il me fait rire. La seule fois où il m'a fait rire. Ce soir-là, il rentre complètement ivre. Quand il se pointe dans l'appartement, il a un œil au beurre noir et un corbeau ou une pie sur l'épaule ! Comme il est saoul, il titube, il tangue, il gesticule, et l'oiseau s'effarouche, piaille, bat des ailes. C'est pathétique, mais c'est comique. En tout cas, moi, ça me fait rire.

Souvent, quand il est pété et qu'il rentre tard dans la nuit, il nous réveille, nous fait mettre autour de la table et nous oblige à jouer aux cartes avec lui. Je n'ai pas dix ans mais je dois jouer au rami, avec Jean, jusqu'au petit matin. Quand sept heures sonnent et que je dois me préparer pour aller à l'école, je n'ai qu'une envie, aller dormir.

L'école ! Ça ne me change pas du HLM. Je passe d'un univers de brimades à un autre univers de brimades. D'abord, je suis myope, très myope et, bien sûr, je n'ai pas de lunettes. On n'a pas d'argent pour ça. Et puis, qui s'en soucie ? Alors, je ne vois presque rien de ce que la maîtresse écrit au tableau, et, conséquence naturelle, je ne fais presque rien. Je suis un mauvais élève. La maîtresse, ça l'énerve, les cancres. Elle ne cherche pas à comprendre et elle m'envoie au fond de la classe. Là, je ne vois plus rien et je ne fais plus rien.

Dans ces conditions, l'école, ce n'est pas un lieu où je vais pour apprendre, mais ça devient, pour moi, un défouloir. De toute façon, entre ma myopie, mes carences alimentaires, mon manque de sommeil et la terreur perpétuelle dans laquelle Jean Maillot nous fait vivre, je ne risque pas d'assimiler les cours. Je deviens donc un cancre parfait, par obligation. De ce jour, je serai toujours dernier, sauf une fois, par accident, où j'arriverai avant-dernier, mais ça ne me réussira pas.

Donc, au fond de ma classe, d'enfant perturbé je deviens enfant perturbateur. Muni d'un corps de stylo vide et de boulettes de chewing-gum, je passe mon temps à canarder mes voisins. Je vise les cheveux. Comme ça, le chewing-gum colle et on ne peut pas le retirer à moins de couper la mèche. Qu'est-ce que je rigole, le lendemain, en voyant mes victimes revenir avec des trous dans la tignasse ! Évidemment, je me fais souvent gauler et je me fais punir. Quand on ne m'envoie pas contre le mur, les mains sur la tête, quand on ne me notifie pas des retenues, on me donne des lignes à faire. C'est Jean qui se charge de surveiller mes punitions écrites. Ça doit lui faire un plaisir fou de m'obliger, pendant des heures et des heures, à remplir des pages et des pages. Si j'ai menti, si j'ai mal écrit un mot, si j'ai mis mon doigt dans le nez, tout est bon pour me donner des lignes. À force d'écrire, j'ai l'empreinte du stylo incrustée dans les doigts.

Entre les punitions de l'école et les sévices de Jean Maillot, il me reste peu de temps pour essayer de m'amuser. Mais je n'ai pas de jouet, alors je m'en invente. Je vais dans les toilettes, le seul endroit où on me laisse tranquille, et, avec de petits bouts de papier que je transforme en soldats, je joue aux cow-boys et aux Indiens.

Un jour, je découvre, sous le matelas de ma mère, la cachette où elle range son argent. J'y prends un billet de dix francs. C'est beaucoup pour l'époque. Je sais que je ne devrais pas le faire et je me cache. Mais j'ai surtout peur de la punition. Pour le reste, je ne me sens pas coupable. La culpabilité, c'est un sentiment que j'ignore. À force d'être puni pour rien, j'ai perdu mes repères en ce domaine. De toute manière, je ne prends pas ce billet par vice, mais par nécessité. Je fais croire à Gérard et à Muriel qu'un copain me l'a donné et on s'en sert pour acheter des jouets, des petits soldats, tout petits, vraiment, pour pouvoir les cacher, et des bonbons. On en a eu, comme ça, des bonbons, pour quelques jours ! Des jours de bonheur, de liesse qu'on a bien cachés. Personne n'a jamais su. Mais j'ai dû abandonner parce que, à ma quatrième visite, la cachette avait changé de place.

De nous trois, c'est Muriel, surtout, qui a été heureuse de cette avalanche de cadeaux. Avec elle, Jean se comporte de façon bizarre. Il s'arrange souvent pour rester seul en sa compagnie. Du haut de mes neuf ans, je n'y prête pas attention. En plus, comme je suis continuellement puni, je n'ai pas vraiment l'occasion de m'interroger. Pourtant, il y a des situations curieuses. Par exemple, après qu'on s'est lavés, Gérard et moi, Jean s'enferme dans la salle de bains avec Muriel, et des fois on entend notre sœur pleurer et Jean lui dire que c'est bientôt fini. Comme on n'a aucune idée de ce qui se passe, on pense que Muriel n'aime pas se laver. Mais un jour, ma mère trouve, dans son petit lit, un bouchon de vaseline. Muriel alors s'explique et raconte en pleurant ce que Jean lui fait subir. Seulement, l'autre nie les faits et c'est notre petite sœur qui passe pour une menteuse. Un peu plus tard, alors que ma mère est absente, Jean nous envoie, Gérard et moi, chercher des pommes de terre, tandis qu'il garde Muriel avec lui. À notre retour, nous cognons à la porte, mais personne ne vient ouvrir. De nouveau, nous entendons Muriel pleurer et Jean lui dire que c'est fini.

L'enfer est partout, à la maison, à l'école, et même dans l'Yonne. Cette année-là, nous passons quelques jours chez mémère. Avec nous, il y a tonton Raymond, le mari de Madeleine, une des sœurs de ma mère, et Maryse et Martine, leurs deux filles. C'est l'après-midi. Nous partons à la pêche. Nous nous asseyons sur la berge, avec nos cannes, Gérard, Martine, Maryse et moi, dans l'ordre, sous la surveillance de tonton Raymond. Curieusement, Jean prend Muriel par la main et l'entraîne vers les hautes herbes, dans un endroit où on ne peut pas les voir. Au retour, ma mère trouve des traces de sang dans la culotte de Muriel qui, en larmes, parle à nouveau des attouchements auxquels Jean s'est livré dans les herbes. Lui nie les faits et prétend que les orties sont la cause du sang. Une nouvelle fois, Muriel passe pour une menteuse, et l'affaire est classée. Je devais apprendre, par la suite, que Raymond était soupçonné d'agissements similaires sur sa fille, Maryse, et que la famille avait préféré étouffer l'affaire de Muriel pour ne pas nuire à Raymond à qui l'on pardonnait parce qu'il sortait de l'Assistance publique.

Vraiment, il y avait quelque chose de malsain dans cet environnement et nous le sentions sans oser l'avouer. Chez mémère, en une autre occasion, c'est le soir. Nous passons à table pour dîner. Moi, stupidement, je me laisse aller à un moment d'égarement, et je mets le doigt dans le nez. Jean, quand il me surprend, devient furieux et m'envoie illico me coucher sans manger. Chez mémère, je dors dans le même lit que Bernard, mon oncle, le dernier-né. Il doit avoir une quinzaine d'années. Pour me consoler, après le repas, il m'apporte en cachette un peu de pain d'épice. Je suis tout content, j'avais faim ! seulement, au milieu de la nuit, pour se payer de sa gentillesse, il saisit mon sexe et le masturbe longuement. Je n'ose rien dire, mais ce geste me perturba profondément. Il restera ancré en moi pendant des années.

Enfin, arrive la naissance du bébé que ma mère portait. C'est une fille, qui s'appelle Sophie. Mais cette naissance ne calme pas Jean, toujours aussi violent et sadique. Il continue à boire et à imposer sa loi et ses caprices. Je ne sais pas si c'est pour punir ma mère ou parce qu'il veut accaparer sa fille, en tout cas il lui arrive de plus en plus souvent de prendre Sophie, qui n'a que quelques mois, et de s'en aller, avec elle dans les bras, faire le tour des bistrots. Quand il tarde à rentrer, ma mère m'entraîne avec elle dans la nuit. Nous partons à sa recherche. Nous faisons, à sa suite, le tour des rades de Montreuil. Lorsqu'on le retrouve, je me mets dans mon coin et j'attends que la dispute prenne fin. De toute façon, ces derniers mois, Jean et ma mère se chamaillent sans cesse. C'est un enfer de cris, de coups et de larmes. Nous, au milieu, nous assistons, impuissants.

Un jour, Jean rentre tout excité et se glisse précipitamment dans son lit en se saisissant au passage d'un jeu avec des petits chevaux. Il nous dit : « Si la police vient, vous direz qu'on joue ensemble depuis des heures. » Et, effectivement, quelque temps plus tard, on sonne à la porte. C'est la police. Où est Jean Maillot ? Dans la chambre. Depuis quand ? Alors, on raconte notre histoire comme il nous l'a demandé. Il n'y a rien à rajouter, les policiers s'en vont. En fait, Jean venait de rouer de coups sa sœur qui habitait non loin de là, et il était venu se protéger à la maison, pour avoir un alibi.

Pour des raisons qui m'échappent – ma mère ne me dit rien et nous autres, les enfants, sommes tenus à l'écart des affaires des adultes –, les rapports entre Maillot et ma mère se dégradent tant et si bien qu'un beau jour nous faisons nos valises, nous quittons Montreuil, Jean Maillot et, avec la petite Sophie, revenons rue François-Miron, dans notre réduit qui n'a pas trouvé de preneur durant notre absence.

Inutile de dire que le simple fait d'être débarrassé de Jean, c'est le bonheur. Un bonheur inquiet : il nous a tellement bien inculqué la peur que je crains toujours de le voir apparaître au coin de la rue.

Je reprends l'école, sur les mêmes bases qu'à Montreuil. Je suis toujours le cancre absolu. Zéro, c'est ma moyenne en toutes les matières… sauf en catéchisme ! Au milieu de cet enfer, j'ai découvert un petit univers préservé, mon jardin secret. Je le retrouve tous les mercredis après-midi, dans les locaux de l'église Saint-Gervais. L'abbé Mitre et Mlle Baratin – je n'y peux rien, c'est son nom – nous accueillent pour quelques heures. Ils sont doux, prévenants, c'est déjà extraordinaire. Ils ne nous battent pas, ne nous punissent pas, ils ne nous humilient pas. Ils nous donnent même un petit goûter ! Cela suffirait à me faire aimer le catéchisme. Mais il y a aussi l'histoire du petit Jésus qu'on nous raconte, d'année en année. Et là, moi, le cancre, je m'y intéresse. Ça me plaît. J'écoute, je retiens et, à la fin, j'obtiens les meilleures notes. L'enfant, la grotte, les animaux… Je ne sais pas exactement ce qu'ils représentent pour moi, mais je m'y attache et ils ne me quitteront jamais. Peut-être vois-je dans l'Enfant Jésus un gosse comme moi, un frère grâce auquel je peux rêver. Parce que lui, l'enfant, malgré les difficultés, il est aimé. Ses parents l'aiment. L'abbé Mitre et Mlle Baratin l'aiment aussi. Beaucoup de monde l'aime. Et puis, il y a cette morale qui se dégage de ces mercredis après-midi, cette morale qui porte sur l'amour des petits et des faibles. Elle me touche beaucoup. Oh, je n'ai pas bien l'occasion de la mettre en pratique. Je fais même plutôt des bêtises. Mais quand je pense à Gérard et Muriel, je me dis que moi, l'aîné, je dois les aider et les protéger.

J'avais raison de m'inquiéter parce que Jean refait surface. La situation ne s'est pas arrangée entre lui et ma mère, mais il s'accroche à cause de Sophie. Et, quand il est là, nous replongeons dans l'enfer. Puis un beau jour mon petit frère, Gérard, ne rentre pas à la maison. Le soir, il n'est pas là, la nuit non plus, ni le lendemain. Ma mère est désemparée. Avec Muriel, on ne sait pas quoi penser. Gérard n'a que huit ans ! Il s'écoule quelques jours avant qu'on nous le ramène. On l'a récupéré dans le nord de la France. Lui, il affirme qu'un monsieur l'a enlevé alors qu'il était sorti acheter du fromage, mais on n'en croit rien. On se doute bien que Gérard a fugué, qu'il est parti pour échapper à la folie de notre existence quotidienne.

Je suis content de le retrouver. Malgré tout, j'étais inquiet. Mais curieusement on n'en parle pas. Aujourd'hui je me dis que j'aurais dû être plus curieux. J'aurais dû lui poser des questions. Entre frères. J'aurais dû chercher à savoir ce qui lui était arrivé durant ces journées dehors. Mais non, rien. Peut-être avais-je peur. Mais alors peur de quoi ? D'imaginer qu'une autre vie, plus libre, pouvait exister ? À moins que déjà, à neuf ans, mon univers n'ait été tellement déstructuré que je ne trouvais refuge que dans l'instant présent. Gérard était revenu, c'était assez. Mais une semaine, peut-être, après qu'il est revenu, Gérard disparaît à nouveau. Cette fugue-là, il a dû mieux la préparer, parce que je ne le reverrai que deux ans plus tard.

Une fin de journée comme les autres, alors que nous sommes toujours sans nouvelle de Gérard, Jean déboule dans notre réduit, tout excité. Il se montre violent, comme d'habitude, mais cette fois il n'est pas venu s'amuser avec nous. Il s'empare directement de Sophie, qui n'a que six mois, exige la timbale et le rond en argent de sa serviette puis, bousculant ma mère qui veut s'opposer, disparaît dans l'escalier. Voilà, après Gérard, c'est Sophie maintenant qui disparaît.

Ma mère a dû certainement tenter de raisonner Jean, en vain puisque finalement, quelques jours plus tard, nous prenons le métro pour nous rendre à Montreuil, dans notre ancienne cité HLM. Je me revois, avec Muriel, sur le palier d'un étage qui n'est pas le nôtre. Ma mère cogne à une porte. Celle de l'appartement de la maîtresse de Jean, Lucy. Elle réclame Sophie. Elle crie, mais la porte reste obstinément fermée. Derrière, on entend un bébé qui pleure. Ça dure des heures, ce manège, mais personne ne semble s'en inquiéter. C'est l'ordinaire, dans le HLM. Épuisée ou lasse, ma mère cède, et elle nous reconduit à Paris, sans Sophie.

À partir de ce jour, Jean Maillot, disparaît de ma vie. Ce qu'il est advenu de ce monstre par la suite, je n'en ai eu que quelques échos sordides qui ne méritent pas d'être rapportés. Sachez simplement qu'on finira par le trouver pendu dans sa chambre.

Dans cette tourmente, fugue de Gérard, enlèvement de Sophie, nous recevons, comme il fallait s'y attendre, la visite des services sociaux auxquels je raconte tout ce que j'ai vu et subi. Résultat, Muriel est admise à l'hôpital de Garches. Pourquoi si loin ? Je l'ignore. On me dit qu'elle est en observation. Sous-alimentée et traumatisée comme elle est, ça ne m'étonne pas.

Avec ce dernier départ, je me retrouve seul, en compagnie de ma mère. Singulièrement, les mois qui suivent sont assez heureux. Après toute cette violence, je découvre le calme. Tous deux, n'ayant que nous-mêmes pour nous soutenir, nous nous rapprochons. Comme elle doit travailler pour subvenir à nos besoins, elle m'emmène avec elle dans sa fabrique d'agendas. Je suis tout content de pouvoir l'aider. Du coup, nous ne nous quittons pas. Ensemble à la maison, ensemble à l'usine, ensemble dans les magasins pour faire les courses, ensemble à table pour les repas, des repas copieux d'ailleurs. Elle ne me dispute pas. Elle m'emmène au cinéma, au bal musette de La Boule rouge, rue de la Roquette. Ce sont deux mois magiques.

C'est à cette époque qu'on fait la connaissance d'un Italien originaire d'Aquino, un maçon qui s'appelle Epiphanio mais qu'on nommera Fanny, c'est plus simple. Malheureusement, quand enfin Muriel rentre de Garches, c'est au tour de ma mère, poitrinaire, d'être hospitalisée. Poitrinaire, ses poumons sont atteints. Il lui faut des soins intensifs, par intraveineuses. Elle ne peut plus s'occuper de nous.

Pour la troisième fois, nous nous retrouvons, Muriel et moi, dans les locaux de l'Assistance publique. Mais cette fois, on change d'endroit. On n'atterrit pas à Denfert-Rochereau mais à Montsouris. Je pourrais regretter les deux mois que je viens de passer avec ma mère, mais je n'y songe pas. J'ai trop l'habitude, maintenant, de partir, de déménager. À Montsouris, on ne reste pas longtemps en attente d'une famille. Les services sociaux nous dégotent une ferme, dans les Pyrénées, du côté d'Orthez, dans un village qui s'appelle Loubieng.

En prenant le train, avec Muriel, je suis déjà résigné. J'en ai connu, des familles d'accueil. Je sais comment ça fonctionne. Puis je suis grand maintenant. Je comprends mieux. Je sais que ces gens sont payés pour nous nourrir et nous loger, non pour nous aimer. Mais ai-je le choix ? Ce n'est pas moi qui décide. Je vais où l'on me dit, où l'on m'envoie et je baisse la tête. De toute manière, après l'enfer où nous a jetés Jean Maillot, que peut-il m'arriver ? Je refuse de m'en soucier. Tout passe. Ce séjour en placement passera. Je n'aurai qu'à éviter les coups.

Quand nous arrivons dans la famille, accompagnés d'une assistante sociale, la journée touche à sa fin. Nous découvrons notre nouveau gîte : une grande ferme entourée de champs, sur un plateau. L'homme et la femme qui nous accueillent s'appellent Joseph et Valérie Cabané. Ils ont la soixantaine passée. Première bonne surprise, il n'y a pas d'autres enfants. Ici, ce n'est pas l'usine à gosses, comme dans certaines familles. Deuxième surprise : ils nous sourient en nous accueillant. C'est rare. Je n'ai pas mémoire que les autres fois on m'ait souri, ou alors par complaisance. Mais les Cabané, eux, c'est un vrai sourire de joie qu'ils nous offrent. À l'intérieur, je découvre un grand salon avec une cheminée. À côté, tout frétillant, deux chiens, Nabri et Mirsa, et, se cachant sous le buffet, un couple de chats. Valérie n'arrête pas de nous prendre dans les bras. Joseph nous fait visiter la ferme. On y découvre des poussins – Valérie nous en donne un chacun que nous gardons, précieusement, dans le creux de nos bras –, des vaches, des canards, des oies, des pintades. Puis on retourne dans le logis principal. Au début, nous sommes intimidés. Mais très vite nous courons, nous rions, nous jouons avec les chiens, avec les chats, nous mangeons les fruits que les époux Cabané ont posés sur la table à notre intention. Nous ne savons pas comment nous comporter. Tant de gentillesse nous paraît incroyable. Le repas du soir arrive. Il est abondant. Puis l'heure vient d'aller nous coucher. Nous découvrons notre chambre. Le lit est large, haut, couvert d'un gros édredon.

Cette nuit-là, avec Muriel, on a du mal à dormir. Le silence plein de bruit de la campagne, l'accueil extraordinaire des Cabané, une chambre comme on n'en avait jamais connu, tout cela nous tient longtemps éveillés. Le lendemain matin, un petit déjeuner magnifique nous attend, comme on n'en avait jamais rêvé : lait, chocolat, confiture et pain !

Nous resterons presque un an chez Joseph et Valérie. Un an de bonheur. Je peux le dire, Joseph et Valérie nous aiment comme si nous étions leurs propres enfants.

Jamais ils ne nous punissent. Bien sûr, jamais, au grand jamais, ils ne lèvent la main sur nous. Pourtant, des bêtises, j'en fais. À l'école surtout, où je suis toujours aussi cancre et perturbateur. Je fais la forte tête. Je suis fier de mon statut de dernier de la classe. J'arbore mes zéros comme des trophées et je réponds au maître avec grossièreté. Faut dire que malgré la gentillesse des Cabané, j'ai du mal à trouver mon équilibre. Il n'y a que le catéchisme, ici comme à Paris, où je m'applique. Là, j'ai neuf sur dix. J'ai toujours la passion des billes, aussi. Mais au jeu, je ne suis pas doué ! Alors, le long du chemin qui me conduit à l'école, je ramasse de gros insectes, des lucarnes, que j'échange contre des billes. Il m'en a fallu, des lucarnes, durant cette année pour assouvir ma passion !

La vie, à la ferme, est simple. On ramasse les œufs, on aide au foin, on garde les vaches – à vrai dire, ce sont les deux chiens qui font le travail, nous, avec Muriel, on va dans le ruisseau, pêcher avec des bouts de ficelle –, on ramasse les fruits, les fraises surtout, ça nous plaît bien, parce qu'on peut en manger, les patates, là ça nous plaît moins, c'est fatigant et puis il faut brûler les doryphores, et leur odeur est nauséabonde. Mais on fait ça plus pour aider que pour travailler. Enfin, Joseph et Valérie nous laissent nous amuser autant qu'on veut.

Un jour, mémé vient passer quelque temps à la ferme. De la famille de Joseph, mémé doit avoir quatre-vingts ans. Elle est très croyante et nous fait réciter, tous les soirs, au coin du feu, le chapelet. On la craint un peu, mémé, mais on l'aime bien.

Un autre jour, Valérie nous annonce que notre frère, Gérard, va nous rendre visite avec sa famille d'accueil. On a dû l'attraper à un moment quelconque de sa fugue, et le placer, comme nous. Il est aussi dans les Pyrénées, mais du côté de Bayonne. Muriel et moi, nous sommes contents à l'idée de le revoir. Vraiment contents. Pourtant, c'est curieux, maintenant que j'y pense, je ne me souviens plus si on avait déjà appris que Gérard avait été retrouvé. C'est comme ça. On est soudés, tous les trois, comme frères et sœurs – j'en aurai la preuve plus tard –, mais on est déjà complètement déstabilisés. On a des difficultés à appréhender le monde au-delà de quelques jours.

Quand Gérard arrive, il est en voiture. J'en reste pantois. Pour moi, alors, la voiture est le symbole de la richesse. On s'embrasse. C'est la liesse. On rigole. On joue. Mais les choses dérapent vite – ce sera toujours comme ça, par la suite. Muriel et Gérard me narguent tout le restant de la journée. Avec l'implacable méchanceté des enfants, ils se moquent de moi, sans répit. J'ai, depuis tout petit, une forte propension à pleurer. Au moindre mot, je fonds en larmes. Alors, sous le simple prétexte que je m'appelle Jean-Paul, Gérard et Muriel entonnent une comptine : « Jean qui rit, Jean qui pleure », qu'ils reprennent sans fin jusqu'au départ de Gérard. Pourtant, quand je vois la voiture s'éloigner en l'emportant, je ressens un sentiment de tristesse, malgré cette journée calvaire. Gérard, c'est mon frère, et je l'aime.

Depuis quinze jours, Valérie s'active. Je prépare ma première communion, et elle veut que ce soit une grande fête. Alors, elle ramasse des œufs qu'elle donnera au boulanger du village pour qu'il nous cuise un beau gâteau. De son côté, Joseph a battu le rappel de tous ses amis. On en parle tous les jours de cette communion. C'est l'événement. Tout le monde, à la ferme, l'attend avec impatience.

Nous sommes à une dizaine de jours de la cérémonie quand je reçois une lettre de ma mère qui me jette dans une violente colère. Elle m'y annonce son mariage avec Fanny. J'ai l'impression d'être trahi, comme si ma mère nous avait abandonné pour passer du bon temps. Pour me venger, je lui réponds – malgré mes fautes d'orthographe innombrables et mon retard à l'école, j'arrive à me faire comprendre –, sur un ton agressif, en la vouvoyant, qu'elle profite d'avoir placé ses enfants pour se marier sans eux et je lui souhaite de boire de bonnes bouteilles à notre santé.

Sa réaction est immédiate. Quelques jours à peine se sont écoulés quand une assistante sociale pointe son nez à la ferme. Elle vient nous chercher pour nous conduire dans une autre famille. Muriel et moi, nous ne voulons pas partir. Nous résistons. Nous ne voulons pas abandonner Joseph et Valérie. Nous pleurons, nous nous débattons, nous crions. Rien n'y fait. Sans égard pour nos désirs, l'assistante sociale nous met de force dans sa voiture. Joseph et Valérie pleurent aussi. La fête pour ma première communion n'aura jamais lieu. On nous arrache de force au seul endroit où nous avons été heureux, sans nous demander notre avis, sans chercher à comprendre.

Je ne sais pas comment nous aurions tourné si nous étions restés à Loubieng, mais je sais qu'arrivé dans la nouvelle famille, à Sault-de-Navailles, nous comprenons tout de suite que les « vacances » sont finies. Là, plus de sourires, plus de jeux. Nous rejoignons les deux autres gamins qui s'y trouvent déjà en placement : Marine et Gilles. Nous ne sommes pas ici pour recevoir de l'affection mais pour servir dans les corvées des champs et l'épluchage des patates. Et gare si on ne file pas droit.

Les coups de bâton, c'est l'ordinaire. La bouffe ? Le plus souvent un plat de haricots qui nous fait péter toute la nuit – notre seul amusement dans cette ferme –, que nous prenons dans notre coin. En fait, je retrouve mes vieilles habitudes. Il n'y a qu'avec Joseph et Valérie que j'ai été invité à la table des adultes. Ailleurs, à la maison ou dans les autres familles, on nous fout, nous les gosses, à part. Battu, négligé, humilié, mon ordinaire. La vie d'un gosse placé, quoi !

Ma première communion, je la fais dans cette famille. Évidemment, pas de fête. Peut-être une photo, dans la cour, avec mon aube blanche. Mais je n'en suis pas sûr. Là, nous restons un mois, un peu plus.

Ma mère est sortie de l'hôpital, elle s'est mariée avec Fanny qui travaille, donc elle remplit de nouveau les critères légaux et peut nous récupérer. Nous quittons cette famille sans regret et, quand nous arrivons, gare d'Austerlitz, nous la trouvons sur le quai, enceinte, en compagnie de Fanny !

Son accueil est assez chaleureux et mes griefs contre elle disparaissent. Ça a l'air de bien s'annoncer, cette fois. Ma mère est douce, Fanny avenant. Mais je me méfie quand même un peu. Tadek avait l'air gentil, il a quand même mis un coup de marteau sur la tête de ma mère, et Jean Maillot, il avait l'air gentil, aussi, au début...

Nous retrouvons la rue François-Miron. Ça fait drôle. Je ne peux pas dire qu'ici, c'est chez moi. J'ai trop bougé déjà pour me sentir chez moi quelque part ; je m'y sens plutôt de passage. Mais j'y reviens, à la rue François-Miron. Et puis, elle m'a un petit air familier. Familier ! Oui, c'est ça. C'est un des rares sentiments que je peux éprouver, en dehors de l'angoisse et de la peur.

Peu après notre arrivée, un garçon nous naît. Stéphane vient agrandir notre famille. En principe. Parce que Gérard, peut-être à cause de sa fugue, est toujours en placement, comme Sophie, d'ailleurs, qui se trouve dans l'Orne, et aussi parce que Stéphane a contracté une méningite foudroyante qui le retient à l'hôpital. C'est terrible. Les docteurs sont pessimistes. À la maison, l'ambiance est dépressive. Avec Muriel, on va parfois le voir. On le regarde, dans sa couveuse. Malgré la vitre, on se sent proches de lui. C'est notre petit frère !

Muriel intègre une école normale, mais moi, à cause de ma situation de cancre, j'ai accumulé du retard et je rentre en classe de transition. Ce n'est pas l'idéal. Le maître que nous avons ne semble pas beaucoup se soucier de nous. Le plus souvent, il dort, la tête penchée, à son bureau. Mes copains, ce sont tous des cas sociaux. Mais moi, le cancre, ça me convient. Je suis dans mon élément.

À la maison, la situation se stabilise. Fanny est tranquille. On vit presque normalement. On ne vit plus dans la terreur. On est pauvres mais ça fait un bail que j'ai pris l'habitude des privations. Avec elles, je me débrouille comme je peux. Pour le dire tout net, à cette époque, je me mets à chaparder : des fruits, des bonbons, des jouets. Je ne le fais pas par vice. Tout ce que je vole, je le distribue. Mais je vis dans un monde tellement désordonné ! Je ne me sens tenu à rien, relié à rien. Je n'ai pas de famille, ou à peine, je n'ai pas d'école, sinon celle des cancres, des derniers, des foutus, je n'ai de règle de vie que les torgnoles et les punitions. Mes copains et moi, on n'a pas de quoi s'acheter des fruits ? Alors, je les vole pour eux, pour nous. Et, quand je le fais, je n'ai en tête que deux choses : leur faire plaisir et ne pas me faire prendre.

Un jour, au BHV, je dérobe des harmonicas à piston. Ça coûte cher, ces harmonicas, bien plus que les fruits ou les bonbons. Évidemment, je me fais attraper. Je n'y ai pas pensé mais un pouilleux comme moi qui rôde autour des jouets dans un tel magasin, ça attire l'attention ! Donc, les inspecteurs m'attrapent et me conduisent dans un bureau. Quand je réalise ce qui m'arrive, la peur me prend au ventre. Je fonds en larmes. Une vraie crise d'hystérie. Je ne veux pas que ma mère et Fanny l'apprennent. Il a beau être gentil, Fanny, ce n'est pas le vieux Joseph. Il a été élevé à la dure, à la sévère. S'il apprend mon larcin, il va me dérouiller, et avec ma mère derrière, qui n'est pas tendre non plus, je vais prendre la rouste de ma vie ! J'ai dû les apitoyer, les inspecteurs, parce qu'ils me laissent finalement partir sans avertir mes parents. Je ne suis pas fier, et pas sûr du tout que cette histoire est vraiment finie. Je la sens qui pèse sur ma tête, et rien que d'y penser ça me fout une boule d'angoisse dans la gorge.

Je m'efforce de l'oublier, quand arrive le bulletin scolaire. Je suis toujours dernier, or cette fois je me retrouve vingt-cinquième sur vingt-six ! Avant-dernier ! C'est extraordinaire. Je fais des progrès ! Je travaille mieux à l'école ! En fait, c'est une erreur, mais Fanny, qui l'ignore, est content. Il en fait un événement. Il veut même en faire une surprise pour ma mère. Alors, il me donne dix francs :

— Tiens, va acheter un livre et un ruban. Ça fera comme si on t'avait donné un prix à l'école.

Tout content, je vais acheter mon livre et mon morceau de ruban. Je ne sais pas, moi, les livres qu'on offre pour les prix, alors j'achète ce qui me plaît, un livre de cow-boy, *Kit Carson*, et un bout de ruban que je jette autour. Quand Fanny découvre ce que je rapporte, il se met dans une rage noire et me file une volée mémorable. Ça m'a rapporté d'être avant-dernier !

Malgré quelques volées, je dois dire qu'avec Fanny, à cette époque, ça se passe plutôt bien. Il travaille pour une entreprise de bâtiment, et quand j'ai du temps, pendant les périodes de vacances scolaires, je vais lui porter sa gamelle sur le chantier. Si je peux, je vais même lui donner un coup de main. Je suis fier, comme ça, de venir sur le chantier et de pouvoir l'aider. Je me sens un petit bonhomme. Et puis, à la maison, nos repas sont bien meilleurs que sous le règne de Jean Maillot.

Un jour, comme nous remontons la rue de Rivoli avec ma mère, elle me montre un homme, devant un cinéma. Il porte un béret. Elle se penche vers moi et me dit :

— Tu vois, cet homme ? C'est ton père !

Je ne comprends pas. Mon père, ce n'est pas Tadek ? Papa Tadek ? Il faut croire que non, que c'est cet homme que je vois pour la première fois, cet homme avec lequel ma mère échange quelques mots.

On rentre à la maison et je ne sais toujours pas quoi penser. C'est lui, mon père ? Le père de Gérard, et de Muriel aussi ? Je n'en ai aucune mémoire. Personne ne m'en a jamais parlé. Qui est-il ? Pourquoi n'est-il pas avec nous ? Pourquoi ne s'est-il jamais manifesté ?

Trois jours après, ma mère et Fanny l'invitent à la maison. Quand il arrive, on le regarde avec Muriel. Gérard n'est pas là. C'est dommage. Mon père a apporté un poulet et des pommes. Il s'approche de nous. On ne sait pas comment se comporter. On doit l'embrasser ? On doit lui serrer la main ? Lui non plus, il ne sait pas comment faire. Alors, il s'assoit et nous raconte un peu sa vie. Il s'appelle Marcel, Louis, Émile

Fantou. Il est né à Saint-Servan, dans l'Ille-et-Vilaine. Il vient d'une famille qui vivait dans une roulotte. Puis il nous explique qu'à présent il travaille aux Halles. Il porte des quartiers de viande. Il ajoute que le midi il va manger dans un petit restaurant qui est à côté du cinéma où on l'a rencontré. Mais déjà ma mère l'appelle. Il s'éloigne et va la rejoindre. Elle est à table, en compagnie de Fanny. Avec Muriel, nous restons à l'écart, comme toujours. Les adultes sont à leurs affaires. Nous, on n'y comprend rien. On n'est pas invités. On ne peut que regarder, de loin. Quand c'est fini, mon père se lève. Je ne crois pas qu'il nous embrasse. Mais son regard est triste.

En le voyant partir, je me dis que je ne peux pas le laisser s'en aller comme ça, aussi le lendemain, au lieu d'aller en classe, je fais l'école buissonnière. Je ne suis pas inquiet, je sais que le maître s'en fout. Je suis même sûr qu'il ne remarquera pas mon absence. J'attends midi en traînant dans les rues du quartier. Quand l'heure sonne, je me rends au restaurant que mon père m'a indiqué : La Bière. Coup de chance, il y est et m'invite à m'asseoir à sa table. On se met à parler. Je suis content parce qu'il m'offre son dessert. Il me demande :

— Pourquoi tu me dis Marcel ? Pourquoi tu ne m'appelles pas « papa » ?

— Je n'y arrive pas. Je ne savais pas, avant, que tu étais mon père. Je viens tout juste de… Il faut du temps.

Mais, là, devant lui, je sens, au plus profond de moi, que c'est mon père, mon sang.

Les jours suivants, je le retrouve. On ne parle pas de Gérard, peut-être parce que Gérard n'est pas là, mais de lui, de moi, de Muriel. Puis, une fin d'après-midi, à la sortie de l'école, ça fait deux semaines que j'ai découvert mon père, comme je traîne sur le chemin du retour de l'école, du côté de la place du Châtelet, je le reconnais. Il est en train de se faire embarquer par les « Bleus ». Les « Bleus », ce sont des policiers, une brigade spécialisée dans les vagabonds. Ils les attrapent et les conduisent à Nanterre pour leur faire prendre une douche. Quand je comprends ce qui est en train de se passer, je me mets à courir comme un dératé en criant : « C'est mon père ! Arrêtez ! C'est mon père ! » Je ne suis pas certain, dans la confusion, mais il me semble qu'il s'est retourné pour me regarder avant de disparaître dans le fourgon. C'est ma dernière vision de lui. Je ne le reverrai plus. D'autant que, quelques jours plus tard, nous déménageons dans l'Yonne, à Saint-Florentin, à presque deux cents kilomètres de Paris.

C'est une coïncidence, je crois, ce déménagement. Rien à voir avec le fait que mon père ait refait surface. L'appartement, rue François-Miron, est trop petit pour deux adultes et cinq enfants, si on compte Gérard et Sophie.

À Saint-Florentin, on habite une cité HLM, mais surtout, on est à neuf kilomètres de chez ma grand-mère maternelle. C'est plus grand que rue François-Miron. Du coup, Gérard et Sophie nous rejoignent. Maintenant, on est au complet. Gérard, il n'a pas beaucoup changé. Je suis content de le revoir. Sophie, elle a grandi mais elle est encore toute petite. Et puis, elle est l'enjeu d'un combat juridique entre ma mère et Jean Maillot qui en réclament, tous deux, la garde.

Au début, ça va plutôt bien. On m'achète enfin des lunettes. Du coup, je m'applique un peu plus à l'école. Ça ne change pas grand-chose, à vrai dire. Je suis toujours dernier. Mais je suis moins perturbateur. Il faut dire que le maître aussi a changé, et le nouveau, celui de

Saint-Florentin, il est bien plus sévère. Pour les vacances d'été, on m'envoie aider un cousin, Maurice Tricot, qui est marinier dans la tradition de la famille. Je passe deux mois avec lui et sa femme, Nicole. Ce sont deux mois merveilleux. Un peu comme avec Joseph et Valérie, sauf que Maurice et Nicole sont plus jeunes – ils ont une vingtaine d'années – et qu'on n'est pas dans une ferme mais sur une péniche qui sillonne la France et l'Europe. Je ne suis jamais battu, j'ai droit à des repas copieux, surtout quand on doit attendre, à quai, de débarquer la marchandise, alors là, c'est la fête avec les autres mariniers, puis je découvre des paysages superbes et vis de vraies aventures.

Mais tout a une fin et, au bout de deux mois, on se sépare en larmes tous les trois. Eux continuent avec leur péniche, moi je retourne dans ma cité HLM de Saint-Florentin. J'ai quatorze ans. Je dois réintégrer l'école qui est obligatoire jusqu'à seize ans. Mais à quoi ça sert ? À l'école je ne fous rien, je perds mon temps et je coûte de l'argent. Ma mère demande alors une dérogation pour m'en extirper et me voilà embauché comme « mousse », c'est-à-dire manœuvre, dans le bâtiment, sous la houlette de Fanny. À quatorze ans, je ne suis pas bien costaud, avec la vie que j'ai menée, et surtout la malnutrition, et ouvrier en bâtiment, c'est dur : partir à six heures du matin en déplacement, travailler dehors, dans la froidure, soulever des blocs, se blesser sans cesse, mais j'ai du courage. Je m'accroche, je travaille. J'aurais pu faire mon trou, je crois, dans la maçonnerie, seulement le destin ne l'a pas voulu.

Au moment même où je commence à travailler, ma mère, qui jusque-là avait été normale, plus ou moins équilibrée disons, bascule dans une espèce de folie qui affecte toute la famille, touchant particulièrement Muriel ; et l'enfer renaît.

D'où vient ce changement ? Je ne sais pas. Je remarque simplement qu'elle prend beaucoup de pilules, de cachets de toutes sortes. Est-ce que ça explique son comportement ? Peut-être, mais je cherche moins à comprendre qu'à éviter ses crises. J'ai de la chance, je travaille. Je suis dehors toute la journée, et le week-end encore, pour des extra. Le soir, quand je rentre, je suis tellement épuisé que je m'endors à table. N'empêche, je remarque le traitement qui est réservé à Muriel. D'abord, dans la famille, elle est mise à part, comme si elle était une pestiférée. On ne lui parle pas, elle n'a pas d'amie, elle est tout juste bonne à faire le ménage, la vaisselle et à ranger les chambres. C'est ma mère qui est à l'origine de cet état de fait, mais Fanny et nous autres, les enfants, nous la suivons, sans en avoir clairement conscience. C'est encore une conséquence de mon enfance détruite. Habitué à morfler, j'ai beau plaindre Muriel dans mon cœur, je préfère baisser la tête et attendre que ça se passe. Et toute cette méchanceté qui rôde, cette violence quotidienne, elle rentre un peu en nous. Ma mère, elle, ne connaît plus de limites. Elle frappe Muriel régulièrement, lui arrache les cheveux, l'oblige à dormir debout, la nuit, à côté de son lit ou la prive de repas, et tandis que nous avons des lacets pour attacher nos souliers, Muriel doit se contenter de bouts de ficelle. Tout est bon pour l'humilier. Un jour, et cela s'est reproduit, ma mère, sous je ne sais quel prétexte, décide de punir ma sœur. Elle prend les couches du petit Stéphane, avec du caca, et les déverse dans un bol de lait qu'elle oblige Muriel à avaler. Je revois Muriel toute pleurante s'exécuter.

Avec Fanny, les rapports de ma mère se dégradent. Ils s'engueulent souvent. Fanny lui met des baffes, mais je crois qu'il a peur d'elle, de ce qu'elle devient. Peur aussi pour le petit Stéphane, son fils. Ma mère est incontrôlable. Fanny lui aussi change. Il devient méchant. Au travail, il me dérouille pour un oui ou pour un non. Je suis encore un gosse et parfois il m'arrive, pour faire une blague, de cacher le litron de rouge des ouvriers ou un outil. Quand Fanny s'en aperçoit, il se met en rogne et me roue de coups de poing. Quand il s'attrape avec ma mère, le soir ou le matin, là c'est sûr, la raclée, je n'y coupe pas. Il prétend qu'il veut m'apprendre le métier à la dure. Je crois plutôt qu'il se défoule sur moi.

Tout ce que nous gagnons, nous le remettons à ma mère. Je ne garde, pour moi, qu'un peu d'argent de poche qu'on me donne. Mais si j'oublie, un jour, en revenant du travail, de dire bonsoir, ma mère entre dans une de ses crises et me supprime mon argent de poche. Sur le chantier, il y a, parfois, la radio. Je découvre Johnny Hallyday. À la maison, je fredonne les refrains de ses chansons. Par mégarde, une fois, je me laisse aller à chanter un peu trop fort et ma mère m'envoie une violente paire de baffes. Pas le droit de chanter. Je me mets à détester ma mère, même si, au fond de moi, je continue à l'aimer : c'est ma mère !

Un beau jour, elle me dit que j'ai reçu un télégramme de Paris. Je suis saisi par la trouille. De Paris ! Un télégramme pour moi ! Ce ne peut être que le coup des harmonicas. Je vis perpétuellement dans la peur des volées ; à l'idée de celle que je vais recevoir, je me mets à trembler, presque à pleurer. Mais ce n'est pas ça. C'est mon père. Il est à l'hôpital. Il me réclame. C'est urgent. Je respire. Je me sens délivré. J'oublie de m'inquiéter. En plus, depuis que nous l'avons revu, ma mère n'arrête pas de le débiner, en le traitant d'alcoolique et de mauvais père. Alors, ce télégramme, je ne m'en inquiète pas trop.

Si j'avais su ! J'apprendrai, plus tard, qu'après m'avoir envoyé ce télégramme mon père, que l'on avait mis à l'isolement dans une cellule capitonnée de l'Hôtel-Dieu, s'était suicidé en s'étouffant avec du papier journal. Comme il a dû souffrir ! Et moi qui n'ai pas pu le revoir afin, peut-être, un jour, de l'appeler « papa » !

Un jour de Noël, alors que nous extirpons les petits cadeaux qu'on a glissés dans nos souliers, Muriel plonge la main dans les siens : dedans, il y a des oignons ! Puis nous partons chez mémère. Muriel, elle, est punie. Elle reste enfermée dans la cité. Au cours de la soirée, Fanny décide d'aller lui rendre visite. Quand nous revenons, Muriel raconte à Gérard, qui prenait sa défense de temps à autre, que lors de cette visite Fanny lui a montré son sexe. Gérard me le confie. Je le dis à nos voisins, les Martin, qui le disent à ma mère. Fanny nie les faits et Muriel passe pour une menteuse. Mais, au fond de moi, je crois ma sœur. Fanny m'a déjà fait le coup, sur un chantier. Son geste m'avait choqué mais, par peur, je n'avais rien dit.

Quand arrivent mes seize ans, j'arrête les chantiers et je rentre à l'usine, la SFIA, à la sortie de Saint-Florentin. Je suis heureux. Au moins Fanny n'est plus là pour me frapper. À l'usine, on m'apprécie. Je suis travailleur et serviable. En plus, il y a beaucoup de femmes. Ça me change des maçons, plâtriers et autres carreleurs. C'est aussi l'époque où je m'engage dans les Pompiers volontaires. C'est un vieux rêve d'enfant que je réalise. Peut-être né le jour où, à trois ans et demi, je jouais avec un petit camion de pompiers dans la cour de la ferme. Outre que ça me plaît de dérouler les tuyaux d'incendie, d'aider à transporter les blessés, j'ai l'impression d'être utile, d'aider mon prochain. Ce sont les leçons du caté-chisme qui me reviennent.

Bien qu'avec mon emploi à l'usine je ramène autant d'argent que Fanny à la fin du mois, je continue de rece-voir des baffes pour rien, un regard de travers, un mot mal placé. Alors, à l'usine, j'y reste le plus longtemps possible. C'est ma manière de fuir mon enfer. Je m'arrange pour faire des heures supplémentaires.

Un jour, peut-être à la fin du week-end de Pâques, on rentre tard dans la nuit de chez des cousins. J'ai à peine le temps de dormir, que le matin arrive et que je dois aller travailler. Encore ensommeillé, j'enfourche ma Mobylette. Heureusement, aujourd'hui Fanny est dans un bon jour, il n'a pas enfermé mon engin à la cave. Je n'aurais pas pu faire les kilomètres qui me séparent de l'usine. Je suis trop fatigué. J'ai les jambes en coton. À mon poste, je commence à turbiner, mais j'ai l'esprit ailleurs, je manque d'attention et c'est l'accident. Une transpalette me sec-tionne la phalange du pouce de la main gauche. Je suis hospitalisé. C'est sur mon lit d'hôpital que j'apprends le suicide de tonton Jeannot. Une nouvelle qui me fait très mal. J'aimais tonton Jeannot. On m'explique, de manière un peu confuse, que la guerre d'Algérie et un amour impossible pour une femme mariée l'ont marqué. Après avoir quitté l'armée, il avait arrêté de boire et avait créé une petite entreprise de maçonnerie. Il avait demandé à ma mère que Fanny et moi venions le seconder. Mais ma mère ne l'avait pas écouté et il s'était retrouvé seul. Voilà ce qu'on m'a dit. Mais ça n'atténue pas ma peine. Et, dans ma chambre d'hôpital, allongé sur mon lit, j'imagine le corps de tonton Jeannot, pendu à la branche d'un arbre, qui se balance dans le bois.

Je me rétablis et je reprends mon travail à l'usine. Je trouve normal de donner tout ce que je gagne à ma mère. Je suis devenu responsable. Je ne me réserve qu'un peu d'argent de poche qu'on me donne. C'est tout. Mais c'est trop, il faut croire. Un samedi après-midi, je vais assister au concert d'un chanteur de l'époque, Guy Mardel, dans une maison de la culture. Comme ça me plaît, à la fin du tour de chant j'achète un de ses disques qu'il me dédicace. En rentrant chez moi, je me sens tout fier de ce que je viens de réaliser. Un disque dédicacé par une vedette ! Mais lorsque je franchis la porte de l'appartement, Fanny m'arrache le disque des mains et le fracasse contre la table. Le motif ? Je l'ai acheté sans permission ! Ce geste d'humiliation me fait très mal, mais je ne dis toujours rien. J'encaisse et je me retire dans ma chambre.

Quelque temps plus tard, un midi, comme j'ai très faim après une dure matinée de travail, je tends mon assiette pour avoir un peu de rab de pâtes. Ma mère n'apprécie pas ce geste. Je ne sais pas ce qu'une autre mère aurait fait en cette occasion mais la mienne, prise d'un accès de rage incompréhensible, vide le plat tout entier dans mon assiette.

— Ah, tu en veux plus ! Eh bien, vas-y, bouffe tout !

D'habitude, quand ça dérape comme ça, je pleure ou je me mets dans un coin, mais là, pour la première fois, je me rebiffe. Je repousse violemment l'assiette. Je refuse de manger ce qu'elle m'a jeté comme à un chien. Le soir, ma mère me ressert les pâtes froides que j'ai refusées à midi. Je ne les mange pas. Le lendemain, pareil. Le surlendemain, à midi, rebelote, les pâtes sont encore là. Mais je tiens bon. Ça fait deux jours que je suis sans manger et je continue d'aller travailler. Pour finir, c'est ma mère qui cède. Quand je rentre, le soir, elle me sert enfin à manger comme à tout le monde.

C'est ma première rébellion et ma première victoire. J'ai gagné contre ma mère et contre Fanny. Dans mon regard, quelque chose a changé. Je sais, maintenant, que je ne me laisserai plus faire. Ma vie ne s'améliore pas pour autant, mais je ne suis plus l'enfant soumis qui suit le mouvement.

Muriel est toujours martyrisée par ma mère qui s'acharne sur elle, mais, à l'école, on commence à s'inquiéter de son état de santé. On remarque qu'elle s'endort en cours et on la surprend, plusieurs fois, à manger de la colle. J'ignore ce qu'il s'est dit, qui fait pression sur qui, si les services sociaux sont intervenus, si le combat juridique pour la garde de Sophie a joué, mais le résultat est là : Muriel est envoyée dans un pensionnat, à Chaumont, bien loin de la maison. Tant mieux pour elle. Elle échappe à la folie de notre mère. Mais ça fait un trou.

Un soir, à quelque temps de là, Gérard rentre de l'école avec un papier administratif. Ma mère le lui prend et le lit. Dans la case réservée au nom du père, il a inscrit : Marcel. En lisant ça, ma mère devient subitement folle. Elle se jette sur Gérard et oblige Fanny à le frapper sauvagement. Puis elle reprend Gérard, qui est groggy, et le contraint à traverser le salon en léchant le sol, jusqu'aux pieds de Fanny qu'elle le force à embrasser. Fanny, je le vois, a envie de pleurer devant l'humiliation que subit Gérard, mais il ne bronche pas. Il ne fait rien pour empêcher cela. Il est sous la domination de ma mère.

Moi non plus, je n'interviens pas. J'ai peur. Ma mère agit comme une hystérique. Finalement, ça se calme. Je crois que c'est fini et Gérard va dans la chambre se coucher. Mais ma mère, d'un coup, se lève et le rejoint. Elle l'oblige à se coucher par terre, sans couverture. À mon tour je vais me coucher. Avec Gérard, nous essayons de dormir. Mais nous entendons notre mère, dans le salon. Elle ne s'est toujours pas calmée. Tout à coup, la porte s'ouvre. C'est elle. Elle se précipite sur Gérard pour l'étrangler. À son regard dément, je vois qu'elle ne plaisante pas. Pour la deuxième fois, après les pâtes, je me révolte. Je me jette entre Gérard et elle pour l'empêcher de commettre son acte de folie. Cette scène va se répéter plusieurs fois au cours de la nuit. Puis, nous n'entendons plus de bruit dans le salon et nous pensons que notre mère a dû s'effondrer d'épuisement.

Le lendemain, Gérard part à l'école. Mais le soir il n'est pas là. On alerte la police. Elle retrouve son cartable au bord du canal. D'après les indices, on conclut à un suicide ou à une noyade accidentelle. On recherche son corps, sans conviction.

Pendant un mois, je suis très perturbé. Gérard, qui a disparu, peut-être mort, Muriel, placée en pension, je me sens déboussolé. Ma mère et Fanny sentent que ça ne va pas, ils se radoucissent. Avec la prime que l'on me donne à l'usine, ils m'achètent une montre. Mais ça n'y change rien. Ma décision est prise. Je vais partir. Je vais fuir cet enfer. Sans mon frère et ma sœur, je n'ai plus rien à faire ici. Je m'aperçois qu'en fait, c'est pour eux que j'ai travaillé depuis trois ans. Et puis je comprends que la seule chose qui, en moi, intéresse ma mère et Fanny, c'est ma paye. J'aurais dû m'en apercevoir plus tôt. Peut-être que je suis naïf, ou bien lent, mais je croyais qu'on m'accordait un peu plus de considération. Mes illusions se dissipent. Non seulement le monde dans lequel j'ai grandi est dur, violent, malsain parfois, mais il est totalement dépourvu de cœur. C'est par exception qu'on y croise des gens bien. Et ça ne dure jamais. Ce monde, il est fait pour vous détruire. Des souffrances et des désordres, j'en ai ma dose, mais si je reste dans ce marécage putride, je vais y crever. Avec l'absence de Muriel et de Gérard, je prends conscience que je n'ai plus de famille. En ai-je jamais eu ? J'ai changé de père, de mère, de maison, d'école, je ne sais plus combien de fois. Ma seule famille, ma famille de galère, c'est Muriel et Gérard.

Je tire un trait sur mon passé. Je vais partir.

À l'usine, la paye tombe tous les quinze jours, en liquide. Quand ce jour arrive, j'empoche mon dû, je monte sur ma Mobylette et, au lieu de prendre le chemin de la cité HLM, je m'engage sur l'autoroute, direction Paris. Malheureusement, je ne sais pas que je n'ai pas le droit d'emprunter l'autoroute avec mon vélomoteur. Après moins d'une heure de route, les gendarmes m'arrêtent. J'ai dix-sept ans. Je suis encore mineur. Ils contactent donc ma mère et Fanny qui viennent me récupérer et, par la même occasion, empochent ma paye.

Le retour à la maison est tout doux. Ma mère et Fanny ne vont pas jusqu'à me rendre mon argent, mais ils essaient de faire les gentils. Ça ne marche pas. Le lendemain, je retourne à l'usine comme si de rien n'était, mais j'ai mon plan. Je sais qu'ils ne me laisseront plus toucher ma paye, or j'ai besoin d'argent pour mettre du mélange dans ma Mobylette jusqu'à Paris. Alors, pendant une dizaine de jours, j'économise, franc après franc.

Un matin, je fais mes comptes. J'ai ce qu'il faut pour remplir le réservoir. Je prends un morceau de pain, une pomme et je monte sur ma Mobylette. Cette fois, je ne prends pas l'autoroute. Pour éviter les gendarmes, je décide de passer par les petites routes. Jusqu'à Paris, il y a presque deux cents kilomètres.

Mon voyage dure plus de huit heures. Je roule sans m'arrêter, direction Paris. Sur la route, je ne pense à rien. Toute mon attention est prise par la peur du gendarme. Je ne veux surtout pas qu'ils me ramènent dans la cité. Avec les heures, je me raffermis un peu, mais au moindre signe je prends un chemin de traverse pour me cacher.

Je n'ai pas encore conscience que c'est toute une période de ma vie qui est en train de prendre fin. Je n'ai aucun plan, aucune idée en tête. Je ne sais pas ce que je vais faire en arrivant. Je n'y pense même pas. Je vais à Paris, parce que c'est la seule ville que je connaisse. C'est tout. Pour le reste, je fuis, je fuis purement et simplement. Je m'en vais. Je romps les ponts avec mon passé, mes souffrances, mes angoisses. Je n'en peux plus. Je n'en veux plus.

Que suis-je devenu ?

Enfin, je débarque à Paris. Sans calculer, je me retrouve pas loin de mon ancien quartier, place de la Bastille. Après huit heures de route, je suis épuisé. Le soir tombe. Je ne sais pas du tout quoi faire. Au moins je suis arrivé à destination. Je n'ai plus besoin de rouler. Je pousse jusqu'à la place des Vosges où je case ma Mobylette. En passant devant une glace, je regarde mon visage. Je ne me reconnais pas. Je suis noir de poussière ! Ce petit choc me dégrise. La nuit tombe et, pour la première fois, je m'aperçois que je n'ai nulle part où aller.

Je me mets alors à errer dans le quartier comme une âme en peine. Insensiblement, mes pas me conduisent vers Saint-Paul. Sans que je m'en aperçoive, je me retrouve aux abords de la bouche de métro. Comme je n'ai rien à faire, je traîne, je regarde les gens. Je suis dans mon quartier et ça me suffit. L'habitude des privations fait que je n'éprouve pas la faim. Le sentiment d'avoir réussi mon coup remplace le sandwich. Au bout de quelque temps, je m'aperçois qu'un gars de mon âge traîne comme moi sur la petite place. Lui aussi m'a remarqué. On se regarde, on échange quelques mots, et nous voilà partis. Il me fait faire la connaissance de deux potes à lui et, tous les quatre, nous déambulons dans les rues du quartier.

La nuit est maintenant avancée. Nous traînons toujours. Les rues se vident petit à petit. Tout à coup, dans un coin, sur une bouche de chaleur, on remarque un clochard couché. En s'approchant de lui, mes trois compagnons rigolent en douce. Moi, je ne comprends pas ce qu'ils veulent faire. Soudain, ils lui sautent dessus et se mettent à le tabasser. Je suis choqué. Je les regarde faire, totalement désemparé. Ils le frappent, à coups de pied. Le clochard ne répond pas. Finalement, ils le dépouillent, lui arrachent ses souliers, ses chaussettes, son manteau, sa chemise, tout ce qu'il porte. Puis, dans leur excitation, ils se retournent contre moi. Ils m'arrachent ma montre et partent en courant. Incapable de réagir, je les laisse s'éloigner. Impuissant, je regarde le clochard complètement nu, qui grelotte, et je me retire, lentement. À quelques rues de là, par terre, au pied d'un banc, je remarque les chaussettes et la chemise du clodo. Sans réfléchir, je les ramasse et reviens sur mes pas. Je me revois encore essayant de remettre ses chaussettes et sa chemise au pauvre type qui pouvait à peine bouger après la bastonnade. À cet instant, je comprends ce qui vient de se passer. Je pense à la police et je prends peur. Pas pour cet incident, je n'ai rien fait, mais je sais qu'ils maraudent, la nuit, pour ramasser les fugueurs. S'ils me trouvent, ils m'embarqueront et me ramèneront à Saint-Florentin. Je veux pas y retourner. Alors je m'enfuis.

Je passe une nuit infernale dans les rues de Paris, caché dans l'ombre des portes cochères, sans dormir, aux aguets, craignant sans cesse de voir surgir les policiers, errant dans les rues.

Lorsque l'aube point, je suis crevé. Je n'en peux plus. Je ne pourrai pas passer une nouvelle journée sans manger, sans dormir, à courir et à fuir, la peur au ventre. Je dois trouver quelque chose, n'importe quoi. Je viens de faire ma première expérience de la rue, contraint et forcé. Ce que j'ai découvert ne me plaît pas. Je ne sais pas encore que, depuis ma plus tendre enfance, j'ai un pied dans cette rue ; que l'Assistance publique, c'est le seuil de la rue. Pour l'instant, je ne suis qu'un gosse en fugue.

Mes errances nocturnes ne m'ont pas éloigné de mon quartier. Et, ici, la seule personne qui peut m'aider, c'est mon vieux curé du catéchisme, l'abbé Mitre. Il me connaît, connaît mon histoire et il a toujours été bon avec moi. Un visage familier ! Dans la froidure du matin, le simple fait d'y penser me réchauffe.

L'église Saint-Gervais est toujours là. Rien n'a changé, en cinq ans. Mon vieil abbé aussi est à son poste. Il me reçoit immédiatement. Je suis heureux de le voir. Pendant une heure, je lui raconte tout, je lui déballe tout, jusqu'à la disparition de Gérard que je crois mort, noyé dans le canal, et ma fuite, la veille. Il m'écoute en hochant la tête. Dans ses yeux, je lis la tristesse et la compassion. Il comprend, surtout, que je ne veux pas revenir en arrière. Je ne me souviens plus de ses paroles. À ce moment, ce n'est pas important. Peut-être même ne dit-il rien. J'ai dix-sept ans à peine, il en a soixante-dix, mais déjà, il sait que c'est inutile et dérisoire de vouloir m'expliquer la vie ! En revanche, j'en rencontrerai, plus tard, des éducateurs de tout juste vingt-cinq ans, frais émoulus de leur école, leur BAFA[1] tout chaud en poche, qui prétendront m'apprendre à vivre. Lui, l'abbé Mitre, il fait juste ce qu'il faut. Il contacte une assistante sociale qui, dans l'heure, me trouve un foyer.

---

1. Brevet d'aptitude aux fonctions de l'animation.

En fin de matinée, je pénètre dans les locaux du foyer Don Bosco, rue Crillon, pas loin de Bastille. Le responsable, c'est le père Alain. Là, on me donne un lit dans le dortoir où je découvre une dizaine de camarades de chambrée. Ils ont mon âge. Comme moi, ce sont des cas sociaux, des garçons perturbés. Chacun a son histoire, mais toutes les histoires se ressemblent : famille déchirée, placement judiciaire, Assistance publique. En posant mon sac sur ma paillasse, je respire. On ne me renvoie pas à Saint-Florentin. Puis, inconsciemment, je retrouve ma vraie maison, celle à laquelle je finis toujours par revenir. Ça non plus, je n'y fais pas attention, mais dans le fond, les séjours avec ma mère : Tadek, Jean Maillot, Fanny, c'étaient comme des familles d'accueil, ma vraie famille, c'est devenu la DDASS.

À présent, je suis grand. Plus question de me placer dans une famille. On me garde au foyer, mais je dois travailler dans une petite usine familiale du quartier, comme monteur de matériel publicitaire. Ça me va bien. Je ne rechigne pas au travail. Tout au contraire. J'ai pris la vie par son côté le plus dur. La souffrance, l'effort, je ne connais que ça. En plus, le patron et la patronne apprennent à me connaître et à m'aimer. Ils n'ont pas réussi à avoir d'enfant et ils me traitent presque comme un fils adoptif.

Un beau jour, dans le foyer, je croise le fils Hannoyer. J'en éprouve un immense plaisir. Jean-Pierre représente, pour moi, une espèce de grand frère. Nous nous embrassons, nous nous racontons nos vies. C'est ce jour-là que j'apprends ce qui est réellement arrivé à Tadek.

Puis un soir, comme je rentre du boulot, j'ai la surprise de trouver Gérard dans la rue, devant le foyer. Moi qui le croyais mort ! J'hésite un peu à le reconnaître, mais c'est bien lui. On s'embrasse. Il m'explique qu'il a déposé intentionnellement son cartable au bord du canal pour faire croire à une noyade. Gérard, c'est un futé. D'ailleurs, c'est lui qui m'a retrouvé. Comment ? Je n'en sais rien. Mais s'il vient me voir, c'est avec une arrière-pensée. Sa situation n'est pas bonne. Il couche dehors. Il voudrait que je l'aide. Bien sûr ! C'est mon frère. Je ne fais pas attention au fait que sa visite est intéressée. Je vais voir le père Alain et je lui expose mon problème. Malheureusement, c'est impossible. Le règlement interdit qu'un foyer reçoive deux membres d'une même famille. Allez savoir pourquoi ! Il y a des logiques qui m'échappent. Alors, à cause du règlement, il faudrait que je laisse mon frère crever dans la rue ? Non. Je ne veux pas. Et, pendant quelques jours, la nuit, je le cache sous mon lit et le nourris en douce, avec du jambon chipé à la cuisine.

Comme on ne peut pas continuer comme ça, j'en parle à ma patronne qui accepte de l'embaucher. Du coup, Gérard peut trouver un foyer. Pendant deux mois, nous travaillons ensemble. Gérard est dur à la tâche. Au travail, nous nous entendons bien et, le soir, nous sortons ensemble. Avec notre paye, nous nous achetons des fringues et nous frimons sur les boulevards. Ce sont deux mois d'entente parfaite. J'ai l'impression de revivre. Ce n'est pas encore l'idéal. Nous vivons dans un foyer, nous sommes mineurs, mais nous sommes libres, libérés des folies passées. Je me sens adulte. Je m'occupe de mon frère, comme doit le faire un aîné. Avec un peu de chance, nous pourrons nous en sortir ensemble, oublier le passé, construire une existence correcte. Je ne fais pas de plan pour l'avenir. L'avenir, c'est trop loin. Je vis au jour le jour, comme j'ai toujours vécu. Mais comme ça, de temps à autre, je me prends à rêver. Seulement voilà, la chance ne vient pas.

Les commandes se mettent à baisser et la petite entreprise n'a plus assez de travail pour deux ouvriers. Comme mon frère est le dernier arrivé, c'est lui qui trinque. Il est licencié. Je n'aurais pas dû réagir ainsi. Il n'y avait aucune raison. Ce licenciement, ils n'y pouvaient rien, les patrons. Mais, mon frère mis à la porte, je ne fais ni une ni deux, je démissionne. Comme à Saint-Florentin, je ne peux pas rester s'il n'est plus là. Du coup, au foyer, je passe pour une forte tête. C'est stupide. Ma réaction n'a rien à voir avec le foyer. Elle est purement instinctive. Mais le mal est fait.

Comme je n'ai plus rien à faire, je traîne. Un soir, avec un gars du foyer, Patrick, on découche. Rien de bien méchant en vérité. On se balade dans les rues de Paris, éblouis par les noctambules, les cafés, les restaurants, les cinémas. Au matin, on rentre, crevés mais pas mécontents de notre nuit. Le père Alain est absent. Deux éducateurs – ils doivent avoir vingt-cinq ans – nous attendent. Nous sommes tout juste arrivés dans la cour, qu'ils nous attrapent et nous entraînent dans une pièce. Là, à tour de rôle, ils nous envoient des gifles pendant une dizaine de minutes. Ils n'arrêtent pas. Sous les coups, ma tête roule dans tous les sens. Les débiles ! Pourquoi font-ils ça ? Pour une nuit, une seule nuit durant laquelle j'ai découché ! Je crois plutôt que c'est par imbécillité ou par sadisme. Si le père Alain était présent, ils n'oseraient pas agir ainsi. Mais le père Alain est absent, et ils s'en donnent à cœur joie.

Cette rafale de coups me choque violemment. Je replonge dans mon passé. De nouveau les sévices, les interdictions et les punitions absurdes. Je croyais être devenu un homme, on me traite comme un gosse. Pourtant, j'ai dix-sept ans et je travaille depuis l'âge de quatorze ans ! J'aurais pu passer sur cette injustice, mais mes peurs enfantines me rattrapent. Je n'ai pas appris à me tenir droit mais à plier, à encaisser et à me refermer sur moi-même. Dans mon univers, il n'y a aucune paix, aucun lieu protégé, on ne peut faire confiance à personne. C'est un monde entièrement dépourvu de repères. Rien à quoi se raccrocher. Lorsqu'on est enfant, on subit, on attend que ça se passe. On voudrait très fort, sous le déluge des coups, être ailleurs, mais on n'en a ni le courage ni la force. Plus grand, on se révolte. On ne réfléchit pas. On se révolte et on fout le camp.

Le première fugue est la plus difficile. Mais une fois que l'on s'est lancé, quand on sait que c'est possible, alors on la garde dans la poche, en réserve, et, au moindre problème, on la ressort. Ce n'est pas de la lâcheté, c'est un réflexe, comme de fermer les yeux pour ne pas voir le poing qui s'abat.

Donc, le lendemain, je ramasse mes maigres affaires – je n'ai pas de thunes, mais c'est décidé, je dégage de ce foyer, peu importe les conséquences – et je me retrouve dehors, dans la rue, avec mon baluchon. Je n'ai aucune idée de ce que je vais faire, je sais simplement que je ne reviendrai pas. Au début, je marche vite, des fois que les éducateurs aient l'idée de me rattraper, mais j'ai tort de m'inquiéter. Ils se foutent royalement de moi et de ce que je vais devenir. Pour eux, je ne suis qu'un gosse à problèmes qui ne se plie pas aux règles. Dans leur tête, sans doute, c'est déjà joué : je suis et resterai un rebut de la société, un gosse de la DDASS, un instable.

Au bout de quelque temps, je ralentis le pas. J'avance, de rue en rue, sans penser, sans chercher, comme ça vient. Je vais jusqu'à la place du Châtelet. Là, comme je n'ai rien trouvé qui retienne mon attention, je prends à gauche, traverse l'île de la Cité et me retrouve à Saint-Michel.

Sur la place, à côté de la fontaine, dans les rues adjacentes, il y a des groupes de jeunes, garçons et filles, assis par terre, indifférents aux passants. Ils sont sales, ils ont les cheveux longs, la moitié va pieds nus, mais c'est le printemps, ils ont mon âge ou sont à peine plus vieux que moi, et leur visage n'exprime pas la détresse mais une sorte de tranquille je-m'en-foutisme qui m'attire. Je ne sais pas qui ils sont, je n'en ai jamais vu auparavant. À Saint-Florentin, il n'y en pas des comme ça. Seulement, dans les quartiers que je viens de traverser, il n'y a que des gens qui courent, qui travaillent, des flics, des commerçants, des voitures. Pas de place pour moi. Alors, je reste. Je zone un peu. Je tourne autour des groupes. Je les regarde. Je remonte comme ça jusqu'au Pont-Neuf, le plus ancien pont de Paris. Dans un square, pas loin du pont, ils sont quelques-uns autour d'un banc. Comme je suis fatigué de ma galère, je vais m'asseoir à côté d'eux. Je me sens moins gêné, dans leur proximité, puis je me dis que je ne serais pas contre le fait de passer un peu de temps avec eux.

Le contact est facile. Quelques mots suffisent pour qu'ils m'invitent à me joindre à eux. À ce moment-là, je ne le sais pas, mais je bascule dans un piège dont je ne sortirai jamais.

Ces jeunes, ce sont ce qu'on appelle des hippies. Ils sont sympathiques mais ils viennent, pour la plupart, de familles aisées, de la bourgeoisie. Ça veut dire qu'ils ne sont pas dans la rue, comme moi, parce qu'ils ont fugué, mais que, pour eux, c'est un choix de vie. Ils refusent la société de consommation, le travail, les règlements, et tout ce qui va avec. Ils vivent en petite communauté, avec peu de chose, et le peu qu'ils ont, ils le mettent en commun. Ils professent la liberté en tout, même en amour. Tout ça, pour moi, c'est nouveau, mais ça me plaît comme idée. C'est vrai, je suis issu d'un milieu ouvrier assez différent de leur monde, avec en plus l'enfance pourrie que j'ai eue, seulement j'ai dix-sept ans à peine et je suis prêt à tout essayer, à tout expérimenter. D'autant que, malgré les conditions de vie difficiles, la rue, la manche, l'absence d'hygiène, il n'y a pas, chez eux, de hargne, cette âpre et mesquine violence du monde dans lequel j'ai grandi.

En plus de ça je découvre, en même temps que cet univers, un vice dans lequel je vais immédiatement plonger : la drogue. Je devrais dire *les* drogues, dont j'ignorais jusque-là l'existence et dont je vais abuser durant des années.

D'ailleurs, à partir de cet instant, de cette rencontre avec les gars près du pont, ma mémoire se brouille. Je ne me souviens pas de ce qui se passe cet après-midi-là. Peut-être m'ont-ils filé du shit, du hasch, ou des pilules, je ne sais pas. Je ne sais pas non plus où j'ai dormi, ni comment. Mais quelques jours plus tard, ce que je sais, c'est que je suis avec eux, comme eux. J'ai changé de vie, je me suis complètement coupé de mon passé. Dans la compagnie de mes nouveaux potes, je ne pense plus à ma mère, à Fanny, à l'usine. Parfois, je me demande ce que deviennent Muriel ou Gérard, mais ça ne va pas plus loin. Je vis au milieu des hippies. Avec eux, je découvre les règles de la rue : les petits vols et la mendicité.

À cette époque, nous sommes peu nombreux et les gens nous aiment bien – on ne les dérange pas beaucoup. Donc, la manche, ça marche bien. On nous donne facilement. Et nous autres, on n'a pas besoin de grand-chose. On dort dans le square du Vert-Galant ou dans un coin sous le Pont-Neuf. Notre seule fortune, c'est un duvet ou une couverture. Quand on va sous le Pont-Neuf, la police débarque, accompagnée des pompiers, et nous arrose à la lance à incendie. Pour manger, on se contente d'un morceau de pain et d'un verre de lait. Je supporte facilement ces nouvelles conditions, mon habitude des privations m'y aide. L'essentiel de nos journées, on les passe stone.

Dans ce milieu, je découvre le haschich, le kif, mais aussi le LSD, les amphétamines, les produits pharmaceutiques qui entraînent des effets hallucinogènes, l'éther et, bien entendu, l'alcool. Je consomme beaucoup d'« artane ». Ce sont des cachets qui vous plongent dans un monde imaginaire. L'effet varie selon les doses et les mélanges, mais il peut durer longtemps. Je reste ainsi des heures à fixer un mur, un point sur un mur qui s'ouvre et me révèle l'antre d'êtres monstrueux qui me fascinent et m'observent. Souvent, je rencontre le regard d'une vieille femme. Ou bien alors, je me mets à marcher avec l'impression d'être suivi. J'accélère le pas, mais je ne parviens pas à distancer celui qui me suit. Et je vais, je vais, dans les rues, je tourne, je reviens, jusqu'à ce que l'effet se dissipe. Le LSD, c'est différent. Il provoque, en moi, des crises d'angoisse, de la paranoïa. Ce que je redoute le plus, c'est la police. J'ai l'impression qu'elle est là, qu'elle me guette. Je suis fou d'angoisse. Les « trips », sur buvard ou en cachets, provoquent des hallucinations différentes, des distorsions. Leur effet peut durer huit heures. Du coup, j'en prends trois dans la journée, et je suis stone pendant vingt-quatre heures. Le lendemain, quand je me réveille, c'est le trou noir. Je ne sais pas ce que j'ai fait. Alors, pour calmer mon inquiétude, je fume un joint, je bois une bière, et ça repart. Mais le LSD ou les « trips », c'est cher, même si à l'époque les prix sont dérisoires et si certains d'entre nous peuvent tirer un peu d'argent de leurs parents. Alors, on se rabat sur l'éther. L'éther, je l'ai bu, je l'ai sniffé, je me suis même shooté avec. Dans les veines, direct, pour augmenter le délire. Avec l'éther, j'entends souvent le bruit d'une sirène de bateau qui se rapproche. Mais l'éther me rend violent, agressif, moi qui, pourtant, n'ai rien d'un bagarreur. Il m'arrive de sortir mon couteau et de menacer les gens ; en fait, c'est moi que je blesse, je me taillade les bras – je ne sens plus la douleur –, les gens prennent peur et me donnent leur argent.

En quelques semaines, je suis à fond dedans. Excessif, c'est une autre facette de ma personnalité, de mon héritage. J'en ai trop pris dans la tête, de tous les côtés, pendant trop longtemps, pour que je puisse réfléchir. Maintenant, quand je me sens bien, que ce soit vrai ou que ce soit dans ma tête, j'y vais à fond, sans limites, au finish, quelles que soient les conséquences. Donc la dope à cent pour cent et, en quelques mois, je deviens un camé. Je n'ai absolument rien vu venir. Moi qui ne buvais pas, qui fumais tout juste un paquet de cigarettes par semaine, qui n'imaginais la vie qu'entre l'usine et la maison, je suis défoncé tout au long du jour. Quand je ne suis pas défoncé, je fais la manche ou je fauche dans les magasins. Certains ont du mal à tendre la main, ils se sentent humiliés. Moi, comme pour le reste, je ne calcule pas.

De mes potes, je suis le plus jeune, et, comme je suis petit, on me surnomme « la puce ». Je crois qu'ils m'ont adopté comme une espèce de mascotte.

À cette époque, la rue est très différente de ce qu'elle est devenue aujourd'hui. La manche et le stop sont faciles.

Les gens ne nous regardent pas de travers, nous autres les zonards, ils nous aiment bien, ils viennent nous voir d'eux-mêmes. Des fois, ils nous refilent un sandwich ou une pièce sans qu'on leur demande rien. Ils s'inquiètent aussi, nous demandent si on a besoin d'aide. Faut dire qu'on n'est pas très nombreux et qu'on suscite davantage la curiosité que la peur. Mais, en même temps, les Bleus maraudent – le vagabondage est interdit, la mendicité aussi. Régulièrement, ils font des descentes et nous embarquent. En quelques mois, je fais plusieurs passages au dépôt de la souricière qui est attenant au palais de justice, soit qu'on m'ait chopé pour vagabondage ou pour vol à l'étalage.

Le dépôt, c'est une espèce de vestibule des foyers sociaux. On nous y parque, le temps de vérifier notre identité, puis, quand on est comme moi mineur et sous contrôle de la DDASS, on nous envoie en foyer. Seulement, je ne suis plus celui que j'étais il y a quelques mois encore. Dès le lendemain de mon arrivée, je me tire du foyer et je vais retrouver mes potes sous le Pont-Neuf. C'est dans un de ces dépôts qu'un beau jour je croise mon frère. Oh ! Gérard, je l'avais perdu de vue. Apparemment, il a suivi le même parcours. Mais son circuit et ses lieux de zone ne sont pas les miens. On est contents de se revoir, mais l'heure vient de se quitter et chacun reprend sa route.

Je me suis fait un pote : Claudio. Ses parents possèdent une pharmacie. Il connaît les produits. Je zone avec lui et quelques autres. Il m'initie à la drogue mais aussi aux voyages. Il faut dire qu'on bouge beaucoup, dans ce milieu. On change de ville, pas de vie, en suivant le mouvement. En fait, un peu comme des parasites, on va où il y a du monde, comme à Avignon, pendant le festival. Là, on y a nos repères, nos places.

C'est vrai qu'on est sales, dépourvus d'hygiène, physique et alimentaire, c'est vrai qu'on glisse doucement dans la clochardisation, mais curieusement on ne se sent pas clochard. Si on vit comme des marginaux, c'est parce qu'on le veut bien. À ce moment, on ne connaît pas le phénomène de l'exclusion. Cette vie, c'est encore, pour la plupart d'entre nous, un choix. Pour moi aussi, un peu. C'est vrai que j'y suis tombé par la force des choses, parce que deux « débiles » m'ont foutu des baffes pour avoir découché, mais je m'y plais bien. La défonce aidant, je n'ai pas l'impression d'être un rebut de la société, mais de m'éclater. À la vérité, je porte encore, sur les clochards dont je partage pourtant l'existence, le regard de compassion des Français à l'époque. Nos journées, on ne les passe pas à ruminer des problèmes insolubles, mais à faire la fête, un peu de mendicité, un peu de vol et beaucoup de défonce. Moi, je me bousille la santé, je me détruis les neurones – aujourd'hui encore j'en garde les séquelles –, mais on est jeunes, on est « beaux », les filles sont faciles, tout va bien.

En dehors d'Avignon, les hippies auxquels j'appartiens ont deux points de chute : Katmandou et Amsterdam. Katmandou, c'est loin, Amsterdam, en revanche, on peut y aller en stop. Le seul problème, c'est le passage de la douane. Mais on a nos plans. On se fait débarquer dans le dernier village avant la frontière, on prend des petits chemins – il y en a toujours un qui connaît la route – puis, de l'autre côté, on recommence le stop.

À Amsterdam, on se retrouve sur la place du Dam, dans le centre, à quelques pas de Station centrale, juste en face du palais. Toujours pieds nus et aussi crados, la nuit on squatte des usines désaffectées, le jour on vit en groupe, en faisant la manche ou en chapardant. Parfois même, on casse les distributeurs de cigarettes, dans les rues, pour en revendre le butin, mais surtout on se défonce avant d'aller se balader le long des canaux. On a nos habitudes, aussi, nos « boîtes » : le Paradisio, le Fantasio ; on prend une douche, dans un *slipping*, c'est un florin (trois francs) la nuit, déjeuner compris, on enfile des fringues plus ou moins propres et c'est parti pour l'écran géant et la fumette à gogo.

Mais la Hollande a aussi ses flics et quand ils nous chopent, comme on n'a pas de papiers, ils nous expulsent. Ce n'est pas terrible comme punition, c'est vrai, mais c'est quand même dur à supporter dans notre condition, parce que, avant de nous reconduire à la frontière, ils nous parquent dans un dépôt. C'est une immense cellule où ils nous laissent croupir une dizaine de jours, sans douche, au pain et à l'eau, avec des granules de chocolat, sans possibilité de bouger de l'endroit et surtout sans came.

En quelques mois, je fais cinq ou six fois le voyage à Amsterdam. Après quelques jours, une semaine, chaque fois, je me fais expulser. Entre les Bleus de la Hollande et ceux de la France, je n'arrête pas de faire le va-et-vient de la rue au dépôt, du dépôt à la rue.

Un soir, à Paris, avec Alain, un pote, on trouve une bagnole ouverte. Elle nous paraît à l'abandon, et on décide de squatter ses banquettes pour la nuit. Comme on pouvait s'y attendre, les flics nous chopent en faisant leur ronde. C'est pas grave, c'est vrai, je le jure, on était là que pour pioncer, mais, pour les flics, allez savoir ce qu'il leur passe par la tête, on est en train de braquer la tire. Ils nous défèrent devant la justice et je me retrouve, une nouvelle fois, face à un juge pour enfants. Celui-là, je le connais. Ce n'est pas notre première confrontation.

D'habitude, ça se passe plutôt bien, il me sermonne et me place en foyer. Cette fois, pourtant, manifestement, il en a marre de me voir. Faut dire que, quelques jours auparavant, j'ai été arrêté pour grivèlerie : avec des potes, on a mangé au restaurant sans payer. Il doit penser que j'abuse de sa patience parce que, au lieu de m'envoyer en foyer, en attendant mon jugement, il me fout en taule, à Fresnes mineur, puisque je n'ai pas encore dix-huit ans. C'est ma première expérience de la prison, pas la dernière.

Pendant cinq mois, je connais la privation de liberté, le sevrage des drogues et toute la dureté de l'univers carcéral. Je suis seul en cellule. La fenêtre est munie de barreaux. Je pleure beaucoup pendant ces cinq mois. Ce n'est pas que j'aie des remords pour ce que j'ai fait. Je sais pertinemment que je n'ai rien fait de bien terrible, mais les quelques mois que j'ai passés dans la rue, avec la zone, m'ont tellement accroché à la drogue que j'en éprouve le manque. Ça me fait souffrir atrocement. En plus, je me sens coincé. Comme quand j'étais enfant, impuissant. La prison, ce n'est pas très différent de la DDASS. D'ailleurs, nos geôliers sont des éducateurs. Ils n'ont pas d'uniformes mais des blouses bleues. Dans les foyers, les éducateurs sont des geôliers. Ce n'est qu'une question de perspective.

La journée, j'apprends la peinture en bâtiment et la pose du papier peint. Ça aussi, c'est dur. La came m'a bouffé la santé. Je prie aussi, beaucoup. Je retrouve l'habitude de prier avant de dormir et ça me fait du bien. Dans la zone, je l'avais un peu oubliée, la prière. Je n'avais pas le temps d'y penser. Et puis je m'étais fabriqué un monde à ma mesure, un monde stone où rien ne pouvait m'arriver. En prison, ce n'est plus pareil. Je suis abandonné, j'ai besoin qu'on m'aide. Et qui peut m'aider ici, sinon Jésus et sa mère, la Vierge Marie ? Alors, tous les soirs, à côté de mon lit, j'implore leur secours.

En prison, je n'ai rien à faire, que penser. Je reprends contact avec ma mère. Je lui avais écrit, du foyer, rue Crillon, mais après, je n'en avais plus eu le temps, ni l'occasion. Donc, de la prison, je donne de mes nouvelles et j'en reçois. C'est là que j'apprends que Muriel vient d'avoir un sérieux pépin. Le car scolaire qui l'amenait du pensionnat où elle était placée à son lycée a eu un grave accident, où une de ses copines a laissé la vie. Elle, Muriel, elle est blessée sur tout le corps, des fractures partout, dont elle gardera des séquelles. Puis, je reçois des nouvelles de Gérard. Lui, il a été récupéré à la frontière belge, entre Paris et Amsterdam, dans un état déplorable – il se droguait à l'opium. Pendant que je tire mon temps à Fresnes, lui est en soins intensifs dans un hôpital psychiatrique. Sa santé et sa raison sont menacées. Toutes ces nouvelles m'attristent, mais en taule j'ai d'autres chats à fouetter. Mes codétenus sont des braqueurs, des violeurs et même des tueurs. Dans la cour, durant la promenade, ça se frite. Je prends des coups, et je les rends, de plus en plus. Je n'en suis pas conscient, mais la prison est en train de me changer. Pas en mieux d'ailleurs. Elle m'éloigne de mon milieu hippie, où les gars sont encore cool, et me tire vers le bas, vers un monde où on cogne au lieu de parler.

Mon enfance m'a fait larguer tous les repères ordinaires. La drogue et la zone sont venues, comme qui dirait, confirmer cette absence de repères. Mais la prison, en m'endurcissant, m'entraîne à mépriser ces repères et ces lois. Les gosses comme moi, qui ont connu l'Assistance publique, deviennent, par la force des choses, des caméléons. Ils ne suivent qu'un principe, instinctif : la survie.

Pour cela, ils se coulent dans les moules qu'on leur donne. Et il faut dire qu'on ne leur donne pas ce qu'il y a de mieux, comme moules. Avec les ouvriers, je suis un ouvrier, avec les hippies, je suis un hippie, avec les taulards, je deviens un taulard. La seule chose, c'est que plus on descend, plus c'est difficile de remonter.

Avec les hippies, j'ai un peu travaillé, ici et là, au noir, et quand je m'y suis mis, je me suis montré dur à la tâche. Donc, en théorie, je pourrais revenir à mon ancienne vie, trouver un job et décrocher de la rue. Mais la drogue est là, qui me tient, qui est venue s'ajouter au reste, et là, à Fresnes, je n'imagine même plus reprendre une vie normale que d'ailleurs, il faut bien le dire, je n'ai jamais connue. Quand j'y repense aujourd'hui, je me dis que les choses sont allées drôlement vite. Fulgurant, mon parcours : ça ne fait pas six mois que j'ai quitté Saint-Florentin et, déjà, je suis accro à la rue, dépendant de la came et je croupis en taule ! Je suis encore un gosse, bon Dieu !

Lorsque, enfin, on me juge, c'est pour me condamner à onze mois avec sursis et quelques années de mise à l'épreuve. Pratiquement, comme j'ai purgé ma préventive, on me fait sortir de prison pour me confier à une éducatrice spécialisée dépendant du ministère de la Justice, et on me place dans le foyer des Épinettes, à Paris. J'aurai passé plus de la moitié de ma dernière année en taule ou au dépôt.

Dehors, je sens l'odeur de la liberté. La prison ne m'a certainement pas donné l'envie de me réinsérer. Durant le mois où je reste aux Épinettes, je croise Gérard qui y fait un passage d'une semaine. Il est sorti de l'hôpital comme moi de la prison pour replonger dans la rue. L'éducatrice, je ne me souviens pas à quoi elle ressemblait. Peut-être qu'elle était bien, mais pour moi, elle était à côté de la plaque. Mon vieux curé, l'abbé Mitre, il savait écouter, tandis que les éducateurs que je rencontre, ils font du social comme ils feraient la police, du social judiciaire. Je ne sens pas chez eux la compassion de mon curé. Ils nous gèrent comme des problèmes de société. C'est vrai qu'il y a un peu de ça, mais le plus détruit d'entre nous reste un gosse avant tout. Moi, dans ce foyer des Épinettes, je ne suis qu'un cas parmi d'autres à qui on se contente d'imposer des interdits et de demander des comptes. Un mois à ce régime et j'envoie tout balader. Je préfère encore la zone, même si c'est dur, à ces gardes-chiourme. Donc, sans réfléchir aux conséquences et malgré l'appareil judiciaire, je fous le camp et retourne à ma vie de hippie et de clochardisation.

Je me fais des potes dans un squat rue Saint-Jacques, non loin de Notre-Dame. C'est un immeuble en démolition. Je replonge dans ma vie de zonard et, évidemment, je me fais de nouveau embarquer par les Bleus. C'est là que je découvre Nanterre où mon père a dû atterrir quand je l'ai vu monter dans le fourgon. Les Bleus nous chopent dans la rue, nous foutent dans un car grillagé et, après vérification d'identité, nous emmènent à Nanterre. Là, le personnel nous fait passer de force sous la douche et nous donne un semblant de repas. Je ne sais pas comment ils se démerdent pour l'hygiène mais, des fois, j'y rentre sans poux et j'en ressors couvert. Quant aux Bleus, pour le dire gentiment, ils sont assez brusques dans leur manière d'agir, à croire qu'ils touchent une prime à chaque arrestation.

Mes potes, ce sont Bronson, Petit-Suisse, le Gaulois, Apache et Colette. Avec eux, je continue de consommer des drogues, mais j'ai arrêté de me piquer à l'éther. Un jour, j'étais en compagnie de Colette, je me suis fait une piqûre, et là, j'ai eu la vision du néant. J'ai cru mourir. J'ai plongé dans un trou noir et, en même temps, j'ai ressenti un mal horrible, inexplicable. Je peux vous dire que ça m'a foutu une sacrée trouille, le lendemain j'ai décidé d'arrêter totalement la piquouze. Une décision que je ne romprai jamais, et qui, sans doute, me sauvera la vie, parce que, quand le sida fera son apparition, je passerai au travers grâce, en partie, au fait que je ne touche plus à la seringue. Pour le reste, je reprends mon circuit : la manche, la rapine, le stop et la défonce. Je retourne à Avignon, et bien sûr à Amsterdam.

Un soir, je zone du côté de Saint-Germain-des-Prés. C'est un quartier de nuiteux et de branchés, un bon plan pour les zonards. Je suis avec un petit groupe, comme d'habitude. Les gars qui m'accompagnent, je les connais depuis peu. On a besoin d'argent, j'ai oublié pourquoi. Alors, je décide de dépouiller un passant. La technique est rodée. On fait la manche, on demande une petite pièce, et quand le type sort le larfeuille, on le lui arrache et on file. Le mec qu'on rançonne n'a que quelques dizaines de francs, mais malgré notre fuite les flics nous serrent juste après et on tombe pour mendicité qualifiée. On n'est pas accusés de vol, puisqu'on a demandé la pièce, n'empêche, ce qu'on a fait, c'est une agression déguisée et je suis déféré à Fleury-Mérogis, puis, de là, à Écrouves, près de Toul. C'est une prison pour jeunes, entre dix-huit et vingt et un ans. À l'époque, la majorité légale est à vingt et un ans, mais on nous considère comme majeur, pénalement, dès dix-huit ans. Dans cette prison, je me forme à la petite maçonnerie. Tout autour, il y a des grillages et des chiens. J'y reste quatre mois.

La prison, je connais déjà. J'y ai des repères, en quelque sorte. La prison, c'est comme l'Assistance publique : la première fois, c'est dur, on ne comprend pas, après, on s'y fait, ensuite, on subit. Je tire mon temps. Les derniers mois, dehors, j'ai oscillé entre deux mondes : celui des hippies et celui des petits voyous. On a bien essayé de me réinsérer, de me faire faire des petits boulots, mais je reviens toujours à la rue. C'est une vie encore facile, à l'époque. Il n'y a pas trop de bagarres et on se fait des potes. Et puis, si on veut travailler, on trouve aisément du taf : des petits truc au noir ou déclarés, ça ne manque pas. Il n'y a pas besoin de papiers, de certificats, de tampons, il suffit d'aller voir un entrepreneur et, dans la journée, on est sur un chantier. Quand c'est la dèche, ça aide mais, surtout, grâce à ça on n'a pas le sentiment que la rue est un destin dans lequel on s'enferme. Il suffit d'un petit coup de reins pour en sortir. Il suffit de le vouloir.

La prison, c'est un rythme régulier. Tout le monde est logé à la même enseigne. Du coup, on reprend une vie normale sauf qu'on est derrière les barreaux. Moi, je prends le temps de réfléchir. De nouveau, je suis sevré de drogue. Ça fait plus d'un an que j'ai foutu le camp de Saint-Florentin, plus d'un an d'excès et de folie à me mettre la tête à l'envers, à coucher par terre, avec deux séjours en taule, j'en ai marre. Sans compter que les choses changent vite. À ma dernière sortie de prison, beaucoup de mes anciens potes avaient disparu. Je m'en suis fait de nouveaux, mais déjà ce n'est plus pareil. Alors je me dis : « Stop ! »

Les jours passant, je me vois de moins en moins reprendre ma vie de galère. Sorti des brumes de la défonce, les images qui me reviennent ne sont pas bien jolies. Tant et si bien qu'à ma sortie je retourne chez ma mère. Elle a déménagé. À présent, elle habite Vitry-sur-Seine, dans le Val-de-Marne. L'année qui s'est écoulée a créé des distances entre nous. J'ai vu et j'ai connu des choses qu'ils n'imaginent même pas, ma mère et Fanny. Du coup, ils me foutent la paix. Ils ont peut-être un peu peur de ce que je suis devenu. En prison, si tu n'es pas fort, tu te fais bouffer. Il a fallu que je m'y fasse. Maintenant, au moindre mot de travers, je fonce dans le lard. Seulement, je tourne en rond chez ma mère, dans cet appartement où je n'ai aucun souvenir.

Dans le monde hippie, peace and love et antimilitariste, la Légion, c'est un mythe. Un mythe négatif pour mes compagnons, pas pour moi. C'est peut-être la conséquence de Tadek, de tonton Jeannot, en tout cas la Légion, pour moi, c'est comme les pompiers, un rêve ancien. C'est aussi un moyen de fuir sans tomber dans la rue. Du coup, je vais au fort de Nogent et je m'engage. Un gradé me conduit, avec d'autres, jusqu'à Aubagne. On change mon identité en ne conservant que la première lettre de mes nom et prénom. Je m'appelle maintenant Jacquy Fréguep, né le 17 janvier 1952 à Québec, Canada. Mes classes se passent bien, mes tests sont bons. Je suis résistant et discipliné. Pour la Légion, ça roule, on va signer mon contrat et m'envoyer dans un camp, en Corse. J'y crois dur comme fer. Mais, au dernier moment, tout capote. Je suis encore mineur. Il me faut une autorisation parentale, qui n'arrive pas.

Du coup, je me retrouve à la rue. Je suis furieux contre ma mère, mais elle retourne la faute contre mon tuteur judiciaire. J'ai un tuteur, puisque je sors de taule. Je veux bien la croire. Les tuteurs ne sont pas mieux que les éducateurs. Mais où est la vérité ? Je n'en sais rien et je m'en fous. À Aubagne, j'ai goûté au climat du Sud, et comme la Légion a foiré et qu'à Vitry je n'ai rien à faire, je prends la route direction Nice. Je n'y vais pas pour zoner. Après la taule et la Légion, j'ai laissé la rue derrière moi, du moins je le pense, je vais à Nice pour trouver du taf dans la restauration comme plongeur.

C'est le matin, avec un gars de mon âge que j'ai rencontré la veille au soir, on est assis sur un banc en attendant l'ouverture du bureau de poste. Lui doit toucher un mandat de 200 francs, moi, j'ai 50 francs en poche. À ce moment les flics s'approchent de nous pour nous contrôler. Comme on n'a rien fait de répréhensible, on est confiants. On leur explique notre situation mais ils ne veulent rien savoir. C'est comme si on parlait à des sourds. À leur manière de nous regarder et au ton qu'ils ont, on comprend vite que, pour eux, on fait tache dans leur belle ville. Et, malgré nos protestations, ils nous embarquent pour vagabondage. Ce qui, pour le coup, et légalement, est totalement faux. Seulement, voilà, arrestation abusive ou non, rebelote, j'en prends pour un mois de trou. Pour rien, vraiment, et au moment où je tentais de reprendre pied ! On dirait que le destin m'en veut. Ou alors c'est ma gueule, mon passé de gosse foutu qui ne veut pas me lâcher !

En taule, à Nice, les gardiens sont mauvais, mesquins. Ils jouissent de la brimade. Mes codétenus sont des escrocs patentés. Mais ils me respectent. Dans la cour, c'est souvent la baston. C'est là que je fais mon premier tatouage, au noir de fumée. Ce n'est pas innocent. En acceptant de porter la marque des taulards, je me reconnais comme l'un des leurs. Je rentre dans une nouvelle communauté, après celle des hippies.

Quand je sors, j'en ai vraiment rien à foutre de la réinsertion. Et la société, pareil. On me jette à la porte, dans la rue de la gendarmerie, par un fait exprès, comme on m'a trouvé sur le banc. Si, au coin, on me rechope, je suis bon pour vagabondage, vu que je n'ai plus mes cinquante balles. Mais les flics du coin font les canards et je peux quitter Nice pour Paris.

Sur le chemin, je me retrouve à Avignon. Un tour du côté du palais des Papes, une virée dans mon milieu hippie, fumette, alcool, marginalisation. Mais je n'y suis plus. Le charme est rompu. Je n'ai plus l'euphorie des débuts. J'ai connu d'autres univers. Et je reprends la route de Paris.

Là, une dernière descente vers la place Saint-Michel et le Pont-Neuf. Mais je ne croise pas une seule tête connue, pas un ancien. Alors, aussi brusquement que j'y étais entré, j'abandonne mon Eldorado hippie et ma vie sur le trottoir.

Je retourne à Vitry et je dégote des petits boulots, dans la manutention et le nettoyage. À partir de ce moment-là, je reste au niveau de la rue, certes, mais, pour longtemps, je n'y plonge pas.

Avec ma nouvelle vie, je jette la défroque du baba et j'enfile celle du rocker, ou plutôt celle du blouson noir, moitié loubard, moitié zonard. Vu du dehors, ce n'est pas le même milieu. Ça paraît même plutôt opposé. Mais, en fait, c'est la même clientèle. Baba, rocker, c'est toujours l'univers des marginaux.

Moi, je suis rocker comme j'étais hippie, à fond dedans, en suivant tous les codes, mais sans en être vraiment. Seulement, rocker, ça convient mieux à l'esprit un peu voyou que le mitard m'a refilé. Avec le pognon que je gagne dans mon turbin de prolo, je m'achète des santiags et un blouson de cuir et je rentre dans une bande.

En compagnie de mes nouveaux potes, le soir venu, je vais me bastonner. Combat de bandes dans les rues de Paris. J'arrête la drogue aussi, ce n'est pas dans la mentalité rocker. Cette nouvelle existence me plaît. Je reste asocial, instable, marginal, j'ai un pied dans la rue, mais maintenant côté rebelle, pas camé. Les flics, avant, je les craignais, grâce à la prison, maintenant, je les défie. C'est l'époque où je fréquente les milieux anarchistes, où je manifeste pour casser du CRS.

Gérard, je l'ai croisé quelquefois à la maison. L'opium l'a sévèrement abîmé. Maintenant qu'il s'en est sorti, il fait comme moi, il travaille ici et là. Un jour que je reçois une prime, je décide d'emménager, avec lui, dans un petit studio, rue du Général-Guilhem, dans le 11ᵉ, du côté de République. Malheureusement, le soir même, je déconne. On n'a pas trop de thunes, et moi, pour faire le beau, parce que j'ai envie de m'éclater, je claque notre pécule du mois avec une nana que je croise, rue de Lappe. Le matin, je me pointe au studio. Gérard, furieux contre moi, me jette dehors. Je ne dis rien. Je me sens péteux. Je sais que j'ai déconné. J'accepte la punition.

Je passe quelque temps le cul entre deux chaises, entre boulot et chambre d'hôtel, puis je retrouve Jean-Pierre, le fils Hannoyer. Il travaille dans les assurances, il est marié, je le respecte comme un grand frère, nous avons grandi ensemble, sur le même palier, mais cette fois, ça ne se passe pas très bien. Je ne calcule pas, je ressens simplement. Et ce que je ressens, c'est qu'il se dégage de Jean-Pierre quelque chose de pas net. Un mauvais fond, vicelard, que je vois nettement apparaître dans le sale coup qu'il me fait avec une nana qui me plaisait bien pourtant.

Je n'ai peut-être que dix-neuf ans, mais j'ai déjà connu bien des femmes. C'est vrai que je suis rentré tard dans la carrière. Mon dépucelage, je l'ai connu après ma fugue, quand j'étais encore au foyer Don Bosco, avec une pute de Saint-Denis, mais avec la période hippie ça s'est emballé. L'amour libre. Des filles disponibles, sans effort, des belles, des moches, dans tous les états, n'importe où, comme ça venait. J'ai eu des amies aussi. Mais depuis l'époque de ma cousine Chantal, je ne me souviens pas d'avoir eu le béguin. De toute façon, défoncé à la longue, je ne risquais pas de tomber amoureux. L'amour, c'était pour nous un plaisir physique, pas un sentiment. Seulement, là, c'est différent. Chez Jean-Pierre et Christine, je rencontre une fille, Dominique, dont je tombe éperdument amoureux. Malheureusement, ça en restera au stade de l'amour platonique. Jean-Pierre se met entre nous. Au lieu de m'aider à la conquérir, il me dessert et la jette dans les bras d'un autre. Je n'entrerai pas dans les détails sordides de cette affaire, mais c'est à cette occasion que je sens qu'il est tordu.

Par chance, tous ses amis ne sont pas comme lui. Ainsi je fais la connaissance de José et Sylvie, des gens formidables, qui me prêtent un petit studio pour m'aider à remonter la pente. En leur compagnie, de temps à autre, le soir, je vais traîner à Bastille où les motards se donnent rendez-vous. Blouson noir oblige ! Je trinque avec eux. Notre boisson, c'est la bière. Au passage, je fais la connaissance de Georges Moustaki.

Puis, un beau jour, je croise Gérard dans la rue. On discute. Il me parle du monde des camelots, de la vente à la sauvette dans les stations du métro parisien. Je ne sais pas pourquoi, ça me botte. Du jour au lendemain, je bazarde mon boulot – je devais faire le balayeur à la Maison de la Radio – et je m'associe avec Gérard.

Camelot, c'est comme le travail au noir, mais on est nos propres patrons. On récupère de la camelote – honnête, je crois –, qu'on refourgue vite fait aux passants. Le truc, c'est d'éviter les flics. S'ils vous chopent, vous avez le choix entre un P-V ou la confiscation du stock. Donc, notre journée c'est : on déballe, on fourgue et on décampe. On se fait quand même serrer, régulièrement. Et comme on ne veut pas se séparer du stock, on accumule les P-V sans les payer, ça va de soi. Il y a des stations qui rapportent : Montparnasse, Châtelet. En quelques heures, là, on fait notre journée. Le reste du temps, on le passe à préparer nos lots. L'un dans l'autre, on gagne pas mal de fric, Gérard et moi. Du coup, on se sape, on mange au restaurant. Moi, je me fais tatouer un aigle, pour le rocker, une femme asiatique, mon rêve d'enfant, et le poignard de la vengeance, car à ce moment je médite de retrouver Jean Maillot et de le tuer. C'est Bruno, dans son atelier à Pigalle, qui se charge des tatouages. Il est connu dans le milieu. Il s'occupe des vedettes et des truands. Moi, c'est plutôt du côté truand que je viens.

Comme on passe notre temps ensemble, Gérard et moi, on parle, on se souvient du passé, et finalement arrive un beau jour où on décide d'en savoir plus sur notre père. Gérard ne l'a pas vu, et moi, depuis le télégramme, je n'ai plus eu de nouvelles. Notre seul repère, c'est le restaurant La Bière, où il venait manger. Là, on finit par rencontrer une serveuse qui l'a connu. C'est elle qui nous apprend qu'à plusieurs reprises notre père a essayé de nous voir mais que Tadek l'en a empêché. Elle nous apprend aussi que notre mère a refusé la pension alimentaire pour conserver les pleins droits sur nous. Elle nous explique que notre père parlait souvent de nous, combien il nous aimait, que ses dérives alcooliques, c'était pour fuir cette situation. Enfin, en demandant aux uns et aux autres, nous découvrons comment il s'est suicidé, à l'époque où il m'a envoyé son télégramme. Ces nouvelles nous font beaucoup souffrir. Mais c'est du passé. On ne peut pas revenir dessus.

Avec Gérard, je mène une vie marginale mais je m'en sors à peu près. Seulement, camelot, c'est précaire, c'est pas un métier d'avenir. D'autant qu'il y en a de plus en plus et qu'à force de nous voir les gens commencent à se lasser de nos bibelots. Aussi, quand je rencontre Jean-Claude Martin, le taf est en chute libre.

Jean-Claude est camelot comme moi. Il doit avoir cinq ou six ans de plus que moi et, à l'époque je l'ignore, ces cinq ou six ans, il les a passés au trou. Entre nous, ça roule bien et on s'associe. Mais lui, il a d'autres ambitions que de rester camelot et, comme la vente à la sauvette est en crise, on laisse tomber pour se lancer dans des opérations plus fructueuses : agressions, braquages, casses de villas.

Comment j'en suis arrivé là ? Je n'en sais rien. Un enchaînement de faits. La rue m'a familiarisé avec la petite délinquance, la choure, le vol à la roulotte. En quelques mois ça m'est devenu un mode de vie. Avec la came, mon passé pourri, mon existence désordonnée à dormir dans les squares ou sous les ponts, il y a longtemps que je ne fais plus la différence entre le bien et le mal. Je prends chaque jour comme il vient. Je n'ai pas de projet. Je n'ai pas non plus de foyer auquel me raccrocher. Mon foyer, c'est la DDASS et je ne veux pas y retourner. Je suis né abandonné, je n'ai de comptes à rendre à personne. La peur des poulets ? Elle a disparu. Ils font partie de ma vie, les poulets. Je me les coltine tous les jours. Et puis, il y a la prison. Elle m'a durci. Elle m'a mis au contact des voyous. Avec elle, je suis devenu teigneux, violent. Je porte sur moi la marque des taulards.

De gosse maltraité je suis devenu zonard, de zonard, petit délinquant, la courbe s'achève, c'est logique, avec la vraie délinquance. Heureusement pour moi, un hasard me stoppera net dans mon élan. Sans cela, je ne sais pas jusqu'où je serais allé. Jusqu'au bout, sans doute. Dans mon esprit, en tout cas, c'est parti pour. Pas de limites.

Avec Jean-Claude, on commence à casser des caves. Puis on rencontre un Portugais qui a des plans de villas. Il est à la colle avec une femme de ménage qui travaille dans la haute et qui nous renseigne. Alors, on passe des caves aux villas.

On maraude la nuit. Chaque fois, c'est une décharge d'adrénaline. On se glisse en douce dans ces maisons quand on sait que les propriétaires sont absents, et on les vide de tout ce qui a de la valeur. Avec le temps et la pratique, on s'enhardit. Les villas, ça ne rapporte pas assez. On en veut plus, on veut passer la vitesse supérieure. On a basculé dans le monde des truands et plus rien ne nous retient, plus rien ne nous effraie. Jean-Claude a repéré un bureau de poste en banlieue et, un soir, on décide de le braquer. Pour réussir notre coup, il nous faut connaître l'endroit et avoir des armes. On commence par le premier point, on se met en planque, pendant des jours, on fait des repérages. Quand on pense avoir compris le fonctionnement du bureau de poste, on passe à la deuxième phase : les armes. On se les procure. On est parés.

Je n'ai absolument pas conscience de ma dérive. Il n'y a qu'une chose que je peux dire, c'est que si vous avez des flingues, des canons sciés, c'est pour vous en servir.

Surtout quand vous vous retrouvez sur un braquage. Mais on n'a pas le temps d'aller rendre visite à notre bureau de poste.

Une nuit, tard, du côté de Neuilly, on tombe sur un contrôle de police inopiné. Le ministre de l'Intérieur de l'époque a décidé de multiplier les contrôles surprises. Il y a des flics partout. Ceux qui nous arrêtent fouillent notre voiture. Manque de pot pour nous, ils y découvrent le fruit de notre dernier casse : manteaux de fourrure, instruments de collection, bijoux et autres valeurs, ainsi qu'une carabine à canon scié. Ils nous embarquent.

Au poste, je nie toutes les accusations, mais Jean-Claude avoue. C'est foutu. Je plonge. Ma mère me prend comme avocat Me Geneviève Aiche, qui défend Jacques Mesrine. Un gros calibre qu'elle a rencontrée grâce à des amies communes et qui l'a déjà aidée pour la garde de Sophie. Me Aiche me connaît depuis que je suis enfant. Elle me traite un peu comme une mère. Grâce à elle et à l'avocate que j'ai prise de mon côté, Me Françoise Mugnier, j'écope un an ferme au lieu de trois.

Je me retrouve à Fleury-Mérogis. Jean-Claude est à Fresnes. Nous correspondons. C'est vital. On essaie de nous mettre d'autres affaires sur le dos. Qu'on en soit ou non les auteurs, ce n'est pas là l'important. Si les flics arrivent à nous les faire endosser, on en reprend pour des années. Donc, notre correspondance est essentielle, pour qu'on se mette d'accord sur les versions. C'est Muriel, revenue chez notre mère, qui fait l'intermédiaire. Je l'avertis au sujet de Jean-Claude, je la mets en garde. Il ne faudrait pas qu'elle s'entiche de lui. C'est un instable et un dangereux. Évidemment, ça ne loupe pas, Muriel tombe amoureuse de Jean-Claude. Mais ce n'est pas le moment d'en parler.

Entre Muriel qui fait l'intermédiaire et ma mère qui, par l'entremise de Me Aiche, se rapproche de moi, je renoue un peu avec ma famille. En outre, en taule j'ai à nouveau le temps de cogiter. Je me dis que si je continue comme ça, j'y finirai ma foutue vie. Il faut que j'arrête mes errances, que je me case. Un job, la stabilité. Je n'ai pas vingt ans et j'ai déjà passé ma jeunesse à faire des conneries, alors c'est décidé, je me range.

La prison, je l'ai déjà dit, ça a un avantage, ça restaure le rythme de vie : repas à heures régulières, coucher à heure fixe. Ça n'a l'air de rien, ça paraît con, mais pour des gens comme moi, qui vivent dans le désordre, c'est de première importance. Ça nous ramène à la normalité. Dans ma dernière vie de braqueur, je n'avais pas d'horaires. Je vivais même plutôt la nuit. Alors, même si je ressemblais à tout le monde, je ne vivais pas comme tout le monde. J'étais à côté des autres, dans un autre monde. Du coup, les six mois que je tire à Fleury-Mérogis – la ténacité de Me Aiche me permet d'obtenir une libération conditionnelle – m'aident à m'installer dans ma décision de me « réinsérer ».

Quand je sors, Fanny me fait embaucher dans son entreprise de bâtiment. Je prends une petite chambre dans un foyer de travailleurs. Je fais la connaissance de Bobby Diaz. Il est mon voisin. Cet ancien champion de France de boxe qui a disputé un championnat d'Europe devient mon ami. Il me raconte ses combats. Dans sa chambre, sur la télé, trônent les coupes qu'il a gagnées. Au mur, des photos de lui. Il m'initie à la boxe. Je l'accompagne au centre Roger-Brandon, à Montreuil. Je fais la connaissance d'Ould Makloufi, champion d'Algérie et d'Afrique. On s'entraîne dans la même salle. Ce n'est pas terrible, mais j'ai l'impression que je commence à m'en sortir. D'autant que, maintenant, j'ai un petit fox-terrier que m'a offert Muriel.

Mais ça ne pouvait pas durer. Pas avec une famille comme la mienne. Pour une raison futile, j'ai avec ma mère une violente altercation. Je ne suis plus un gosse. Je ne me laisse plus faire. Je ne m'en vais plus chialer dans mon coin quand on me file des baffes. Entre ma mère et moi, ça dégénère. Fanny n'est pas là pour s'interposer. On s'est fâchés et depuis quelques jours il dort dans sa voiture, au bas de l'immeuble. Moi, je vois rouge. Je pète les plombs et je fous le camp avec mon chien. Je plaque mon travail, ma chambre, la famille. Je pars, sur un coup de tête, devant moi, sans réfléchir. Ce réflexe est ancré en moi maintenant. C'est devenu un automatisme. Quand je sature, quand la situation est intenable, je prends mes affaires et je fous le camp. Plus ça ira et plus je serai comme ça.

Pour l'instant, je me retrouve dans le Quartier latin. Je n'ai pas une thune. Je suis parti sans calculer. Je dors dans un squat occupé par un couple. Au matin, je me dispute avec eux. Je me retrouve place Saint-Michel. Là, un imbécile de motard renverse mon petit chien. Je le conduis chez le vétérinaire le plus proche. Mais je suis sans le sou. Alors, je laisse mon chien et je pars devant moi, sans but. Mon errance m'entraîne jusqu'à Rosny-sous-Bois. Sur ma route, je croise une casse de voitures tenue par un gars d'origine polonaise, Casimir. Je m'arrête, je demande s'il n'y a rien pour moi. Casimir m'embauche.

Pendant plusieurs mois, je vis et je travaille à la casse. Le taf est dur, mais j'assure. De temps en temps, des cousins de Manitas de Plata viennent nous rendre visite. Nos rapports sont cordiaux, presque familiaux. Là, je ne touche plus à l'alcool ni à la drogue. Du coup, je me refais une santé. Le samedi soir, avec Casimir et sa femme, Monique, on va en boîte. C'est ainsi que je fais la connaissance de Maria, de son nom complet : Maria Ribiero. Elle habite Marseille où elle est repasseuse dans un pressing. Avec les siens elle est venue passer quelques jours de vacances à Paris. C'est le coup de foudre. Quand elle retourne dans le Sud, on s'échange nos adresses. Pendant deux mois, on s'écrit régulièrement, pratiquement tous les jours. Le mariage est en vue. Mais un samedi soir, alors que je suis en boîte, à La Boule rouge, rue de Lappe, je rencontre Andrée. J'ai vingt-deux ans, elle en a trente-huit, mais ça ne change rien à l'affaire. Je passe la nuit chez elle et, le lendemain, je viens récupérer mes affaires pour m'installer avec elle.

Fini la casse, Maria, les projets de mariage. Andrée, la nièce d'un ancien candidat socialiste à la présidentielle, est nympho. Je deviens comme elle. Pendant neuf mois, on va passer notre vie au plumard. Je fais bien quelques petits boulots, ici et là, mais Andrée me veut pour elle toute la journée. Et moi, ça me plaît. Je crois bien que, malgré la différence d'âge, je suis accroché. Ma mère, avec laquelle j'ai repris contact, n'apprécie pas beaucoup notre relation. Andrée a pratiquement son âge !

Un beau jour, on est au pieu, on regarde la télé pour se reposer. À l'écran, c'est Johnny Hallyday. Andrée fait comme ça :

— Lui, je me le taperais bien !

Je ne sais pas ce qui me prend. Peut-être suis-je jaloux ? Ou je ne supporte pas qu'Andrée parle comme ça de Johnny qui est mon idole ? Je prends mes affaires et je me tire. Je retourne à Vitry. Mais il n'y a personne. Je laisse un mot laconique à ma mère, en lui disant que je vais mal, puis, après avoir un peu tourné en rond, je reviens chez Andrée. On se réconcilie au plumard. Une heure s'écoule, on sonne à la porte. C'est ma mère, en compagnie de Fanny. Elle est dans tous ses états. Elle se jette sur Andrée, la bouscule :

— Tu fais souffrir mon gosse !

Et elle lui file une baffe.

Moi, je viens de me remettre avec Andrée et je n'apprécie pas du tout le geste de ma mère. Je regarde Andrée et je lui demande :

— Tu veux que je les jette dehors ?

Agressive, elle me répond :

— Ta mère m'a foutu une baffe !

Je disjoncte.

— Ah, ouais ! Eh bien, moi aussi !

Et je lui envoie une baffe.

C'est la première fois que je frappe une femme. Puis je ramasse mes affaires et je pars avec ma mère et Fanny.

Mais Andrée me manque. La nuit surtout. Je n'arrive pas à dormir. Depuis quelque temps, je travaille dans une collectivité comme plongeur-étalager, je prépare les hors-d'œuvre. Le travail le jour plus les insomnies la nuit, je sens que je ne vais pas tenir longtemps. Au hasard, en lisant le journal, je tombe sur une petite annonce : « Recherche gardien de nuit ». Je ne calcule pas. Je quitte mon boulot et je me présente. J'ai, avec moi, mon diplôme de pompier volontaire et ma carte de donneur de sang, pour faire bien, et je camoufle mes tatouages sur la main avec du sparadrap. On m'embauche et je deviens vigile.

Pendant un an, je passe de boîte de surveillance en boîte de surveillance. C'est la vie facile, un peu délurée. Je travaille, je bois, je fais la bringue et je sors avec des tas de femmes que je largue après avoir couché avec elles. Un jour du mois de mai, alors que je suis en faction devant une banque, un malfaiteur m'agresse pour commettre un hold-up. Je le maîtrise, avec l'aide d'un employé de la banque, ce qui me vaut de recevoir des félicitations officielles et une prime. Grâce à ces félicitations, qui me servent de lettre de recommandation, je n'ai plus de problèmes pour trouver de l'embauche dans la surveillance. Mais le travail se fait rare et ma dernière boîte, l'AFIC, dirigée par un ex-flic, Bertrand, finit par me licencier pour motif économique. Bertrand reste en contact avec moi. Il me fait venir de temps à autre sur des surveillances particulières mais c'est tout. De mon côté, j'en ai marre de cavaler, je laisse tomber.

Du coup, je me retrouve sans travail et sans argent. Je traîne. Je perds mes repères. Je replonge dans l'alcool. Quand je commence à boire, je ne me maîtrise plus. Je fais n'importe quoi. Je suis devenu un alcoolique sans le voir venir. Par atavisme ? Peut-être. Mon père buvait. Et tous ceux qui m'ont entouré, durant mon enfance, buvaient. L'alcool, c'est la tare de mon milieu miséreux. Mais je crois bien que le fait de me faire des fixes d'éther y est aussi pour beaucoup. Quoi qu'il en soit, en quelques années je suis devenu comme les miens. Et je dérape.

Sur moi, j'ai une arme, pour la surveillance, et une carte d'inspecteur – en fait, d'inspecteur dans les magasins. Quand je pète les plombs, je sors dans la rue, la nuit, et, avec deux gars, je rançonne les quidams. Je leur fous mon flingue sous le nez, je leur montre ma carte pour les impressionner, puis je leur pique leur fric. Je joue ce jeu de con pendant plusieurs semaines puis, un soir, à République, on tombe sur deux jeunes que l'on dépouille. Ils n'ont pas grand-chose sur eux, trente, quarante balles. Je les prends et, avec mes deux potes, on va s'enfiler des bières dans un bar. Quand on sort, on se fait coincer par des motards. Les jeunes ont porté plainte. Je tombe pour vol à main armée, usurpation de carte professionnelle et agression en bande organisée. Je me retrouve à Fleury-Mérogis. Avec mon passé, je risque gros. Et, d'un coup, j'ai peur, très peur. Me Aiche intervient à nouveau. Grâce à elle, je n'écope que d'un an ferme.

Au bout de trois mois, je suis transféré à Rouen. Là, je me lie d'amitié avec des figures du grand banditisme. Mais surtout, je rumine ma peur. C'est fini. J'arrête de déconner. Cette fois, je ne rigole pas. J'ai vingt-trois ans, c'est mon cinquième séjour en prison. Les deux derniers, j'étais à deux doigts d'en prendre pour lourd. Je ne crois pas à une troisième chance. Et la perspective de passer des années en taule me paralyse. Oui, à ce moment-là, je balise. Je suis trop près du gouffre.

Pour la première fois, j'ai un éclair de lucidité. Je me reprends en main. Je vais me chercher au plus profond de moi. Plus jamais je ne déconnerai. Je serai irréprochable. C'est aussi violent, aussi foudroyant que mes coups de tête. Mais cette fois, ce n'est pas pour fuir, c'est pour me sauver.

Bertrand, mon ancien patron, m'apporte son aide. Pour obtenir ma sortie conditionnelle, il accepte de me réembaucher. Ma mère aussi vient se porter garante. Avec ces deux cautions et le travail de Me Aiche, je sors au bout de six mois.

Je reste quelque temps à l'AFIC de Bertrand, puis je change pour la société Séga. Je me tiens à carreau. Je plonge dans le travail, toute la semaine et parfois le week-end. Quand j'ai un peu de liberté, je vais en boîte, toujours à La Boule rouge. J'y jongle avec les femmes. Un peu moins qu'avant, mais quand même.

Ma fille, mon sang, mes larmes

Depuis que je suis entré dans la surveillance, j'ai changé, du moins je sens que j'ai changé. Beaucoup de choses ont joué dans cette transformation. Le prestige de l'uniforme, par exemple, celui de gardien ou de vigile. On peut penser que c'est stupide, je sais, mais c'est comme ça. J'ai le goût de l'uniforme en moi. Ce n'est pas pour rien que j'ai voulu devenir pompier ou légionnaire. La discipline aussi m'a aidé. Tout est carré dans la surveillance, l'ambiance y est un peu militaire, et ça, ça structure, qu'on le veuille ou non. Il y en a qui n'aiment pas, moi, au contraire, ça me fait du bien, ça me donne les repères et les codes que je n'ai jamais eus. En plus, même au bas de l'échelle, simple gardien, on est respecté. Oui, la sécurité m'apporte la dignité et le respect de moi-même que ni les baffes ni la taule ne sont parvenues à me faire entrevoir.

Pour l'heure, je bosse à la solde de Bertrand, avec un pote, Guy. Guy, c'est un gars un peu compliqué mais je l'ai à la bonne. Il n'est pas emmerdant et il est droit, comme tout bon Alsacien qu'il est. Le soir, après le travail habituel, on se retrouve pour faire des extra en assurant la protection des magasins lors de la levée des caisses.

Notre seule arme offensive, c'est son chien. Lui, Guy, il me sous-loue une chambre dans un petit trois-pièces qu'il occupe à La Courneuve. C'est dans un immeuble de banlieue ordinaire, tout simple, légèrement en retrait, où on est peinards.

Entre nous, il y a une vraie complicité. On partage tout. Le soir, après le taf, on sort ensemble, on fait la bringue ensemble, on lève les filles ensemble. Mais même si je suis bon vivant, même si j'aime bien la fête, à cette époque je veux rester sobre. Quelques bières à l'occasion, et ça s'arrête là. Je ne veux pas déconner. Je ne m'en donne pas le droit. Je suis encore en conditionnelle et il y a mon boulot où je veux être irréprochable. Grâce à lui, je me lave de mon passé, de mon enfance et de mes années de galère, je ne veux pas le perdre. Puis, c'est vrai aussi, maintenant je suis un homme et j'assume mes responsabilités.

Un soir comme les autres, avec Guy, on se retrouve devant un PMU de la rue Traversière, dans le 12e arrondissement. Il nous arrive parfois d'en assurer la protection.

Sur le trottoir, dans la lumière orange de la rue, Guy, en sortant, reconnaît une vendeuse de friandises. On la surnomme Mémé. Pourtant, elle ne doit pas voir plus de quarante ans. Mais pour nous, avec nos vingt ans à peine passés, elle fait vieille. Guy lui fait un signe de la main et m'entraîne vers elle. Mémé discute avec une jeune Noire, assez jolie et réservée, un peu prude même. Sur le trottoir, on échange quelques mots, sans intention particulière, puis, d'un coup, Guy décide d'embarquer Mémé. Alors moi, pour ne pas être en reste, j'invite la jeune Noire qui me dit s'appeler Brigitte.

On conduit nos deux conquêtes dans notre appartement où on mange en échangeant des conneries. Quand il commence à se faire tard, Guy, qui pense qu'on a assez fait de manières comme ça, s'éclipse avec Mémé dans sa chambre, et je me retrouve avec la jeune Brigitte. Je l'entraîne dans la mienne.

D'ordinaire, dans ce genre de situation, je passe la nuit au pieu avec la fille et le lendemain c'est fini. Mais Brigitte a quelque chose de différent, on dirait un petit oiseau blessé. Dans la piaule, assise sur le lit, elle commence à me parler. Elle me raconte son enfance mouvementée, ses beaux-pères, le dernier surtout, qu'elle ne supporte pas, les privations. Ce qui est sûr, c'est qu'elle ne connaît pas grand-chose à la vie.

Je l'écoute parce que son histoire m'émeut. Je connais la chanson, malheureusement, et je comprends facilement l'état dans lequel elle se trouve. Je sais qu'elle est encore fragile, c'est pourquoi je ne veux pas en abuser. Si bien que, cette nuit-là, je ne tente rien. On parle, on se laisse aller à un flirt assez poussé, mais on ne va pas plus loin et, avant le jour, on s'endort.

Le lendemain matin, je me prépare pour aller au travail. Je vois bien que la petite Brigitte est un peu perdue, qu'elle a besoin qu'on l'aide, et, le flirt de la nuit aidant, je me dis que je pourrais peut-être faire quelque chose pour elle. Avant de partir, je lui donne rendez-vous devant le PMU où on s'est rencontrés.

Quand je la retrouve, le soir, après ma journée de boulot, elle est seule, sans Mémé. Elle est toujours aussi timide, aussi perdue. Je crois qu'elle me fait confiance, et qu'elle voudrait bien s'appuyer sur moi, se reposer sur mon épaule. J'ai vingt-quatre ans, elle en a dix-huit, nous sommes jeunes tous les deux, mais j'ai déjà une sacrée expérience que je suis tout prêt à mettre à sa disposition. C'est vrai aussi qu'elle est mignonne, ce n'est pas négligeable, mais quand je la retrouve, dans la rue, je n'ai aucune arrière-pensée. Nous aurions pu simplement parler, dans un café, puis nous séparer. Le destin en a voulu autrement. Plutôt que d'aller dans un troquet – Brigitte n'est pas à l'aise dans ces endroits –, nous allons dans l'appartement de La Courneuve.

Là, nous parlons comme la veille, d'elle, de moi, de ce que nous aimons faire, de ce que nous aimerions avoir, nous échangeons des regards, des sourires de complicité et insensiblement nous glissons vers la piaule pour, cette fois, aller plus loin que le flirt et conclure notre union. Cette nuit-là, je m'aperçois qu'elle est vierge ! C'est une jeune fille pure que je tiens dans mes bras, une enfant qui n'a encore jamais connu de garçon ! Je ne sais pas pourquoi, mais à l'idée que je lui apprends tout, que je suis son premier baiser, son premier amant, je m'en trouve tout bouleversé. Du coup, j'essaie d'être aussi délicat que possible.

À partir de ce moment, comme Brigitte n'a pas de piaule, je l'installe à La Courneuve et, au fil des jours, je m'attache à elle. Son passé continue de m'émouvoir tandis que je découvre la jeune femme qui se cachait derrière la jeune fille, que je la vois éclore devant moi.

Cependant, malgré nos relations, quelque chose me turlupine. Elle m'a dit travailler comme vendeuse dans une boutique d'alimentation, or, je ne sais pas pourquoi, cette histoire de vendeuse, je n'arrive pas à y croire. Aussi, à mes heures libres, j'enquête, je me renseigne pour savoir si c'est vrai.

Je n'aime pas les bobards. Je me connais. Il y en a qui sont soupçonneux, moi je serais plutôt du genre naïf. C'est ma nature. Malgré toute l'humanité tordue que j'ai rencontrée, je préfère faire confiance. J'ai envie que les gens soient bons, et heureux. Je me suis souvent laissé embarquer à cause de ce travers, mais je n'y peux rien. Seulement, j'ai tous les extrêmes en moi et quand j'ouvre les yeux, quand je réalise qu'on m'a trompé, je me mets en rogne et je fous tout en l'air sans réfléchir. Je ne supporte ni l'injustice ni le mensonge. Ma coupe a été remplie d'un coup, dans mon enfance, il n'y a plus de place.

Cette fois, comme je me sens un peu embringué dans l'histoire, je préfère prévenir plutôt que guérir. Donc, je me rancarde et ça ne manque pas. Je découvre que Brigitte m'a raconté des craques. Conséquence, je me fous en pétard et, le soir, quand je rentre, je l'envoie balader : « Tu m'as menti ! Retourne chez ta copine ! Je ne veux plus de toi ! »

Brigitte prend ses affaires et disparaît de ma vie.

Quelques jours s'écoulent. Pour moi, la page Brigitte est définitivement tournée et je n'y pense plus, quand je reçois un coup de fil. C'est la copine qui l'héberge. Elle semble affolée. Brigitte, me dit-elle, a fait une tentative de suicide. Elle a pris des cachets mais, heureusement, elle, la copine, est rentrée à temps et a pu éviter le pire. Il faut cependant qu'on se voie parce que, apparemment, Brigitte est tombée amoureuse de moi et, si elle en est arrivée à cette extrémité, c'est qu'elle n'a pas supporté notre rupture.

Je ne sais pas ce que je dois faire. D'un côté, Guy, que j'ai mis au courant, me presse de ne pas accepter. Il ne la sent pas, Brigitte. Pour lui, elle a des problèmes psychologiques. Elle ne m'apportera que des histoires. De l'autre, il y a la copine qui me met la pression, et Brigitte, avec sa tentative de suicide et ses regrets pour m'avoir menti. Bon, la tentative de suicide, c'est ce que me raconte la copine, moi je ne sais pas jusqu'à quel point c'est vrai, seulement je sais, de ce que j'ai vu, que Brigitte est un peu perdue, trop jeune, trop tendre pour résister à la vie, et moi, j'ai trop croisé d'existences sacrifiées pour rester insensible.

Finalement, j'interroge mon cœur et je cède, j'accepte de reprendre Brigitte avec moi. À mes côtés, à La Courneuve, elle se redresse, laisse tomber les cachets, la déprime, et même, comme pour faire la nique à son bobard, trouve un emploi dans un magasin d'alimentation : elle réassortit les rayons et fait du ménage. Malheureusement, côté Guy, ça dérape. Il n'apprécie pas du tout la venue de Brigitte. Elle rompt notre entente. Guy est tout le temps sur son dos. Moi, évidemment, je prends sa défense. Du coup, on s'engueule. Notre amitié se dégrade. La cohabitation devient insupportable. Sans compter que j'ai la nette impression que Guy profite de nous, côté ravitaillement, où il nous laisse casquer.

Avant que ça pète complètement, j'embarque Brigitte avec moi et je déménage. Ma sœur, Muriel, habite rue du Pont-Louis-Philippe, dans le Marais, un grand appartement avec, à l'étage du dessus, une chambre de bonne. Malgré l'apparence, c'est un logement social qu'elle s'est démerdée d'obtenir. Elle fait des petits boulots de comptable, ici et là, touche les allocations de fille mère et une pension, à la suite de son grave accident. Elle vit seule, avec deux enfants. Elle s'est retrouvée mêlée à une histoire de conflit social et ça lui a profité. Bref, maintenant, Muriel est bien logée.

Avec Muriel, c'est comme avec Gérard. On est contents de se voir mais ça ne dure jamais. On finit toujours par se disputer. Puis le temps passe, on oublie, et on se retrouve. Cette fois, c'est encore le cas. Ces dernières années, je m'étais fâché avec elle.

Quand j'étais en taule, Muriel faisait l'intermédiaire entre Jean-Claude et moi. Jean-Claude, je le connaissais. Je savais qu'il séduisait les femmes et qu'il les jetait ensuite. Je l'avais donc prévenu de ne pas jouer avec ma sœur. Mais entre Muriel, qui était fille mère d'un petit garçon, mon neveu, Michael, et Jean-Claude, il y a eu un tilt. Et, à la sortie de prison de Jean-Claude, ils se sont mis à la colle ensemble. C'était pas bien brillant, leur vie, au point que le petit Michael a été mis en placement provisoire. À cette époque, je vivais chez Andrée. Un jour, je vois Muriel et Jean-Claude débarquer. Ils sont à la rue et nous demandent de les héberger. On discute, on passe à table. Pendant le repas, Jean-Claude, tranquillement, nous propose d'aller tous ensemble place Dauphine pour lever d'autres couples et faire une partouze ! Avec Jean-Claude, j'avoue que je me laisse facilement embarquer. Je rentre dans son jeu, je démarre dans ses délires, et comme je suis sans limites… Mais cette fois, ça se passe mal. Andrée, dont la sœur est très malade, est choquée par la proposition de Jean-Claude et elle fond en larmes. Du coup, Jean-Claude et Muriel partent en nous donnant rendez-vous le lendemain, pour qu'on les héberge. Mais le lendemain, nous ne sommes pas au rendez-vous. La réaction d'Andrée m'avait mis du plomb dans la tête, et, après y avoir réfléchi à froid, je ne pouvais pas admettre l'idée qu'il ait pu parler ainsi en présence d'Andrée et de Muriel.

Entre-temps, il en a coulé de l'eau sous les ponts. Muriel a eu une petite fille, Christelle, de Jean-Claude qui a fini par les abandonner. Elle a récupéré Michael.

Moi, j'ai quitté Andrée. Je vis avec Brigitte. Bref, on a oublié le passé. Quand on se retrouve, on s'embrasse. La chambre de bonne du dessus ? C'est d'accord, je peux la prendre.

Pendant quelque temps, les choses se passent bien. Dans mon travail, je n'ai pas de problèmes, et avec Brigitte ça va. Le soir, je m'occupe un peu de mon neveu et de ma nièce. En fait, je passe mon temps à les gâter. Les enfants m'ont toujours profondément ému. Je peux être dans la pire déchéance, n'avoir pas bouffé depuis trois jours, je préfère encore, avec les deux sous qui me restent, leur acheter des bonbons plutôt que me payer un quignon de pain. Quand je les regarde, je nous revois, Muriel, Gérard et moi, et la ribambelle des autres enfants de la DDASS. Et je sais combien c'est précieux, pour un enfant, un petit geste d'affection.

C'est alors que Brigitte tombe enceinte. Cette nouvelle me rend fou de joie. Un enfant ! Un enfant de moi ! Un enfant désiré par sa mère et moi ! À l'idée d'être papa, je déborde de bonheur. Je regarde le ventre de Brigitte s'arrondir, impatient et inquiet en même temps. Je me jure que mon enfant n'aura pas la vie que j'ai connue. Jamais je ne le battrai, jamais je ne le punirai, jamais il ne manquera d'affection. Tout ce que je n'ai pas eu, je le lui donnerai. Je me le jure.

Les premiers mois de la grossesse se déroulent bien. Avec Brigitte, on a gentiment aménagé notre petite chambre de bonne. On croise Muriel, mais on ne s'impose pas. Tout se met sur de bons rails. Puis, un jour, Muriel étant absente, il me revient d'assumer la garde de Sophie, notre demi-sœur. Elle a maintenant une quinzaine d'années. Quand elle sonne à la porte, je vais ouvrir. Je la découvre, sur le palier, en larmes avec un doigt presque arraché ! Tandis que je fouille dans l'armoire à pharmacie de Muriel pour trouver de quoi la soigner, je sens monter en moi une violente colère. Je soupçonne la cause de tout ça mais, avant de m'emballer, je préfère interroger ma sœur. C'est bien ce que je pensais. C'est ma mère, encore ! Elle a eu une crise et, avec les dents, elle a presque sectionné le doigt de Sophie. Je soigne ma sœur comme je peux et, pendant qu'elle me raconte toutes les souffrances qu'elle endure à Vitry : les coups, le ménage, la privation de liberté, je réfléchis à ce que je vais faire. Ma mère recommence ses conneries. Mais ça ne va pas se passer comme ça. Quand elle a détruit Muriel, j'étais encore un gosse. À présent, j'ai grandi, je ne la laisserai pas détruire mon autre sœur, Sophie. Lorsque Muriel rentre, on s'explique en deux mots et on file tout droit au commissariat pour porter plainte. Services sociaux. Jugement. La garde de Sophie est retirée à ma mère et donnée à Muriel. Jusque-là, rien à dire. Sauf que moi, comme je suis hébergé par Muriel, je n'ai pas voix au chapitre. Je suis le grand frère mais je dois me taire, Muriel me le fait bien comprendre. Elle profite de sa tutelle pour exercer un pouvoir absolu sur notre demi-sœur et pour m'évincer totalement. Ça me fait beaucoup souffrir, d'autant qu'à Vitry, je m'en souviens, chaque fois que j'étais présent je protégeais Sophie. Je l'ai connue bébé et, avec le temps, elle est un peu devenue ma chouchoute.

Comme je n'accepte pas le comportement de Muriel, je m'accroche avec elle, et de plus en plus souvent. Pour corser l'affaire – est-ce à cause de la grossesse ? –, entre Muriel et Brigitte il y a de l'eau dans le gaz. Entre l'histoire de Sophie et les prises de bec avec Brigitte, nos rapports avec Muriel se dégradent. Elle devient mesquine.

Il n'y a pas de toilettes dans notre chambre de bonne, ni à l'étage d'ailleurs. Nous devons utiliser les siennes. Au début, elle laissait la porte ouverte. Maintenant, elle la ferme à double tour, nous obligeant à faire dans du papier journal.

Finalement, on ne se parle plus ou, quand on se croise, on s'engueule comme des chiffonniers. La situation devient intenable, et Brigitte et moi on décide d'aller voir ailleurs.

Guy, que je continue de rencontrer au travail, me propose de reprendre l'appartement de La Courneuve. Lui, il change de ville, il n'en a plus besoin. Une aubaine ! Enfin un logement rien que pour nous.

Au fond de moi, je suis heureux. J'ai arrêté de boire, j'ai aboli mes conneries passées, j'ai un bon job, une femme, bientôt un enfant et, pour la première fois, je rentre dans un appartement rien qu'à moi. Cette fois, enfin, j'intègre les rangs des gens normaux ! Sauf que j'ai vingt-cinq ans et déjà un très lourd héritage.

Mais il y a un hic ! Il faut toujours qu'il y ait un hic dans ma vie, on dirait. Cancre à l'école et cancre dans la vie, malgré tous mes efforts. Ce coup-là, comme souvent d'ailleurs, je n'y suis pour rien. Le hic, c'est que l'appartement est toujours au nom de Guy et que Guy nous a laissé ses dettes.

Tous les jours, nous recevons des courriers menaçants ou des appels téléphoniques du même tonneau : loyer impayé, assurance, gaz, électricité, téléphone, huissier, et j'en passe. L'étau se resserre. On n'y est pour rien, Brigitte et moi, dans les dettes de Guy, mais allez savoir, avec mon passé et ma chance. Et puis c'est infernal, cette vie où on est sous la menace de saisie, de redressement, de taule à tout bout de champ. De nouveau, les circonstances me poussent à déménager pour un petit studio, place d'Italie. Brigitte suit le mouvement sans trop rien dire, mais moi, cette bougeotte m'énerve. Je n'en finirai donc jamais, de déménager ! Et ce n'est pas fini. Le studio, place d'Italie, est trop petit, surtout que je viens de prendre un chien, un dogue allemand ! Brigitte attaque son septième mois de grossesse. Il faut penser au bébé, quand il arrivera. On ne peut pas rester.

Je n'ai pas beaucoup de ressources, aussi, quand Fanny vient me proposer le logement de Vitry, j'accepte sans hésiter. Malgré le ressentiment que j'ai contre ma mère après le traitement qu'elle a infligé à Sophie, je dis oui. Je n'ai pas le choix. Bien sûr, cette proposition n'est pas un geste de générosité de ma mère qui, me voyant dans la difficulté, aurait essayé de m'aider. Non. Ce n'est pas dans son genre, ça. La vérité, c'est qu'avec Fanny elle va s'installer à Arcueil-Cachan, mais qu'elle veut garder la jouissance de l'appartement de Vitry. C'est un de ses calculs à la con, seulement cette fois, il m'arrange. À Arcueil, elle a pris la gérance d'un café dont elle sera la taulière. Fanny continuera de travailler dans le bâtiment et, le soir, il l'aidera au bistrot. Sur le coup, je n'y pense pas mais, aujourd'hui, je me dis que c'était de la folie. Avec tout le mal que l'alcool nous a fait, finir sa vie dans la bibine et la gnôle, faut le faire !

Au moment où on emménage à Vitry, je fais enfin la connaissance de la famille de Brigitte, tous des Guyanais. Avec la mère, le contact est rude. Elle travaille dans un hôpital, au service de veille, et elle élève seule cinq gosses de pères différents. L'univers d'où vient Brigitte, ce n'est pas la misère désespérante de mon milieu, mais ça n'en est pas loin. D'ailleurs, Brigitte, quand je l'ai rencontrée, était en fugue. Donc, la mère ne m'a pas vraiment à la bonne, mais sa fille est en cloque, et il faut bien qu'elle m'accepte. En revanche, avec le frère, Albert, le courant passe. On devient potes, en quelque sorte. Il m'initie au rhum blanc que sa famille fait venir directement de Cayenne, je l'emmène avec moi faire la bringue. Le rhum, ça vous fout la tête à l'envers.

Enfin, le grand jour arrive !

Le 22 janvier 1979, naissance d'Élisabeth Fantou. Le même jour et le même mois que ma sœur Muriel. C'est le plus beau jour de ma vie. Ma fille est belle, toute métissée, les cheveux frisés, le teint café au lait. En Brigitte coule un sang mêlé de Noir guyanais, de Brésilien et de Chinois. J'ai oublié de vous dire que Brigitte s'appelle Chong a Thung. Moi qui avais toujours rêvé d'une femme asiatique ! Mon sang à moi, c'est pareil, tout autant mêlé de Celte, d'Irlandais et de lointaine provenance espagnole. Et tout ça coule dans les veines de la petite Élisabeth.

Comme je travaille – je fais gardien de banque –, je ne suis pas là la journée pour aider Brigitte avec le bébé et ça me ronge de les savoir seules toutes les deux. Je n'arrête pas de téléphoner pour savoir si tout va bien. Mais ce n'est pas suffisant. Je suis inquiet. Je dois, néanmoins, m'en arranger. On organise notre vie à Vitry et, certains soirs ou pendant les week-ends, on va rendre visite à ma mère au bistrot d'Arcueil. Il y a des chambres, au-dessus de la salle, où on peut dormir.

À cause du rhum blanc, en partie, je retombe dans l'alcool. Le soir, après le boulot, le week-end, il m'arrive de me biturer. Je sais que je déconne, que j'ouvre trop les vannes, mais un peu l'euphorie du bébé, un peu aussi la peur de cette nouvelle existence qui se dessine : travail, femme, enfant, je me laisse embringuer plus souvent qu'il ne le faudrait. Ça ne nuit pas à mon travail, mais certainement à Brigitte, qui, elle, ne boit pas.

Un jour que j'ai bien bu, je me retrouve dans l'escalier qui relie le bar aux chambres. Je me suis arrêté pour reprendre ma respiration quand je surprends une conversation. Ma mère est dans le couloir, plus bas. Elle discute avec des sapeurs-pompiers. Je les connais. Ce sont de bons clients qui carburent au champagne. Il y en a un qui dit :

— J'aimerais bien m'amuser avec la petite Brigitte.

J'écarquille les yeux. Je m'apprête à faire demi-tour quand j'entends ma mère répondre :

— Attendez que Jean-Paul soit bien imbibé. Quand il sera plein, il ira se coucher, et la Brigitte, elle sera à votre disposition.

Ces paroles me font un choc terrible. Vu mon état d'imbibition, je dévale les marches comme un fou et je me jette sur ma mère. Ça hurle, ça cogne, des insultes, des baffes. Je ne me contrôle plus. Le nouveau petit ami de ma mère, un certain Dominique, qui a remplacé Fanny, s'interpose. Je me retourne contre lui. Je n'ai pas gardé en mémoire les détails de cette altercation. Dans le milieu d'où je viens, des bagarres comme celle-là, c'est monnaie courante. En tout cas, quand c'est fini, je prends mes affaires, Brigitte, le bébé, et je fous le camp de ce bordel.

C'est la dernière fois que je vois ma mère. À partir de ce jour, je l'aurai quelquefois au téléphone, mais je ne la reverrai plus. Fanny, lui, est parti parce que, comme moi, il n'en pouvait plus. Il faut dire que, dans le bistrot, ça virait mal. Ma mère s'était mise à l'alcool. Dès le matin, au lieu du café, elle s'enfilait des chopines. Combien de fois je l'ai surprise, la bouche dans le goulot de l'appareil de pression, ma mère !

Après cette dispute, évidemment, on ne peut plus rester à Vitry. Donc, on déménage encore une fois et on s'installe dans un petit studio, à Clichy. On y reste quelques mois, mouvementés en partie par ma faute.

Le vendredi soir, j'ai pris la mauvaise habitude de boire et de rentrer tard. Soit que je m'attarde au bistrot, avec des collègues de travail, soit que je passe chez Jean-Pierre. Je suis joueur, et Jean-Pierre, je l'ai dit, est tordu. Le vendredi soir, c'est la fin de la semaine, je reçois ma paye. Alors, je vais chez lui et, avec un autre pote, Éric, un ancien voisin de palier qui est devenu mon ami, on fait un poker. Tant que je suis encore sobre, ça va. Je gagne, je perds, c'est normal. Mais dès que j'ai bu, je ne vois plus rien, je fais n'importe quoi. Du coup, Jean-Pierre en profite. Il me fait attaquer au pastis et il me dépouille. En fin de soirée, à deux heures du matin, je n'ai plus rien. J'ai perdu tout ce que j'ai gagné dans la semaine. S'il me reste quelques sous, je rentre chez moi, en taxi, pété. Si vraiment je n'ai plus rien, je dors chez Jean-Pierre. Conséquence : le week-end, le samedi et le dimanche, je suis obligé de prendre des gardes supplémentaires pour récupérer l'argent que j'ai perdu au jeu.

Je sais, j'aurais dû comprendre les manigances de Jean-Pierre et tout arrêter, mais c'est plus fort que moi, j'y retourne. À cette époque, même si je sens qu'il profite de moi, qu'il me saoule pour me piquer mon blé, je ne veux pas admettre qu'il est vicieux. Il est un peu de ma famille, un peu comme un grand frère, et ce sentiment m'aveugle. Et puis, en dehors du vendredi soir, j'assure au maximum. Du coup, je minimise.

Je suis devenu un tout bon dans la surveillance. Des tireurs, j'en chope, quatre à cinq par jour. Je connais tous leurs vices. Je suis passé par là. Quand c'est pas trop grave, je les sermonne, sinon j'appelle les flics. Et maintenant, pratiquement chaque mois, c'est moi qui rafle la prime.

À la maison, c'est moi qui gère le budget. Je prends toutes les décisions. J'agis ainsi sans doute par réaction. J'ai toujours en tête l'image néfaste de ma mère qui récupérait le pognon et faisait marcher Fanny à la baguette. Moi, je suis le chef du foyer.

Mais vu ma nature excessive, j'en fais trop. Du coup, Brigitte ne fait presque plus rien et se repose sur moi.

Avec ma fille, je suis gâteux. Je n'arrête pas de la chouchouter, de l'embrasser, de la promener. Si elle a le moindre bobo, je me mets en congé maladie pour la veiller et la soigner. Les voisins, ça les fait marrer. Ils m'appellent « papa poule ». Je lui prends des nourrices. Mais gaffe ! Si j'ai l'impression qu'une nourrice ne s'en occupe pas bien, je la vire. Oui, j'assure à tous les niveaux et je ne déconne que le vendredi soir. Mais presque tous les vendredis soir…

Élisabeth a deux ans. C'est le moment de la baptiser. Grande réunion de famille. Le baptême a lieu dans l'église de mon quartier, là où j'ai fait mon catéchisme, Saint-Gervais. La fête, après la cérémonie, se déroule à Châtillon-Montrouge, chez la mère de Brigitte. De mon côté, j'ai invité Muriel, qui est la marraine, Jean-Pierre avec sa femme Christine, et Éric, mon pote. Gérard n'est pas là. Je crois qu'à ce moment il est à Bordeaux. Ma mère, je ne veux plus entendre parler d'elle. Côté Brigitte, tout le monde est là, on a même fait venir la grand-mère de Guyane.

Au début, ça se passe bien. L'estimable vieille dame préside aux festivités. Elle m'impressionne, la grand-mère. J'ai envie de la respecter. Évidemment, le rhum blanc est de sortie. En fin de journée, on est tous bien pétés, bien chauds. Et petit à petit, l'ambiance, d'abord joyeuse, se détériore. À un moment, je ne sais plus pourquoi, Jean-Pierre me file une baffe. Je vois rouge, mais j'ai encore un reste de lucidité, je pense à la grand-mère qui est venue de Guyane, qui nous regarde, et je ne bronche pas. Mais ce con de Jean-Pierre remet ça. Vlan ! Là, c'est trop. Je lui saute à la gorge. Explosion en plein milieu du salon. Des cris partout, des chaises renversées, Albert et ses cousins qui nous tombent dessus. Dans mes vapeurs, je ne calcule rien, je cogne sur tout ce qui bouge. Je prends des coups aussi, je tombe par terre, c'est pas beau à voir. Avec tout ce rhum, je ne tiens plus sur mes cannes. Résultat des courses, quand on se calme enfin, on se retrouve face à face, comme deux bandes, deux clans. D'un côté, les miens, de l'autre, la famille de Brigitte. Je n'ai jamais voulu ça, mais c'est arrivé. Même si c'est Jean-Pierre qui a foutu la merde, je me sens fautif. Quand on s'en va, je pense à la grand-mère, à l'image qu'elle a pu avoir, et je me dis que la famille de Brigitte n'a pas tort de m'en vouloir. Mais c'est comme ça. Des fois, je me demande si nous autres, que la vie a humiliés, on n'est pas devenus incapables de supporter le bonheur.

Le lendemain, je reprends le boulot. J'ai la gueule de bois et je suis en rogne. Ce Jean-Pierre, c'est vraiment un fouteur de merde ! Qu'est-ce qu'il est venu faire des histoires alors que tout allait bien ! Et pour le baptême de ma fille ! On n'a pas intérêt à me reprocher cet esclandre, parce que je n'y suis pour rien. J'ai même tout fait pour l'éviter. Mais, le boulot aidant, je me concentre sur ce que j'ai à faire et j'oublie l'incident.

Lorsque ma journée prend fin, je rentre en hâte à la maison. Je veux retrouver Brigitte et Élisabeth. Mais quand je pénètre dans le studio, elles ne sont plus là ! Brigitte m'a laissé un mot en me disant qu'elle ne veut plus vivre avec moi. La rage me prend. Je me sens trahi, comme si Brigitte m'avait volé durant mon absence. Disparaître comme ça, avec Élisabeth, sans m'avoir averti, sans qu'on ait pu parler ! Me prendre ma fille comme si je n'étais rien ! À la rigueur, si elle était partie seule, mais il y a Élisabeth, et ça, je ne pardonne pas. Je récupère une petite carabine que j'ai gagnée dans une fête foraine et je fonce chez Muriel. Pourquoi chez Muriel ? Je n'en sais rien. Une intuition.

Je ne me suis pas trompé. Brigitte, Élisabeth et Albert sont chez elle. En me voyant avec ma carabine, ils prennent peur. Cet avantage psychologique me permet de rentrer pour négocier. Je pose ma carabine et, en contrepartie, j'ai droit à trois heures avec ma fille. Je la prends dans mes bras. Je pleure beaucoup. Mais, les trois heures écoulées, je suis obligé de partir.

Dehors, au lieu de rentrer chez moi, je ruse. J'attends que la nuit tombe et je monte jusqu'à la chambre de bonne qu'on avait occupée pendant quelques mois. Je frappe, Brigitte vient m'ouvrir. Elle est surprise de me voir, mais elle est aussi fatiguée de toute cette cavale et me laisse entrer sans difficulté. Dans cette petite chambre où on a connu des jours heureux, on se met à parler. Je ne saurai jamais le fin mot de cette histoire, mais je comprends que Brigitte n'a pas décidé seule de foutre le camp. Derrière tout ça, je soupçonne qu'il y a sa famille. Après le coup du baptême… J'aurais dû me méfier, mais je suis trop heureux d'être avec Brigitte et Élisabeth, sans personne d'autre. On parle, on s'explique et, finalement, alors que la nuit est bien avancée, Brigitte décide de revenir à la maison. En partant, on descend chez Muriel pour lui annoncer la décision. Albert est toujours là. Ça me surprend un peu de le trouver chez ma sœur à cette heure-là mais j'ai autre chose à l'esprit et je ne me pose pas plus de questions. Ils n'ont pas l'air très contents de me voir, mais ils ne peuvent rien faire. On les met devant le fait accompli et on rentre.

Dans les mois qui suivent, avec Brigitte, nos rapports s'améliorent. Sa fugue est oubliée. Notre vie à trois s'organise. Brigitte reprend son boulot. Moi, je continue dans la surveillance. Élisabeth grandit.

Avec quelques collègues, je crée un syndicat au sein de mon entreprise. Pour dire le vrai, je n'en suis pas directement à l'origine. Des employés, sympathisants du mouvement syndical, projetaient de créer une antenne syndicale. Comme j'étais un ancien, ils sont venus m'en parler. J'ai sauté sur l'idée. Ça me plaisait de faire quelque chose pour aider les plus faibles. Du coup, je me suis retrouvé membre fondateur. Nous faisons partie de la CFDT.

Une chose, une autre, et je deviens délégué syndical. C'est mon côté redresseur de torts qui parle. La politique, je n'en ai rien à faire. Mais, à cette époque, le gardiennage est mal rémunéré, et les employés, surexploités. Moi, je peux tout supporter, sauf l'injustice. Donc, je me lance dans la bagarre. Ces nouvelles responsabilités me prennent du temps. L'entreprise compte deux cents salariés et il n'y a qu'un syndicat, autant dire que je suis seul pour faire tout le boulot. Je dois m'occuper des uns et des autres. Mais ça ne fait rien, je m'engage de plus en plus dans le combat contre l'inéga-lité et l'injustice. Le soir, je ne vais plus au bistrot, je des-cends dans la rue pour distribuer des tracs de soutien à Solidarność.

Ce travail me permet aussi de me sortir de mon milieu. Toujours dernier à l'école, je n'ai même pas passé mon CEP, mais, dans la rue, je me suis fait mon éducation. En fait, je crois bien que c'est la prison qui a été le détonateur. Comme, à Fresnes je n'avais rien à faire, je me suis mis à lire. Les bouquins de la biblio-thèque des taulards, les journaux. Quand je suis sorti, j'ai gardé le pli. Plus des bouquins, mais des journaux, tous les jours, que je lis et relis, parfois, trois à quatre fois dans la journée. Avec mon activité syndicale, je franchis un cap. Maintenant, je me plonge dans les codes de lois, les comptes rendus de réunions et j'écris des lettres, des rapports. Ça peut faire sourire certains, mais ceux de mon monde, ça les impressionne. Quand, plus tard, je deviendrai cloche, je ne compte pas les fois où un de mes frères de misère viendra me demander de rédiger une lettre pour lui. Donc, je me forme. J'apprends aussi à me battre pour faire respecter les droits des ouvriers. Je ne fais pas d'idéologie, pas de lutte de classes, j'essaie simplement de rendre les choses plus justes, et que chacun ait son dû, patrons et employés.

Par le biais de mon entreprise, j'obtiens enfin un loge-ment et on déménage à Montreuil, dans une cité HLM. C'est grand. Ça nous change du studio.

Entre mon travail – j'ai, à présent, le statut d'inspecteur qualifié – et mon rôle de délégué syndical, je suis pris à plein temps. Je dois aussi m'occuper d'Élisabeth qui grandit à vue d'œil, d'autant que Brigitte, maintenant, repasseuse dans un pressing, continue de se reposer entièrement sur moi. Mais j'arrive à tout gérer.

En fait, je suis heureux. Je sens que je m'en suis sorti, que j'ai foutu une baffe à mon passé. Cette fois, c'est bon. Il y a encore du travail, de la reconstruction, c'est sûr, mais j'ai confiance, les choses se mettent en place. J'ai un boulot qui me plaît, une femme que j'aime, une fille que j'adore. Un appartement décent, à moi, bien à moi. Ma révolte, j'ai trouvé un moyen de la canaliser : le combat syndical pour rétablir la justice, ça donne enfin un sens à ma vie.

L'existence m'a foutu des baffes quand je ne les cherchais pas, j'ai pris des coups sans raison, mais je n'ai jamais renoncé à aider les autres. Je l'ai toujours fait quand je le pouvais, quand le sentiment de l'injustice ne me faisait pas péter les plombs. La lutte syndicale canalise mes deux passions. Ma révolte me donne la force de combattre et mon combat est pour le bien des autres. C'est vrai, l'alcool m'avait attiré dans ses pièges. Mais ça fait maintenant des années que je suis stable. J'ai fait un peu le yo-yo, mais je commence à maîtriser le phénomène. L'alcool, c'est une pathologie. Ça se soigne, seulement il faut du temps.

Le dimanche, avec Élisabeth, on se promène, on cueille des fleurs. Je suis fier de ma fille. Sa chambre est emplie de peluches, et son coffre, plein de jouets. C'est ma chouchoute. Pour m'amuser, je la surnomme « Élisabeth, boule de gomme » et, en réponse, elle m'appelle « papa, boule de gomme ». Ça m'émeut, jusque dans les entrailles. Je n'arrête pas de prendre des photos d'elle. Elle aime les animaux, je lui achète un hamster, un lapin, une petite chatte qu'elle nomme Sandrine.

Brigitte aussi aime Élisabeth. Mais elle la punit souvent. Elle le fait à mon insu. Elle sait très bien que je ne supporte pas qu'on punisse les enfants. J'ai trop connu ça. J'ai banni la punition. Brigitte s'énerve pour un rien. Elle semble un peu jalouse de sa fille que je gâte trop. Pourtant, Élisabeth, qui a quatre ans, est douce. Elle se propose souvent pour aider au ménage.

Notre vie commune se déroulant pas trop mal, on décide, avec Brigitte, de se marier. Ça fait longtemps qu'elle me le demande.
Le mariage, c'est encore à l'église Saint-Gervais. Cette fois, j'ai invité mon demi-frère, Stéphane, et son père Fanny. Jean-Pierre et Christine sont là. Jean-Pierre, je lui en ai longtemps voulu du coup du baptême, mais j'ai fini par me réconcilier avec lui. Il y a aussi la famille de Brigitte. Avec eux, on ne se voit pas trop. Une fois l'an, à Noël ou au jour de l'an, on passe leur rendre visite. Élisabeth est avec nous. Elle n'en revient pas, dans sa robe de demoiselle d'honneur. Cette fois, tout se passe bien. Le mariage et la fête, dans l'appartement de Montreuil.

Allez savoir pourquoi, dès ce jour Brigitte change du tout au tout. Elle devient mauvaise, instable. Notre vie se détériore à l'extrême. Je n'en ai jamais compris la raison. Comme pour Jean Maillot. Si encore il y avait eu une bagarre, comme lors du baptême. Mais non, rien de cela. Tout allait bien quand, au bout de trois ou quatre mois, le comportement de Brigitte devient insupportable.
Elle commence à arrêter de s'occuper de l'appartement. Je dois m'en charger. Puis elle se met à rentrer de plus en plus tard. Des fois, elle découche, et ne réapparaît que le lendemain. Évidemment, elle néglige complètement Élisabeth. Ensuite, c'est l'argent. Brigitte ne reverse plus sa paye au budget de la maison, quelque

temps après elle tire sur son compte qui se retrouve à découvert, enfin, un jour, sa patronne me téléphone pour me dire qu'elle tape dans la caisse. La situation est très pénible pour moi, mais je supporte à cause d'Élisabeth et de mes sentiments pour Brigitte.

Ce qui lui prend, à Brigitte, je n'en sais rien. Je me dis qu'elle traverse une crise d'indépendance. Ça arrive aux femmes. En plus, je l'ai connue très jeune, et, avec la venue d'Élisabeth, j'en ai peut-être fait un peu trop, je l'ai empêchée de vivre. Et maintenant, elle s'émancipe. Je ne sais pas.

En tout cas, quand elle est là, Brigitte a un regard bizarre. Parfois, sans raison, elle se saisit d'Élisabeth, grimpe sur le balcon et menace de se jeter avec elle du septième étage si je ne lui donne pas de l'argent pour sortir. Je pleure, je la supplie et je finis par céder à son chantage. Puis, pendant deux ou trois jours, les choses reviennent à la normale. Mais chaque fois, ça recommence. Je ne sais plus quoi faire. Le plus important, c'est notre fille. Si Brigitte veut refaire sa vie, ça la regarde, mais tant qu'Élisabeth n'en souffre pas. Alors, je laisse tomber Brigitte et ses dingueries, je m'acharne dans mon travail et je me consacre entièrement à ma fille.

Un soir, Brigitte ne rentre pas. Ce n'est pas nouveau. Mais quand, quelques jours plus tard, elle n'a toujours pas réintégré le foyer, je m'en vais au commissariat faire une main courante. Là, c'est clair, Brigitte a abandonné sa famille. C'est au bout d'une semaine qu'elle finit par se manifester. Au téléphone. On discute encore, longuement. Je pense à Élisabeth, qui a besoin d'une mère. J'ai trop connu des gosses, à commencer par moi, dont les parents se sont déchirés et qui ont fini à l'Assistance. Je ne veux pas que ma fille termine ainsi. Et puis, aussi, je l'avoue, je pense à Brigitte, pour qui j'ai encore de l'affection. Enfin, j'accepte qu'elle revienne vivre avec nous.

Elle était soi-disant allée rendre visite à une tante, au Luxembourg. Je n'en crois rien, mais je fais semblant. Je n'ai pas le choix. Évidemment, cette semaine d'absence entraîne son licenciement. En plus, elle est au rouge à la banque. Je rembourse ses dettes. Mais pendant deux mois elle reste sans rien faire à la maison, et de nouveau ça se dégrade.

Tous les jours on se dispute. Elle est de plus en plus instable, imprévisible. Un jour, en plein hiver, elle jette la chatte dehors. Pendant plusieurs jours, avec Élisabeth, on va chercher la petite chatte sans la trouver.

C'est un soir de printemps. Il fait chaud. Tous les trois, on décide de laisser Montreuil pour aller se promener. Notre trajet nous conduit à Saint-Germain-des-Prés. Là, j'ai la surprise de découvrir mon frère, Gérard. Il est avec sa femme – je la lui ai fait rencontrer six ans plus tôt – et son petit bébé, Sarah. Il vend de la barbe à papa en poussant une espèce de machine rétro. Pour l'occasion, il a adopté un look bizarre et se fait appeler Gino. Bon, passons pour Gino. Je suis content de le revoir. Lui, il ne boit pas. Moi en revanche, la chaleur aidant, je m'enfile quelques bières. Disons pas mal de bières. À la fin, je suis plein comme une huître. C'est alors que Brigitte gifle Élisabeth sous mes yeux. Mon sang ne fait qu'un tour. Je saisis le bras de Brigitte et la dispute éclate. Tout ce bruit qu'on fait, ça provoque un attroupement de badauds qui n'ont rien d'autre à foutre que de venir nous regarder. À la fin, vu le désordre sur la voie publique, la police rapplique. Je suis saoul, agité et, évidemment, c'est sur moi qu'elle se braque. Contre le mur. On ne bouge plus. Contrôle d'identité. Voyant que les flics s'acharnent contre moi, Brigitte en profite pour s'éclipser en emmenant Élisabeth. L'un dans l'autre, l'alcool, les flics qui me bloquent, me demandent des comptes, Brigitte qui file à l'anglaise, et je fais *la* connerie. Je m'en prends aux représentants de l'ordre qui me font face, je les insulte et je finis au poste.

Le lendemain, dégrisé, toujours au poste, j'apprends que je vais comparaître devant un juge pour outrage à agent. C'est un choc terrible ! Ça fait sept ans que je me tiens à carreau. Sept ans que je turbine pour m'en sortir, pour mener une vie normale. J'y suis parvenu, subitement, j'ai peur de tout foutre en l'air sur ce coup de tête stupide. Là, dans ce poste, assis sur mon banc, je me vois tout perdre, surtout Élisabeth, vu les relations conflictuelles qu'on a avec sa mère. Heureusement, ces sept années de bons et loyaux services envers la société me sauvent la mise. Mes années dans la sécurité, mon statut de délégué syndical, ma vie maritale, ma fille, le juge en tient compte. Je passe une nouvelle nuit au ballon et, le lendemain, je suis libéré en attendant le jugement. Quand je rentre à la maison, je n'ose pas quereller Brigitte. Je me fais tout petit.

J'aurais dû y voir un signe, mais je n'ai pas le vice. Pourtant, avec ma tête, mon passé, mon caractère, sûr que je ne fais pas le poids face à la machine judiciaire. Même si j'ai la vérité pour moi, j'aurai toujours les apparences contre moi.

Quelques jours après mon retour, je tombe sur une lettre de Brigitte, un courrier qu'elle devait envoyer à un étudiant américain. David Carlak. Il y est question de leurs ébats amoureux. Brigitte ajoute qu'elle accepte les « punitions » et les « sévices » et qu'elle l'adore ! Cette découverte m'anéantit. Je soupçonnais bien quelque chose dans le genre, même si je refusais d'y croire, mais je ne le voyais pas si sordide. Le soir, je lui parle de la lettre. Elle prétend que ce n'est rien, que c'est une histoire qu'elle a inventée pour passer le temps. Je ne la crois pas. Mes yeux ont lu. Je remets cette « fausse » lettre où je l'ai trouvée. Le lendemain, elle a disparu.

Malgré les dénégations de Brigitte, cette découverte m'est très douloureuse et, le soir, je décide de dormir dans la chambre d'Élisabeth, qui ira partager le lit de sa mère. Je ne veux plus que Brigitte me touche. De ce jour, d'ailleurs, je n'aurai plus aucun rapport avec elle.

Dans notre appartement, les journées se suivent et se ressemblent. On fait chambre à part et on ne cesse de se disputer. On ne se cache même plus. Élisabeth assiste, impuissante, à nos engueulades la bouche ouverte, les yeux emplis d'inquiétude.

Notre couple est au bord de la rupture, je le sens et je fais une dernière tentative pour le sauver, je me décide enfin à parler à la mère de Brigitte. Depuis le coup du baptême on s'évite, mais il s'agit de sa fille qui prend une mauvaise pente. Elle m'aidera peut-être. Je lui téléphone. Je suis mal reçu. Elle me sort tout un tas de conneries. Notamment des histoires de sévices, de problèmes dans nos relations sexuelles, etc. Je ne sais pas ce que Brigitte est allée lui mettre dans la tête. En tout cas, je nie toutes ces inventions et je raccroche.

Toutefois, mon appel ne reste pas sans effet. Brigitte, sur la pression de sa mère, va consulter un marabout. Pendant quelque temps, le soir, elle se malaxe les cheveux avec des œufs et d'autres produits. Je prends peur. Ce n'est pas net, ces pratiques. Je ne suis pas superstitieux mais ces choses-là, ça me donne des frissons.

Je ne sais pas ce qu'un marabout est censé avoir comme effet mais un soir, vers vingt heures, un collègue m'appelle à la maison. Il a des problèmes avec notre patron. Comme je suis délégué syndical, il me demande conseil. Élisabeth est à côté de moi. Elle tient l'écouteur. Ça lui plaît. Elle a l'impression de participer. Moi, ça me fait plaisir. Donc on est tous les deux accroupis dans notre coin, moi à parler, elle à tenir l'écouteur quand, du coin de l'œil, je vois Brigitte se lever d'un bond. Je n'ai pas confiance, je la surveille. Bien m'en prend. En proie à une démence subite, Brigitte ramasse un couteau de cuisine et se tourne vers nous. Ma veste est juste à côté de moi. Dedans, j'ai une petite bombe lacrymogène. C'est mon « arme » de travail, au cas où je rencontrerais des problèmes avec des voyous. Quand je vois que Brigitte s'avance vers nous, le couteau à la main, les yeux fous, perdus, je ne réfléchis pas. Je sors la bombe et je la tague. C'est foudroyant. Je lui arrache le couteau puis je l'entraîne dans la salle de bains pour lui laver le visage à l'eau. Elle est déboussolée, elle se laisse faire. Mais moi, je suis profondément inquiet. Quand elle est rétablie, je lui annonce qu'Élisabeth et moi, on va dormir dans les toilettes fermées à clef. L'éclair de folie que j'ai lu dans ses yeux m'incite à la plus extrême prudence. Mais Brigitte ne tient plus en place. Elle veut partir. Elle a besoin de respirer, dit-elle. Je ne me méfie pas, trop heureux de la savoir loin d'Élisabeth pour la nuit. Je lui donne même l'argent que j'ai pour qu'elle puisse prendre un taxi. Elle s'en va, soi-disant chez une copine.

Le lendemain, en me rendant au travail, je dépose comme d'habitude Élisabeth chez la concierge qui est aussi sa nounou depuis deux ans. Elle est très gentille, la concierge. C'est une perle. Elle s'occupe bien d'Élisabeth, va la chercher à l'école et la garde quand on n'est pas là. J'ai entièrement confiance en elle.

Le soir, à mon retour, je frappe à la loge. Quand elle vient m'ouvrir, elle est seule :

— Où est Élisabeth ?

— Vous n'êtes pas au courant, monsieur Fantou ? Votre femme est passée tout à l'heure. Elle a pris Élisabeth.

Je reste bouche bée. La pauvre gardienne a l'air embêtée. Elle hésite un peu, puis elle me lance :

— En partant, votre femme, elle a dit comme ça que vous ne reverriez plus votre fille.

Je suis anéanti. Je ne peux pas en vouloir à la gardienne. Brigitte, c'est tout de même la mère d'Élisabeth. Je grommelle quelque chose pour la rassurer, parce que je sens qu'elle est inquiète, qu'elle culpabilise et je rentre chez moi.

Dans l'appartement, je tourne en rond. Je téléphone partout mais personne ne semble avoir de nouvelles de Brigitte et d'Élisabeth. La nuit venant, j'essaie de me calmer. Elle fait ça pour me faire du mal, j'en suis sûr. Elle n'y a pas beaucoup pensé, à sa fille, ces derniers temps. Elle ne s'en est pas beaucoup occupée. Mais elle sait qu'Élisabeth, c'est mon point faible. Ça, elle le sait. Alors, elle enfonce le clou. Pour me faire mal, j'en suis certain.

Le lendemain, comme je n'ai toujours pas de nouvelles, avant d'aller à mon boulot je passe au commissariat où je dépose une nouvelle main courante. Mais cette fois, je vais plus loin. Brigitte a dépassé les bornes. Le coup du couteau, ça m'a refroidi. Et franchement, après ça, l'enlèvement d'Élisabeth fait plus que m'inquiéter. Donc, j'engage une avocate de la CFDT. On est mi-juillet.

Ce n'est qu'en septembre que mon avocate parviendra enfin à entrer en contact avec l'avocat de Brigitte. Un mois et demi sans nouvelles, à me ronger les sangs. J'ai essayé de passer par la belle-famille, sans succès. Dès qu'on entend ma voix, on me raccroche au nez. À plusieurs reprises, je suis allé traîner vers Châtillon-Montrouge, sans plus de résultat. Je n'ai pas osé forcer la porte de la belle-mère, pour ne pas me mettre dans mon tort. J'ai attendu, patiemment, sans rien faire d'illégal, en souffrant toutes les affres de l'inquiétude, jusqu'à cette prise de contact. Élisabeth va bien – Dieu merci ! – et je suis autorisé à passé un week-end avec elle.

L'idée de retrouver ma fille efface, à elle seule, un mois et demi d'enfer. Je ne songe plus à rien, et quand je la récupère, Brigitte et Albert sont là mais je ne leur adresse pas la parole, je ne pense qu'à l'embrasser. Élisabeth aussi est toute contente de me retrouver. Ce n'est que lorsqu'on est enfin seuls, tous les deux, que je prends le temps de l'observer. Physiquement, ça a l'air d'aller. Elle a passé l'été dans la famille de Brigitte, à Marseille. Moralement, je ne sais pas. J'ignore ce qu'ils ont pu lui raconter sur moi pendant ce mois et demi. Apparemment, elle ne se doute de rien. Ils ont dû lui dire que j'étais trop occupé par mon travail pour l'emmener en vacances, et comme elle me voit turbiner toute la journée, ça n'a pas dû lui paraître louche. On avait prévu de l'envoyer en colonie, mais elle est trop petite pour se poser des questions.

Ce sont des retrouvailles merveilleuses. Je me sens revivre. Aussi, quand le dimanche soir arrive, je décide de ne pas la rendre à sa mère.

D'abord, il n'y a pas eu de jugement, aucune décision judiciaire. Je n'ai donc pas de raison de remettre ma fille à Brigitte qui me l'a enlevée pendant un mois et demi sans donner de nouvelles. En plus, dans cette affaire, je me sens parfaitement sûr de mon coup, entièrement dans mon droit. C'est Brigitte l'instable, ce n'est pas moi. C'est elle qui a déstabilisé notre foyer, elle qui a découché, elle qui a eu des gestes inconsidérés. Moi, j'ai assumé mon rôle de père sans défaillance. Avec ma paye, j'ai fait vivre ma famille. Élisabeth, je m'en suis toujours occupé. Elle n'a manqué de rien, n'a jamais souffert d'aucune privation. Et surtout, je n'ai jamais levé la main sur elle. L'idée même me révulse. Donc je me dis que la justice, parce que justement elle est juste, saura faire la part des choses.

Pour pouvoir m'occuper d'Élisabeth, je me mets en congé maladie. Mon patron me laisse faire. Il me comprend. Il connaît mes problèmes et sait tout l'amour que je porte à ma fille. Je me prépare au combat pour sa garde.

Quand, enfin, arrive le dossier d'accusation, je reste sur le cul. Je n'en crois pas mes yeux. Un tissu de mensonges, des faux témoignages, des papiers falsifiés ! Je me dis que c'est trop gros, que ça ne va pas passer. Brigitte m'accuse d'être saoul tous les soirs. C'est faux, même si ça m'est arrivé plus souvent qu'à mon tour. Ça fait de moi un ivrogne invétéré, ce que je ne suis pas. Ensuite, son avocat affirme que mon travail porte préjudice à l'enfant. Qu'est-ce que ça veut dire ? Des personnes que je n'ai jamais vues mais qui prétendent me connaître apportent des témoignages accablants contre moi : il en ressort que je ne m'occupe pas de ma fille. De « papa poule » je deviens « père Fouettard » ! Et ce n'est pas fini. Les papiers de scolarisation d'Élisabeth sont falsifiés. L'école où elle a passé son année, qui est à côté de chez nous, à Montreuil, a été effacée. À la place, c'est une école bidon qui figure, à Montrouge, à côté de chez ma belle-mère. Jusqu'à la carte d'identité d'Élisabeth qui est fausse ! Il y est indiqué, ce qui évidemment n'a jamais été le cas, que ma fille est domiciliée chez ma belle-mère. L'enlèvement par Brigitte, il n'a jamais eu lieu. Les vacances de juillet et d'août étaient soi-disant planifiées depuis longtemps. Pourtant, j'ai les quittances de la colonie de vacances, que j'ai déjà réglée, où Élisabeth devait partir durant l'été. Un truc comme ça, ce n'est pas Brigitte seule qui a pu le faire. C'est trop de calcul, trop de vice. Elle ne serait jamais allée jusqu'à fabriquer des faux. Derrière elle, il y a sa mère et tout son clan. J'en suis sûr. Ils ont décidé de me détruire. Je ne m'attendais pas à ça. Je suis atterré. Mais je ne vais pas me laisser abattre. Je réunis autant de preuves que je peux de mon côté, et j'attends de pied ferme le jour du procès.

Le grand jour arrive. Je me retrouve dans un bureau, pour une audience de conciliation. Brigitte se présente, toute pimpante, en compagnie de son avocat. Je suis avec la mienne. Je suis tellement nerveux que j'ai hâte d'en découdre. J'ai un dossier en béton. Tous les griefs que l'on a formulés contre moi, je les ai réfutés, preuves à l'appui. J'ai avec moi la vérité. Je ne peux pas perdre. Je ne veux pas détruire Brigitte. Je sais très bien qu'entre nous, c'est foutu, qu'on va divorcer. Mais je ne veux pas la priver d'Élisabeth. Je veux simplement que la garde de notre fille soit répartie en toute justice, pour son bien. Et, de ce point de vue, le clan de Brigitte ne s'intéresse pas à elle, il ne cherche qu'à me faire du mal.

On s'assoit sans s'adresser la parole. Le juge est un homme de couleur. En principe, ça ne compte pas. Surtout pas pour moi dont la femme est une femme de couleur ! Mais c'est la seule excuse que je lui trouve. Parce que son comportement, tout au long de l'entrevue, est ignoble. Chaque fois que j'ouvre la bouche pour parler, il se tourne vers moi et me jette à la tête un vicieux : « Taisez-vous ! » Comme une baffe. En revanche, quand Brigitte s'explique, il est tout ouïe, tout sourires. C'est hallucinant. Je lui soumets mon dossier, mes preuves, mes lettres, il y jette à peine un coup d'œil. Mais il s'appesantit sur les faux de Brigitte. En long et en large. Il les détaille. Il les commente. Et toujours à mon détriment. Il me reproche d'avoir empêché Brigitte de voir Élisabeth pendant quinze jours.

— Monsieur, on n'a pas le droit d'empêcher une enfant de voir sa mère.

Je n'en crois pas mes oreilles. Je m'insurge.

— C'est vrai, seulement Brigitte m'a empêché de la voir pendant un mois et demi ! Ça ne compte pas, ça ?

— Monsieur, ça suffit !

Ce qu'a fait Brigitte, il s'en tape. Il ne veut pas le savoir. On peut empêcher un père de voir son enfant pendant un mois et demi, mais une mère, pendant quinze jours, c'est scandaleux. Répréhensible, hors la loi. Cette attitude m'est intolérable. Dans le même temps, l'avocat de Brigitte parle, parle. Il en rajoute, fait de moi un quasi-monstre, en alléguant des mensonges, en s'appuyant sur des fausses déclarations. De son côté, mon avocate ne dit rien. Pas un mot d'objection. Elle sait pourtant que c'est faux. Mais elle somnole comme un poids inutile.

En entrant, j'étais sûr de moi, mais là je me prends à douter. D'un coup, je réalise. Je ne suis plus dans un tribunal mais dans une souricière. Les frauduleux, les escrocs sont en train de m'entuber. Le juge est de leur côté. Ça ne m'intéresse pas, même aujourd'hui, de savoir pourquoi il agit ainsi. Ça ne m'intéresse pas, non plus, de savoir pourquoi l'avocat de Brigitte s'est prêté à ces magouilles. Soit dit en passant, j'apprendrai par la suite pourquoi mon avocate n'a strictement rien fait pour s'opposer à ces bobards ; en fait, elle était issue du même cabinet que l'avocat de Brigitte. C'était entendu d'avance. Mais dans le bureau du juge, pendant que j'écoute toutes les ordures qu'on déverse sur mon dos, je ne pense pas à tout ça. Je pense à Élisabeth. Je pense que tous autant qu'ils sont, Brigitte, sa famille, les avocats, le juge, ils sont en train de me la voler. Ils me dépouillent. Et encore bien heureux si je ne finis pas en taule !

Je sens, comme ça, les murs qui se resserrent autour de moi, qui me cernent. Je n'entends plus rien qu'un brouhaha. L'air commence à me manquer. J'essaie de me contrôler, de rester jusqu'au bout, de convaincre la justice de mon bon droit. Mais c'est trop. La révolte grandit en moi. Elle balaie tout. Et j'explose. D'un coup je me lève, j'assène leurs quatre vérités à ces gens qui se moquent éperdument de la vérité, et je fous le camp sans attendre la décision finale. Pas besoin. C'est déjà joué. Je le lis dans leurs yeux. Ils me prennent simplement pour un con, un pauvre gus. Vous pensez, l'Assistance publique, la zone, la taule, et ivrogne par-dessus le marché. Ils sont sûrs de leur fait, avec leurs grands mots et l'appareil judiciaire derrière. Pour eux, je suis le minable qui a pris tellement de coups qu'il arrive à peine à se tenir droit. Un rebut de la société qui va encore en prendre plein la gueule et partir chialer dans son coin. C'est tout vu. Il a été fabriqué comme ça, dès l'enfance. C'est vrai, mon passé me pèse. Mais ils m'oublient, moi. Et moi, comme mes compagnons de misère, je suis un homme, pas un numéro qui pend à un collier.

Quand j'arrive chez moi, ma décision est prise. Je vais me battre. Cette putain d'injustice, je ne vais pas la laisser me bouffer une fois encore. Ça peut vous paraître curieux, mais, du fond de ma misère, je crois encore à la justice. En fait, c'est la seule chose à laquelle je crois, mis à part Jésus et la Vierge Marie. Donc, je vais me battre pour que justice soit rendue. Les voies ordinaires, tout le tremblement juridique, viennent de se retourner contre moi. Je n'ai pas d'appuis. Ce n'est pas un ouvrier comme moi, même délégué syndical, qui peut faire jouer ses relations. Les quelques amis que j'ai, ce n'est pas eux qui pourront m'aider dans le combat que j'entreprends. Je dois trouver autre chose. Et j'ai l'idée. Je vais faire une grève de la faim. Refuser de manger, c'est la seule arme que je connaisse. Le plat de pâtes est resté ancré en moi comme le signe de ma révolte. Faire une grève de la faim, juste pour que l'on m'écoute. Qu'on écoute ce que j'ai à raconter et qu'après on juge en connaissance de cause. Là, je pourrai dire que la justice sera rendue, la vraie, pas cette mascarade dont je sors. Faire une grève de la faim, mettre ma vie en danger pour prouver ma bonne foi.

Avant de me lancer, je m'assois à ma petite table et j'écris. J'écris aux médias, à la chancellerie, au juge, à tous ceux que je pense concernés par mon affaire. Je dépose aussi des plaintes. C'est une manière, pour moi, de me libérer, de crier contre l'injustice, mais j'espère aussi que ça portera ses fruits. Après ce que je viens de vivre, je ne veux pas que mon destin dépende de ce seul juge partial. Ensuite, je mets Élisabeth à l'abri, chez des amis, et je prépare mes affaires.

Le mois d'octobre touche à sa fin, les frimas de l'hiver s'annoncent. Quand je m'installe sur un banc, près du parvis de Notre-Dame pour commencer ma grève de la faim, je me mets sous la protection de la Vierge Marie. Dans mon cœur, il n'y a que de l'amour et de la révolte, pas de haine, pas encore. Malgré mon endurance, cette grève est dure pour mon organisme.

À la vérité, je m'y suis engagé sans me préparer, sûr que mon bon droit serait reconnu très vite et que tout serait réglé en quelques jours. Mais il ne suffit pas d'avoir raison pour être entendu, même de la justice. Sur mon banc de pierre, je suis seul, absolument seul. Je n'intéresse personne, je ne fais peur à personne. Donc j'endure et je souffre dans mon coin, jour après jour, dans l'indifférence totale. Et c'est très difficile.

Je ne mange pas, je suis dehors, dans la rue, sans abri, rien pour me protéger, allongé sur mon banc, avec quelques couvertures, exposé au temps pourri, au froid, au vent et à la pluie.

Heureusement, mon passé de privations, mon passage dans la rue et au mitard sont là et m'aident à supporter. Mais, plus que ça, c'est le sentiment d'être dans mon droit, d'agir dans l'intérêt d'Élisabeth qui me permet de tenir, contre la froidure qui me gèle les mains, la pluie qui me pénètre jusqu'aux os et les badauds qui me considèrent sans comprendre, et m'importunent.

Les premiers jours sont les plus difficiles. La faim me tenaille, je suis seul, il n'y a pas de réaction, je suis tenté toutes les cinq minutes de renoncer. Mais avec le temps, je rentre dans mon combat. Je ressens moins la faim, je repousse plus facilement les barres de chocolat qu'on me glisse. Puis ma présence sur le parvis commence à intriguer. De plus en plus de gens viennent me voir, me soutenir, notamment mes collègues, qui sont à fond derrière moi et qui passent régulièrement. Évidemment, mon juge, Brigitte, sa famille, son avocat, pas un ne passe me voir ni ne s'inquiète de ma santé.

Cela fait maintenant quinze jours que je suis là, sans manger, dans le vide. Mes forces s'amenuisent, mais je tiens bon. La préfecture de police, voyant que mon engagement dans la lutte est sérieux, que ma grève, je la continuerai jusqu'au bout, me délègue un commissaire, Frédéric Dulpuch. On échange quelques mots. Il semble comprendre le sens de mon combat et me laisse tranquille. Puis mon cas prend de l'extension, il en vient à intéresser une association de pères divorcés. Je ne savais pas que ça existait, mais ils m'apprennent qu'il y a tout un groupe qui s'occupe des droits des pères divorcés. Ils voient dans mon cas une situation caractéristique de leur lutte. Je n'y avais pas songé sous cet angle, mais pourquoi pas ? En y pensant, c'est vrai qu'on nous traitait différemment, Brigitte et moi, simplement parce qu'elle était une mère et moi un père. En tout cas, ils passent me voir, ils m'apportent leur soutien et ça me fait du bien.

Depuis quelques jours, les gars du MCP, le Mouvement de la condition parentale, m'ont convaincu de bouger. Devant la chancellerie, un homme et une femme viennent d'entamer une grève de la faim. Ils se battent pour leurs enfants. Si je les rejoins, mon combat prendra plus de poids, et le leur aussi par la même occasion. J'ai accepté. Ils arrivent et je ramasse mes affaires.

Je ne suis pas très vaillant, mais je fais un effort. Je retrouve les deux autres grévistes de la faim. Le gars s'appelle Pierre Corning. Son avocat, c'est Me Collard. Grâce à lui, la couverture médiatique est plus importante.

N'empêche, je passe encore dix jours dans la rue sans manger avant que ça remue. Les journalistes parlent de plus en plus de nous. Ils relatent nos histoires. Nos noms circulent, et nos griefs. Dans ma faiblesse croissante, leurs allées et venues m'apportent un peu d'espoir. Je pense beaucoup à Élisabeth que des amis gardent chez eux, à l'abri des regards indiscrets. Entre grévistes, on se serre les coudes. La présence des autres me réconforte. À trois, on se sent plus forts.

Ce n'est qu'au vingt-sixième jour de grève que la chancellerie réagit. Je ne sais pas si c'est calculé, si c'est médical. Peut-être que c'est un seuil. Au-delà, ça deviendrait dangereux. Alors, on laisse pourrir l'affaire, et si, au vingt-sixième jour, le mec n'a pas craqué, on cède pour éviter la catastrophe, les dommages irréparables. À moins qu'ils n'en aient eu tout simplement marre, les magistrats, de la mauvaise publicité qu'on leur faisait, à ne pas bouffer devant chez eux pour faire valoir ses droits. Quoi qu'il en soit, un type de la chancellerie se pointe. Il m'explique que les instances responsables ont accédé à mes revendications et me demande de le suivre pour régler tous les papiers.

Je n'ai pas trop confiance en ce qu'il me dit, mais je m'exécute. Je vais doucement. Mon corps est à la limite. Le type me conduit dans une pièce du Service des affaires matrimoniales. Là, vicieux, il me demande :

— Pourquoi faites-vous la grève de la faim ?

Comme s'il ne le savait pas ! Si j'avais eu assez de force, je lui aurais répondu : « Pour m'amuser ! » Mais je suis au bout du rouleau. Je n'ai pas envie de plaisanter. Alors, avec un peu de difficultés dans l'élocution, je lui dis ce qu'il sait déjà. Il secoue la tête, me fait signe de l'attendre et disparaît. Cinq minutes ne se sont pas écoulées, qu'il revient avec un papier m'octroyant la garde de ma fille jusqu'au jugement. J'ai gagné ! J'exulte. Je me dis, en savourant ma victoire, que les oreilles de mon juge ont dû siffler ferme. Si c'est lui qui l'a signé, le papier, vu son attitude à mon égard, il n'a pas dû le faire de bonne grâce.

Je suis trop content et trop faible pour réaliser pleinement ce qui vient de se passer. Je crois, naïvement, que si la chancellerie m'a donné ce papier, c'est que les magistrats ont fait droit à mes arguments, qu'ils ont pris en compte les preuves de ma bonne foi. J'oublie de remarquer qu'il n'a jamais été question du contenu du dossier. Ils me laissent garder Élisabeth parce que j'ai fait du ramdam, mais sur le fond, rien n'a changé. Personne n'a cherché à savoir pourquoi je mettais ma vie en péril.

Mon papier en poche, je me fais accompagner chez moi. Avant même de penser à m'alimenter, je fais venir Élisabeth. Je me rétablis très vite. Normalement, il faut du temps pour se remettre d'une grève comme la mienne, mais moi, je ne sais pas pourquoi, parce que Jésus me protège, en quelques jours la présence de ma fille m'aide à reprendre des forces. Je suis tranquille maintenant. La loi est pour moi. Mais je reste vigilant.

Brigitte et son clan m'ont montré de quoi ils étaient capables et je n'ai plus confiance. Heureusement, autour de moi, mes amis sont là : la nourrice, presque aussi contente que moi de retrouver Élisabeth, les maîtresses de son école, qui ont suivi mon combat et qui l'accueillent en classe avec un grand sourire, ses petites copines de l'immeuble, mes collègues. Tout ça me donne de la force pour reprendre pied dans l'existence.

Après deux semaines, je récupère toutes mes capacités physiques et la vie reprend comme avant, sauf que Brigitte n'est plus là, mais j'ai eu le temps de m'habituer à son absence. Mes angoisses se sont calmées. J'en arrive à oublier le jugement qui reste en attente. Toutes les saloperies qui m'ont été faites ces derniers temps disparaissent devant le sourire d'Élisabeth. Sa mère ne m'intéresse plus.

Mais je dois revenir à la réalité. En même temps que la garde d'Élisabeth, le papier de la chancellerie notifiait les heures de visite de la mère, tous les quinze jours, du vendredi soir au lundi matin. Et ce soir, justement, c'est le premier vendredi de visite. Je prépare Élisabeth. Je n'ai pas grande envie de la confier à sa mère, mais je me plie à la décision judiciaire. À dix-neuf heures, nous descendons au bas de l'immeuble. Une heure s'écoule, puis deux. Nous sommes dans le hall, à ne plus trop savoir quoi faire, et Brigitte ne se pointe toujours pas. Finalement, j'en ai marre. J'embarque Élisabeth, je passe au commissariat pour signaler le fait, des fois que par vice on aille me reprocher d'avoir manqué à mes devoirs.

Quinze jours plus tard, Brigitte est pile au rendez-vous. Je la regarde partir avec Élisabeth. J'ai un pincement au cœur. J'ai peur pour ma fille. Le lundi, lorsque Brigitte me ramène Élisabeth, je la trouve changée. Elle est perturbée. Elle reste prostrée dans un coin. Que lui ont-ils fait ? Que lui ont-ils dit pour la mettre dans cet état ? J'ai peur. Mais quelques heures me suffisent pour la tirer de son marasme. Et la vie reprend.

Je me crois à l'abri. J'ai tort. Une semaine n'est pas passée depuis ce dernier lundi, que je reçois une notification. Le juge a rendu son verdict. Tout ce que j'ai fait n'a servi à rien. La justice, la justice de ce juge, du moins, a avancé comme une sourde et une aveugle. Le juge donne la garde à la mère et mentionne mon droit de visite : du samedi matin au dimanche soir. Ce dernier détail me met hors de moi. Pourquoi, pour Brigitte, le droit de visite était du vendredi soir au lundi matin, et pour moi, du samedi matin au dimanche soir ? Presque un jour de moins. Deux soirs et deux nuits en tout cas. Ma première pensée, c'est que ce juge cherche à me nuire. Même là il n'est pas arrivé à être équitable !

Je croyais avoir échappé au piège qui se formait contre moi, il vient de refermer ses mâchoires d'acier sur ma chair en m'arrachant ma fille. En six mois, cette affaire m'a complètement déstabilisé. Toutes ces injustices, les mensonges de Brigitte et de sa famille, l'insensibilité du système judiciaire, ma grève de la faim ont bouffé mon cœur, mon esprit et ma santé.

En entamant ma grève, je pensais ne mettre que ma santé en jeu. En réalité, je m'engageais sur une voie glissante, et c'est toute mon existence que je jouais. Et c'est toute cette existence que finalement je perdrai après un combat de plus en plus dur et inégal. Mais nous n'en sommes pas là. Quand je lis la notification du juge inique, je lis ma condamnation, ma destruction. Dans la garde accordée à Brigitte, ce n'est pas mon ex-femme que je vois, mais la victoire des menteurs, des faussaires. Et ma révolte se ranime. Non, je ne les laisserai pas faire ! Je vais reprendre le combat.

Mais à présent, les conditions sont différentes. Une décision de justice a été rendue. En m'y opposant, je deviens un hors-la-loi. Et je devrai fuir. Fuir, après refuser de manger, c'est ma seconde arme.

C'est une décision lourde à prendre. Mais je n'hésite pas. Élisabeth est encore avec moi. Si je la remets entre les mains de Brigitte et de sa famille, je ne la reverrai plus. Je le sais. Ils sont retors. Si on est capable de fabriquer des faux, on est capable de tout. Je n'ai pas le choix.

Mais, pour cela, je dois couper tous les ponts. Pour commencer, je vais voir mon patron pour lui remettre ma démission. Elle est sans préavis, mais il l'accepte. Il connaît ma situation. Il me fait même cadeau d'un mois de salaire. J'aurais pu obtenir plus, il aurait pu ne rien me donner. C'est un bon arrangement pour nous deux. Concernant mon statut de délégué syndical, je trouve aussi un arrangement.

Depuis que cette histoire m'est tombée dessus, je ne suis plus guère utile à mes adhérents. Or, quelque temps auparavant, un pote à moi, un Africain, Liga, était venu me voir pour me demander conseil. Il était en bisbille avec le patron. Assez grave. La seule façon pour lui de ne pas se faire foutre dehors, c'était de devenir délégué syndical. Mais dans la boîte il n'y avait qu'un seul syndicat, le mien, la CFDT, et il ne pouvait pas y avoir deux délégués. J'avais la chance d'avoir un bon copain chez Force ouvrière. Je l'avais connu comme simple gardien. Depuis, il avait gravi les échelons et se trouvait responsable national de la branche sécurité et gardiennage. On s'est arrangé pour créer une section FO dans notre boîte dont Liga est devenu le délégué. Ce n'est pas une mauvaise affaire. Liga a fait des études de droit et il prend son travail syndical très à cœur. Du coup, quand je démissionne, je vais voir mes adhérents et je leur conseille de s'inscrire à FO. Avec Liga, je sais que leurs droits seront bien défendus. Comme ça, je peux partir tranquille.

Pendant un mois et demi, je cache Élisabeth chez Sophie. Sophie a grandi. Elle a passé les vingt ans. Elle est indépendante. Elle a même un bébé, une petite fille, Audrey. J'ajoute que Sophie accepte contre rétribution. C'est important, ce détail, pour moi, parce que, avec les miens, ce sera toujours comme ça. Moi, durant ce temps, je prépare ma défense. Je reprends un à un tous les points de l'accusation et je renforce mon dossier pour les réfuter. Je saisis ma plume et j'écris, de nouveau, aux médias, aux tribunaux, à mes rares relations. Surtout, j'attends avec impatience des réponses à toutes les plaintes que j'ai déposées. Chaque matin, en prenant mon courrier, j'espère une lettre me disant qu'enfin on a tenu compte de mes remarques. Mais rien. Pas une seule réponse. Le vide. Et ça me mine chaque jour un peu plus. Cette indifférence, ce mur qui se dresse devant moi ; je ne comprends pas. Quand j'étais enfant, on me prenait, on me plaçait, on me déplaçait sans me demander mon avis. Et maintenant, j'ai le même sentiment. Comme à l'Assistance, pareil, on décide pour moi sans m'écouter. Pourtant, j'ai des choses à dire ! Gosse aussi, j'aurais eu des choses à dire, mais je n'osais pas. Cette fois, j'ose, et le résultat est identique. C'est terrible, ce sentiment d'impuissance.

Sophie finit par me rendre Élisabeth. C'est trop dur avec le bébé. Je voudrais bien la garder à mes côtés, mais c'est trop risqué. D'autant que l'argent commence à manquer. Je devais m'y attendre, mais ça me fait un choc. Ce simple fait, en dehors de ma galère judiciaire, me fait faire un pas en arrière. Je me retrouve, sans l'avoir voulu, comme j'étais avant de rentrer dans la surveillance. À la recherche d'un petit boulot, n'importe lequel, pour ma survie et celle de ma fille. Tout ce que j'ai gagné en dignité ces sept dernières années fond comme neige au soleil. Mais je m'en fous. Je suis entièrement dans mon combat. J'ai tort.

Par chance, je trouve un entrepreneur qui accepte de cacher ma fille chez ses parents, à huit cents kilomètres de Paris, si je travaille pour lui comme aide-sableur. Je retourne au bâtiment, comme quand j'avais

131

quatorze ans, mais je sais que ma fille est en sécurité, dans un milieu sain, avec des filles qui ont presque son âge.

Le travail est très pénible. Je téléphone tous les deux jours à Élisabeth. Je vais la voir, aussi, deux ou trois fois. Mais c'est compliqué et risqué. Quand je prends le train pour lui rendre visite, je retrouve les inquiétudes que j'ai eues, à dix-sept ans, lors de ma première fugue. Je regarde à droite et à gauche. Je fais des détours. J'ai peur qu'on ne me suive. La situation est difficile, pour Élisabeth comme pour moi. Et bien sûr, toujours pas de réponse à mes plaintes. Ça dure six mois comme ça.

Un beau jour, un ancien de la boîte de sécurité, un gars que je connais, d'origine africaine, me chope au bas de mon immeuble. Il commence à me parler de Brigitte et de moi, en mentionnant des détails intimes que seuls elle et moi connaissons. Ce qui est bizarre, c'est que, tout le temps qu'il me parle, il regarde sa montre, en suivant je ne sais quoi avec le doigt. Comme s'il lisait tout ce qu'il me raconte dans sa montre. Ça m'intrigue et ça m'inquiète. Avant de me quitter, il me dit qu'on doit se revoir. Il faut qu'on parle. Au hasard, je lui donne rendez-vous pour déjeuner, dans une brasserie, du côté de la gare de l'Est. J'ai mon idée. Quand il part, j'appelle Liga, mon pote. Il n'est pas clair, l'autre. Je n'ai pas aimé son manège avec la montre.

Quand on se retrouve, quelques jours plus tard, dans la brasserie, il recommence son cinéma avec la montre. Je ne suis pas à l'aise. Je ne sais pas comment il sait tout ce qu'il me sort. Ce sont des trucs que personne ne connaît. Je l'ai dit, je ne suis pas superstitieux. Mais je suis fatigué, harassé. Moralement et physiquement. Je me laisse embarquer par l'ambiance tordue que le type impose. En outre, je ne comprends pas bien ses intentions. Il me parle de sorts, de menaces. Quand arrive le plat, il pâlit. Il me dit que je ne dois pas manger ma viande. Je dois la prendre, aller dans la rue, au croisement, et la jeter sous la première voiture qui passera. Comme ça, je pourrai conjurer le sort. Je suis dans l'inconnu. Par acquit de conscience, je m'exécute. Quand je reviens, il me fait comprendre que je dois rendre ma fille, puis il s'en va. Je me tourne vers Liga.

— C'est quoi, ça ?

— C'est un marabout. Il t'a jeté des sorts.

Là, je panique. Je demande à Liga ce qu'il faut faire. Il me sort une croix qu'il me vend. Avec ça, je peux conjurer les sorts qui ont été lancés contre moi.

Je rentre chez moi, très perturbé. Durant plusieurs jours, je me sens sous influence. Je regarde une photographie de Brigitte et j'ai l'impression qu'elle se met à brûler entre mes doigts. Ce n'est pas assez que je sois seul contre tous, ce n'est pas assez qu'ils aient fait des faux, maintenant ils cherchent à user de sorcellerie contre moi !

Heureusement, ça ne dure pas. Assez rapidement, je découvre la supercherie. Le type est en réalité gardien de banque, plus précisément de l'agence de Châtillon-Montrouge où la mère de Brigitte a son compte. Ce qu'il m'a sorti sur ma vie privée en faisant semblant de le tirer de sa montre pour m'impressionner, c'est Brigitte qui a dû le lui dire. Alors, tout se dégonfle. Ce n'est qu'un coup monté. La seule chose que je ne saurai jamais, c'est si le clan de Brigitte voulait simplement me faire peur avec leur histoire de maraboutisme ou s'ils ont vraiment tenté la sorcellerie. Le dernier type avec lequel la mère de Brigitte a vécu, celui que Brigitte fuyait quand je l'ai rencontrée, était un marabout, un vrai, avec pignon sur rue.

Je laisse tomber leurs manigances, je n'ai vraiment pas besoin de ça en ce moment car l'entrepreneur avec lequel j'ai travaillé six mois me rend Élisabeth. Par voie de conséquence, je quitte le boulot, et naturellement l'argent commence à me manquer. Or, dans le même temps, mon entourage s'est dégradé. Ma condition de hors-la-loi m'a, par la force des choses, éloigné de mes amis. Quant à ma famille, le dernier recours qu'il me reste, je ne peux pas dire qu'elle me fait des cadeaux. Sophie ne peut plus ou ne veut plus garder Élisabeth. Gérard, je ne veux plus lui demander. Durant ma grève de la faim, je lui ai confié ma fille – contre rémunération, bien sûr – pour trois jours. Quand il me l'a rendue, il me l'a jetée comme un paquet de linge sale. Ma mère ? Je lui ai bien téléphoné pour lui demander son aide. Mais elle a refusé. Son café, son business, pas de place pour Élisabeth.

Du coup, nous nous retrouvons, tous les deux, main dans la main, à nous cacher de la justice. En ces moments de crise, le seul qui m'apporte du secours, c'est Pierre Corning. Mais, le reste du temps, je suis avec Élisabeth, ici ou là, de passage, chez les uns, chez les autres. Certains m'accueillent pour un soir, d'autres pour un après-midi. Rien de fixe, rien de sûr. On en revient toujours à Montreuil où les flics peuvent débarquer à tout moment et où ma boîte aux lettres regorge de menaces et de relances, sans que parmi elles se glisse aucune réponse à mes plaintes.

Pour couronner le tout, Brigitte se met à me relancer par téléphone. Elle veut avoir des rapports avec moi. Elle dit m'aimer. Elle prétend que tout ce qui est arrivé n'est pas de son fait. Qu'elle ne l'a pas voulu.

Pour moi, notre histoire est terminée. Après tout ce qu'elle m'a fait endurer, il est hors de question qu'on reparte ensemble. Mais son attitude me rend perplexe. Je ne sais pas démêler le vrai du faux dans ses affirmations, sauf la dernière. Ça confirme ce que je crois depuis le début. Ce n'est pas elle qui aurait pu monter tout ça. Derrière, il y a sa mère, son clan. Elle est sous influence. En tout cas, je ne cède pas. L'enjeu, à présent, ce n'est plus mon mariage mais ma fille.

Devant tous les problèmes qui s'accumulent, je prends la décision, dans le courant du mois de juin, de quitter Paris et de fuir à l'étranger avec Élisabeth. Elle est prête à me suivre. Mon combat est devenu le sien. Quand on est ensemble, on se sent plus forts.

Sans que je m'en sois aperçu, pour mener à bien mon combat, j'ai perdu mon emploi, je me suis mis hors la loi, j'ai épuisé mes maigres ressources financières, je me suis éloigné de ma famille et j'ai perdu ma stabilité et mes repères. Dans le fond, de tout ce que j'ai construit en ces sept années, il ne me reste plus que mon compte bancaire et mon appartement de Montreuil. Mais sur mon compte, il n'y a presque plus rien. En plus, si je veux fuir, me cacher, il me faut du liquide, pour qu'on ne retrouve pas ma trace. Tant pis ! Je saisis mon chéquier et je m'en vais dans les magasins. J'achète, tout ce que je peux. Vite. N'importe quoi. Ce que j'achète, je le revends à la sauvette, à moitié prix. Encore un pas en arrière dans mon passé ! Je fais des chèques en bois, pour vingt mille francs. Je sais qu'en agissant ainsi, je me flingue. Je me mets au rouge à la banque et je vais finir interdit bancaire. Je m'en fous. C'est trop tard pour calculer. Pas de retour. J'ai besoin d'argent, de liquide.

Un beau matin, sans rien dire à personne, on prend le train, Élisabeth et moi, pour Bayonne. J'ai l'intention de passer en Espagne. Mais, arrivé sur place, à Bayonne, il fait beau, l'air est odorant, autour de nous il y a comme un parfum de vacances. En remontant la rue, vers le centre ville, je sens la petite menotte d'Élisabeth frémir de plaisir. Moi aussi, loin de Paris, je me sens plus détendu. J'ai envie de ralentir ma fuite, de prendre un peu de temps. Je me dis qu'après tout Élisabeth a besoin de repos, après toute cette année mouvementée, qu'elle a besoin d'être heureuse, simplement heureuse. D'un côté, l'océan, de l'autre, les Pyrénées. Je laisse un instant mon imagination errer vers Orthez, Loubieng et les Cabanes, mes seuls bons souvenirs. C'est décidé ! Je vais offrir des vacances à Élisabeth. Je n'ai aucune idée préconçue, une semaine, quinze jours, on verra bien.

Finalement, on reste un mois et demi dans la région. Un mois et demi durant lequel on s'éclate. On a de l'argent, une tente pour dormir. On fait les touristes. On goûte le plaisir du camping, des petits restaurants, des promenades dans les champs. Pendant ces journées de relâche, j'ai le temps de réfléchir. Je renonce à passer la frontière, à aller en Espagne. J'ai le droit de garder Élisabeth. Je suis un bon père. Dans l'affaire, c'est moi la victime. Je ne fuirai pas plus loin.

Toutes les bonnes choses ont une fin et dans les derniers jours d'août, après avoir épuisé notre petit pécule, on remonte à Paris. Arrivé gare d'Austerlitz, j'ai une légère hésitation. Après mes délires de chèques, je n'ose pas retourner à Montreuil. Alors, je vais directement chez Muriel, mon dernier recours. Je compte sur le fait qu'étant la marraine d'Élisabeth, elle fera quelque chose pour nous. Mais j'ai oublié les vacances scolaires. Chez Muriel, il n'y a personne.

Je suis dans la merde. J'ai claqué presque tout ce qui nous restait pour les billets de train. Je n'ai pratiquement plus rien pour manger ni pour dormir. En désespoir de cause, je me résous à tenter le coup à Montreuil. Le soir, en douce, je me glisse dans l'immeuble et je récupère le courrier abondant qui m'attend. Je n'y trouve que des relances d'huissier concernant mes chèques, des factures d'EDF, des relances des tribunaux, de la police, du juge pour enfants et autres. Je prends peur. Montreuil, c'est grillé.

Je rejoins Élisabeth qui m'attend, cachée derrière une voiture, et je repars dans Paris avec elle. On erre dans les rues. Je compte le peu d'argent qui nous reste. De quoi passer une nuit à l'hôtel, mais pas plus. On se dégote une petite pension minable et, tandis qu'Élisabeth plonge dans le sommeil, je réfléchis à la manière de m'en sortir. J'ai alors l'idée d'aller acheter des roses aux Halles de Rungis et de les vendre, le soir, aux touristes dans les beaux quartiers parisiens.

Le commerce marche assez bien. La présence d'Élisabeth à mes côtés est d'une aide précieuse. Mais je m'aperçois assez vite que déambuler le soir, dans les rues, ça la fatigue. On ne peut pas continuer comme ça. Élisabeth est gentille, elle ne se plaint pas. Mais cette vie n'est pas pour elle. De temps à autre, je suis obligé de voler des trucs, ici et là. Elle voudrait m'accompagner, mais je la tiens à l'écart. Dans ma tête, je me dis : « C'est pas toi qui voles, c'est papa qui vole pour toi. » Mais ce n'est pas comme ça que je veux élever ma fille. Je veux qu'elle mène une existence normale de petite fille, qu'elle aille à l'école, qu'elle ait une maison, des amies.

C'est l'enchaînement des circonstances qui nous a conduits au bord de la rue, pas ma volonté. Si Muriel avait été chez elle à notre arrivée, nous n'en serions peut-être pas là. Je dois, à tout prix, retrouver un cadre légal. Je dois faire valoir mes droits pour offrir à ma fille la vie qu'elle mérite. Plutôt que de faire la vente à la sauvette, ou, pis encore, la manche, je préfère faire appel au cœur des gens.

Alors je photocopie des articles de journaux sur ma grève de la faim, des lettres de moralité que j'ai en ma possession, et je décide de faire signer des pétitions.

Cette fois encore, ça marche. Les gens se montrent intéressés. Ils apposent leur paraphe. À la fin de la journée, j'ai tout un tas de signatures, que j'envoie le lendemain à qui de droit. En plus, les gens nous font de petits dons. Ils signent parce qu'ils sont émus de nous voir, Élisabeth et moi, et avant de partir, ils nous glissent un petit billet pour nous aider. Du coup, nous avons de quoi vivre. Pendant deux mois, grâce aux largesses des passants anonymes, nous pouvons manger et dormir chaque soir à l'hôtel. C'est vrai, trois, quatre fois, il nous faut dormir dehors, dans nos duvets. Ce n'est pas qu'on le veuille. Mais les hôtels, ils sont durs à trouver car on est hors la loi et en fuite. Et on nous vole un petit chien qu'on nous avait donné.

Pendant cette période, on a le temps de rendre visite à Muriel. Elle est revenue de vacances. C'est bien. Élisabeth peut jouer avec Michael et Christelle. Pour ma part, je confie régulièrement de l'argent à ma sœur, pour qu'elle le mette de côté. J'ai des plans pour la Tunisie et je me dis que, si ça tourne mal, je pourrai toujours dégager là-bas. Mais au bout de trois mois, je suis fatigué de ce manège. Pour les plaintes, toujours rien, et les pétitions, que dalle. Personne ne bouge.

J'en ai marre ! Ils savent bien ce à quoi je suis rendu pour me faire entendre. Et ils ne bronchent pas ! Ils veulent que je finisse clodo ou que je retombe dans la délinquance, c'est ça ? Et puis, il y a Élisabeth. Tous ces juges qui prétendent ne chercher que son bien, que font-ils pour elle à cet instant ? On me reprochera, par la suite, de l'avoir entraînée avec moi sur les routes. D'abord, si on s'y est retrouvés, sur les routes, c'est parce que l'on nous y a jetés. Et si on est restés tant de temps, c'est parce que ceux qui me jugeront font l'autruche. Ils ne peuvent pas dire qu'ils ne savaient pas. Je ne me suis pas caché. Au contraire. Je n'ai pas cessé de leur écrire, de faire des déclarations à la presse, j'ai fait une grève de la faim publique, des pétitions, dans la rue, que je leur envoyais. Ce sont donc eux qui ont agi dangereusement pour la santé physique et morale de mon enfant. Ce sont donc eux qui l'ont poussée dans la rue, jetée sur la route, dans la fuite, volontairement. Moi, je n'ai fait que subir, me soustraire à leurs griffes, à leur injustice, et en plus, j'ai pris soin de ma fille. Et justement, l'hiver arrive. Ça fait un an qu'on vit sur le fil. Je ne veux plus imposer cette existence à Élisabeth. Alors, je prends la décision de tout arrêter.

Un matin, avec Élisabeth, on se retrouve, comme à l'accoutumée, à Beaubourg. C'est là qu'on fait signer nos pétitions. Mais cette fois, c'est différent. J'ai apporté une chaîne avec moi, et je m'attache à un poteau avec ma fille et tout mon barda. Je provoque l'événement. Puisque l'appareil judiciaire fait la sourde oreille, qu'il ne répond pas à mes courriers, je vais le forcer à sortir du bois. Et ça ne rate pas.

Mais les choses ne se déroulent pas comme je l'avais envisagé. Ce n'est pas un conciliateur qui vient me voir comme pendant ma grève de la faim, ce sont les flics. Ils nous désenchaînent et nous embarquent, Élisabeth et moi. Je ne résiste pas. Je me dis que, de toute façon, ça devait arriver. J'ai peut-être même voulu que ça arrive.

Je suis fatigué, usé par mon combat et je suis les policiers tout docilement en tenant Élisabeth par la main. Le commissariat, ce n'est pas l'endroit où j'espérais aller, mais au moins quelque chose se passe. Au poste, on me sépare d'Élisabeth et on me conduit dans le bureau du commissaire. C'est Dulpuch. On se connaît depuis ma grève de la faim. Il est au courant de mon histoire. J'ai l'impression qu'il me comprend. Mais il reste rigide, officiel. Pas de copinage. Il représente la loi ! Il m'explique : Élisabeth est mise en placement, et moi, je dois voir un juge pour enfants qui décidera de la suite des événements.

Les juges, je n'en ai pas de bons souvenirs. Mais celui-là, il est différent. Il y a des bons et des mauvais partout. Il m'écoute ! C'est la première fois depuis plus d'un an qu'on m'écoute. Pendant deux heures au moins je m'explique, sur tout, le comportement de Brigitte avant le divorce, les mensonges, les faux, combien j'aime ma fille, ma fuite obligée, ce qu'on a vécu ensemble, avec Élisabeth. À la fin, il me propose un arrangement : on place Élisabeth dans un milieu neutre, chez une nourrice. Je peux aller la chercher tous les jours, entre six heures et huit heures, le soir. Mais je dois impérativement la ramener. Ensuite, il organisera une rencontre entre Brigitte et moi, pour qu'on parle. D'ici là, elle ne viendra pas voir Élisabeth. Enfin, il s'engage à respecter les droits du père dans l'attribution de la garde.

En rentrant chez moi, à Montreuil – maintenant, je n'ai plus besoin de fuir mon appartement –, pour la première fois depuis longtemps je me détends. Je prends une bière. Ce n'est pas encore gagné, Élisabeth n'est pas à mes côtés, mais j'ai obtenu ce que je voulais. La justice va trancher en tenant compte de mes arguments. Le juge qui s'occupe de l'affaire a l'air d'un type bien. En plus, j'ai la vérité de mon côté. Si le jugement est impartial, je suis sûr de gagner. Après, je me remettrai au boulot. Je remonterai la pente. Je rembourserai mes dettes et j'organiserai ma vie autour d'Élisabeth. Dehors, la nuit est tombée. Ça me fait du bien d'être à la maison. C'est un sentiment curieux parce que Élisabeth et Brigitte ne sont pas là, mais ce n'est plus la rue ni l'hôtel. Je ne suis plus de passage, entre une chose et une autre, en attente d'une vie. Je suis chez moi. C'est important. Ça change complètement ma vision des choses. Je regarde autour de moi et je peux commencer d'envisager l'avenir.

Pendant une semaine, tout se passe bien. Je reprends mon travail de sableur. Retourner dans la sécurité, c'est un peu délicat pour l'instant et ça me prendrait trop de temps de faire des démarches. Le soir, à six heures, je vais chercher Élisabeth chez la nourrice de la DDASS. On se promène jusqu'à huit heures, et je la ramène. Je fais attention de bien m'acquitter de mes obligations. Je ne veux pas que ça dérape. De retour chez moi, je mange un morceau, je vide une bière et je vais dormir. Je suis crevé. Le métier de sableur, c'est dur. Ça vous casse le dos.

La semaine touche à sa fin, je me présente à la nourrice pour prendre Élisabeth. Pendant qu'elle habille ma fille, elle me dit :

— Demain, ce n'est pas la peine de passer. C'est votre femme qui vient chercher Élisabeth.

Ces quelques mots me sonnent. Je ne dis rien, je prends Élisabeth par la main et je sors. Mais, dans la rue, tandis qu'on marche, mon esprit fonctionne à plein régime. Je me sens blousé, encore une fois. Le juge avait conclu un marché avec moi. On devait se rencontrer d'abord, avec Brigitte, avant qu'elle voie Élisabeth. Et voilà que j'apprends qu'elle va venir la chercher ! C'est toujours la même chose, toujours le mensonge. En marchant, je laisse monter la révolte en moi. Ils ont encore cherché à me baiser. Ils ne comprennent donc pas que je n'ai pas confiance en Brigitte et les siens ? Va savoir ce qu'ils vont faire, elle et sa famille, avec Élisabeth ! Il est vrai aussi, je l'avoue, que depuis un an que je mène mon combat, mes sentiments envers eux se sont durcis. C'est con, mais pour moi ils sont devenus de telles ordures que je ne veux tout simplement pas qu'Élisabeth les fréquente.

À huit heures, je ne suis pas de retour chez la nourrice. C'est décidé, je ne rendrai pas Élisabeth. Élisabeth, pour sa part, prend notre nouvelle fuite tout à fait naturellement. Son placement chez la nourrice, elle l'avait accepté à contrecœur. Pour elle, sa place est à mes côtés. On revient ensemble à Montreuil et, dès le lendemain, au lieu de retourner travailler, je repars, avec ma fille, faire signer des pétitions.

Dix jours passent quand je trouve dans ma boîte aux lettres une convocation du commissariat de police pour le lendemain. Je réfléchis longuement, toute la journée. Je pèse le pour et le contre. Continuer de me dérober à la justice ou accepter de me rendre au commissariat avec le risque que les flics me foutent en taule. Finalement, pour le bien d'Élisabeth, j'accepte le risque. Le soir je l'emmène et, avec Muriel, Michael et Christelle, on va faire un dernier repas au restaurant. C'est la fête. Muriel se laisse aller à parler. J'apprends ainsi qu'elle a couché avec Albert, le frère de Brigitte, et qu'il l'a manipulée pour la dresser contre moi après l'esclandre du baptême. Ça ne m'étonne pas. Albert, c'est son truc, manipuler les gens. Mais quand même, quand j'y pense, je me dis : quel hypocrite ! Il a essayé de me faire un enfant dans le dos et, quand les choses se sont tassées entre Brigitte et moi, on est redevenus copains comme cochons. Mais je laisse tomber Albert. J'apprends aussi que Jean Maillot s'est pendu. Je tique à la nouvelle de sa mort. Dans mon cœur, je me sens frustré. C'est moi qui devais le tuer, ce salaud. En se pendant, il m'a volé ma vengeance. Je me console en me disant qu'il s'est pendu parce qu'il regrettait le mal abominable qu'il avait fait à trois petits enfants. Mais je n'y crois pas trop.

Le lendemain matin, je me rends au commissariat. En arrivant dans le quartier, je me dis que je ne vais pas y aller avec Élisabeth. Je les connais, maintenant, les flics, ils vont encore me l'enlever. J'avise un gars qui dort sur un banc. Il me semble le connaître. J'ai dû le croiser quand je faisais signer mes pétitions. Je le réveille, je lui donne cinquante francs et je lui demande d'aller dans un café avec Élisabeth et de m'attendre. J'en ai pour une heure.

Au commissariat, la première chose qu'on me demande, c'est de rendre Élisabeth. Je refuse. Je dis qu'elle est dans un bois, n'importe quoi pour ne pas la rendre. L'inspecteur avec lequel je parle me laisse raconter mes craques. Pendant ce temps, il griffonne quelque chose sur un papier administratif. Il est en train de me mettre sous mandat de dépôt ! Ça veut dire que je vais passer la nuit au dépôt, puis que je vais passer devant un juge et que je ne sortirai pas avant la fin de ma garde à vue. Je comprends alors qu'Élisabeth est en danger. Je l'ai laissée avec un inconnu en disant que je revenais dans une heure. Mais je suis coincé pour quelque temps et le mec ne me connaît presque pas. Que va devenir ma fille ?

À contrecœur, je propose aux flics de les conduire à Élisabeth. Je demande seulement deux choses en contrepartie : qu'ils ne s'occupent pas du gars qui la garde, il n'a rien à voir avec tout ça, et qu'ils me mettent dans la même cellule que ma fille, le temps de régler leur paperasse. Ils acceptent. Je sors du commissariat, encadré par deux inspecteurs, et je vais tout droit au café.

Dans la cellule, Élisabeth me dispute.

— Pourquoi tu es venu à la police ? C'est malin ! Il ne fallait pas venir ! Ce n'est pas comme ça qu'on va gagner !

Elle boude un peu. Dans le commissariat, les flics sont gentils avec nous. Ils nous donnent des sandwichs, des boissons contre rétribution.

La porte de la cellule s'ouvre. L'heure de la séparation est arrivée. On va prendre Élisabeth et la mettre en foyer. Au moment de partir, elle me saute au cou et me serre très fort contre elle. Dans l'oreille, elle me chuchote :

— Comme d'habitude, papa, hein !

Je lui fais un clin d'œil et les policiers l'emmènent.

Tous les deux, nous avons la même idée. Nous savons que dès que je serai libre, je viendrai la chercher, où qu'elle se trouve, et nous continuerons notre combat ensemble.

Le soir, je me retrouve au dépôt et, le lendemain, au tribunal. Le juge devant lequel je suis déféré est une femme. Elle est exécrable. Au lieu de chercher à comprendre, elle m'accable. Tout y passe. À la sortie, je me retrouve sous contrôle judiciaire, avec interdiction de quitter le territoire français, je suis dans l'obligation de trouver un travail et de suivre un traitement psychiatrique. Je suis bien trop fatigué pour analyser son attitude. Ses décisions me tombent dessus comme des coups de marteau. Je n'ai en tête qu'Élisabeth, donc je plie et me soumets à tout ce qu'elle demande.

Je retrouve du travail dans la sécurité, comme gardien de nuit, et je vais voir régulièrement un psychiatre. Mais, en écrivant cela, avec le recul du temps, je me dis que cette juge était tordue. Mon combat, tout ce que j'avais enduré pour le mener à bien, tout ce que j'avais sacrifié, pour elle, ça ne comptait pas. Elle me tenait simplement pour un malade mental, un déséquilibré. Il y a des gens, comme ça, pour qui la révolte est un signe d'aliénation mentale, surtout si on s'oppose à la loi.

Et la suite le confirme. Quand je la revois, après deux ou trois semaines, elle reste butée. J'ai pourtant fait tout ce qu'elle voulait. J'ai un travail, je suis allé voir son psychiatre qui, d'ailleurs, a fait un bon rapport sur moi, je peux voir Élisabeth. Elle refuse. Je la supplie.

— Même entre deux gendarmes, si vous voulez, si vous avez peur que j'emmène Élisabeth avec moi. Je veux simplement revoir ma fille, savoir comment elle va. Je ferai tout ce que vous voudrez, mais permettez-moi de la voir, cinq minutes. S'il vous plaît !

Non. Elle ne veut rien savoir. Pas une étincelle d'hésitation dans ses yeux, pas un grain de compassion. Elle ne connaît que la loi, pas l'humanité. Elle est juge comme elle aurait été secrétaire. C'est un boulot qu'elle a appris, rien d'autre.

Quand je sors de l'audience, j'ai le moral à zéro. J'essaie, en douce, de retrouver Élisabeth, mais je fais chou blanc. Ils l'ont bien cachée.

Je passe alors des semaines terribles. Je suis plus seul que jamais. Je me sens glisser dans le vide. Mes dettes, l'acharnement de la justice, la cruauté imbécile des juges, la disparition d'Élisabeth, et l'épuisement moral de me retrouver si bas après une année de lutte acharnée, je me remets à boire. Pour couronner le tout, j'apprends que Brigitte et son clan ont gonflé leur dossier. Aux premiers griefs s'ajoutent, à présent, la clochardisation avec ma fille – ce qui est faux – et la mendicité – ce qui est encore faux. On me reproche le fait qu'Élisabeth n'appelle plus sa mère « maman » mais Brigitte. C'est vrai. Elle a pris fait et cause pour moi. On me reproche encore de ne l'avoir pas scolarisée pendant un an, de ne l'avoir pas laissée voir sa mère, de l'avoir enlevée à la DDASS. Tout ça, ce n'était pas voulu. C'était la conséquence des magouilles judiciaires, de l'injustice et de l'inhumanité des lois. C'était aussi la conséquence de la surdité de l'appareil judiciaire qui, en dépit de ma grève de la faim, de mes lettres, de mes plaintes, de mes pétitions, n'a pas levé le petit doigt.

Je suis foutu. Je sens, au fond de moi, que ce n'est même plus la peine d'essayer. Je n'en peux plus. Je bois, seul. Je prie. Je pleure sans cesse silencieusement et je passe des heures à regarder les photos d'Élisabeth et à les embrasser.

Mon travail, c'est un contrat de deux mois. Dans la surveillance, on demande toujours aux gars qu'on embauche s'ils ont fait de la taule. Je réponds non chaque fois. Je ne me considère pas comme un voyou ; j'ai fait des bêtises, mais j'ai payé. C'est assez que mon enfance me suive, ce n'est pas la peine d'y ajouter mes passages en prison. Puis, d'une certaine façon, l'État semble penser comme moi. Sur le troisième volet de mon carnet, mes séjours au gnouf ne sont pas marqués. Faut plus d'un an de taule pour que la condamnation apparaisse. Mais, entre-temps, il y a eu une réforme. Les patrons, maintenant, ont accès au deuxième volet. Et là, tout est indiqué. Le temps qu'ils en fassent la demande et qu'ils en reçoivent l'exemplaire, il se passe généralement deux mois. La durée de mon contrat. Donc, quand mon CDD arrive à son terme, je n'essaie même pas de le renouveler. Je sais que c'est inutile. Même s'il le voulait, le patron ne pourrait pas me garder, à cause de la loi. Encore une fois, je dis merci aux règlements judiciaires. Si j'avais la moindre dernière chance, ils me la font sauter.

Quitter mon boulot, ce n'est pas bon dans la situation où je suis. Quand j'ai commencé à travailler, Emmaüs et une association protestante, pour m'aider à remonter la pente, m'avaient dégoté une chambre d'hôtel. C'était bienvenu. Après tout ce qui s'est passé, je n'ose plus mettre les pieds à Montreuil. L'ombre d'Élisabeth, dans l'appartement, me fait du mal. Seulement, en perdant mon travail, je perds aussi ce logement.

C'est le matin. Je ramasse mes affaires, dernier coup d'œil dans la chambre, puis je referme la porte derrière moi, et je me retrouve dehors, sur le trottoir, avec mon baluchon. J'ai mon salaire en poche, de quoi voir venir. Mais je n'ai aucune envie de rentrer à Montreuil. Alors, je reprends mes vieilles habitudes. Quand j'étais avec Élisabeth, je laissais mes affaires dans une consigne, gare de l'Est. C'est là que je me retrouve. Il doit être neuf heures. Le coup de feu est passé. La gare vivote. Je rentre mon sac dans le casier, je tourne la clef. J'ai les mains libres, je suis tranquille, mais je ne sais pas ce que je vais faire. Je pars au hasard. Au moment de sortir de la gare, mon regard est attiré par trois clodos, assis dans un coin. C'est un tic de la rue, ce regard. On est toujours à fureter. On voit ce que les autres ne voient pas : les mégots qui traînent, les cartes téléphoniques oubliées dans une cabine, les tickets de métro par terre, les morceaux de pain abandonnés sur une poubelle, et nos compagnons, les cloches, que l'on remarque à leur air si particulier.

Parmi eux, il y en a un que je connais. C'est le gars à qui j'ai confié Élisabeth avant de me rendre aux flics. Sans penser à rien, je me dirige vers eux.

— Oh, ça va, toi ? me dit le gars en levant la tête.

— Ouais, ça va.

— Et ta fille, elle est pas avec toi ?

Je ne réponds pas tout de suite. Ils comprennent sans doute qu'en vérité, ça ne va pas très fort. L'un d'eux sort une bouteille de rouge et s'écarte.

— Viens, bois un verre avec nous, ça te changera les idées.

Ils me connaissent plus ou moins. Quand j'étais avec Élisabeth, je les croisais, dans la rue ou à la soupe populaire. Ça m'arrivait aussi, parfois, quand je faisais signer mes pétitions, de boire un coup avec eux. Ils voyaient mes panneaux, ils étaient au courant de mon combat. Je m'assois au milieu d'eux, je bois et je raconte mes misères. Je sais qu'ils me comprennent.

Quand on a fini la bouteille, je me lève :

— Attendez-moi, je reviens.

J'ai de l'argent sur moi. J'achète deux bonnes bouteilles, et je vais les rejoindre.

— Voilà.

Ils regardent avec des yeux qui brillent. Ils ont compris. J'en ai marre, personne ne m'attend, j'ai décidé de faire la fête avec mes nouveaux potes. C'est drôle, à cet instant je me sens comme quand j'étais gamin et que je traînais dans les rues parce que, à la maison, ce qui m'attendait, c'étaient les coups.

On boit comme des trous. Je me lève plusieurs fois pour aller réapprovisionner. À la fin de la journée, on est K-O. Je n'ai pas envie de rentrer à Montreuil, je n'ai pas la force de chercher une chambre d'hôtel, alors, quand ils me proposent d'aller avec eux dans leur squat, en banlieue, je les suis. Ils sont trois, mes potes, un grand Noir, un Breton, et un troisième, qui est vraiment crado, plein de poux.

On va passer une semaine entre le squat où on dort et la gare de l'Est où on traîne la journée. Une semaine durant laquelle j'oublie tout. Bourré en permanence. Je claque ma paye tout entière.

Mais les fêtes de Noël approchent. Dehors, il fait de plus en plus froid. Leur squat est une espèce de terrain vague qu'ils ont aménagé. On n'y est pas dérangé mais, question confort, c'est plutôt spartiate. À part les couvertures, il n'y a rien pour se réchauffer. Au bout d'une semaine, je prends le risque. Je ne suis plus à ça près. Je les invite à venir dans mon appartement de Montreuil.

Comme j'ai plusieurs loyers de retard, on a coupé l'électricité et l'eau, mais c'est toujours mieux que de rester dehors. Les jours passent, peut-être encore une semaine, et en leur compagnie je me clochardise sans y prendre garde. Mais grâce à eux, et à tout l'alcool qu'on ingurgite, je ne me sens plus cafardeux.

Le 24 décembre arrive. Le soir, on se retrouve au Secours catholique où on organise une petite sauterie pour les cloches. Il y a un peu de bouffe et des cigarettes. Quand la soirée se finit, on retourne à Montreuil. Là, dans l'appartement mal éclairé – on a réussi à brancher une ampoule sur le secteur du couloir –, sans qu'il y ait de raisons bien profondes, sans que j'y aie longtemps réfléchi, je lâche :

— Demain, je me tire. Je pars, mais je vous laisse les clefs de l'appart. C'est bon jusqu'en mars. On pourra pas vous expulser. C'est la loi. Comme ça, au moins, cet hiver vous serez au chaud.

Les autres ne disent rien pour me retenir. Dans ce milieu, s'il y en a un qui veut partir, c'est à lui de voir, on ne demande pas des comptes.

J'ai décidé de partir parce que j'en ai assez. Ma vie est arrivée à un point de saturation, je ne la supporte plus. Je suis descendu au plus bas, jusque dans la rue, dans la clochardisation. Je m'y suis laissé aller quinze jours, maintenant ça suffit. Je veux me redresser, faire quelque chose. Alors je pars.

Au petit matin, je ramasse mon barda. Mes potes ouvrent à peine un œil. Je ne veux pas les déranger. Je leur fais un petit signe de la main en guise d'au revoir et je ferme doucement la porte derrière moi.

Dehors, la rue est silencieuse et froide. Je marche, je traverse le quartier où j'ai vécu ces dernières années. J'ai un petit pincement au cœur. Sans toute cette folie, j'aurais pu continuer d'habiter ici ! Je passe mes anciennes rues, j'arrive sur la nationale. Je devrais poser mon sac et commencer le stop, mais je n'en ai pas le cœur. Je suis encore trop près de chez moi. Je continue de marcher, le long de la route, jusqu'à ce que mes jambes deviennent lourdes. Là, je pose mon barda.

Je suis triste jusqu'au plus profond de mon être. Je m'en vais. J'ai sur moi tout mon trésor : les photos d'Élisabeth, mais je ne vais pas la chercher comme je le lui ai promis. Je prends la route. Dans la froidure du matin, en attendant qu'une voiture s'arrête, je me console en pensant que même si sa mère et sa famille la reprennent, Élisabeth restera sous contrôle de la DDASS qui s'assurera de son bien-être.

Clochard malgré moi

Quinze jours ont suffi pour que la rue me rattrape. Elle ne me lâchera pas. La rue, quand ça vous tient... C'est un bouledogue. Il faut lui couper la tête pour s'en débarrasser. Il n'y a pas d'autres moyens.

De ce jour, depuis mon départ, jamais plus je ne mènerai une vie normale. Jamais plus je ne reverrai ma fille ni n'aurai de ses nouvelles, jusqu'à aujourd'hui encore. Elle restera toujours présente dans mon cœur, comme une plaie ouverte, mais le temps et ma condition de cloche rendront de plus en plus improbables nos retrouvailles. Autre chose aussi va changer pour moi. À partir de ce moment, je ne serai plus maître de mon destin. Je me trouve pris dans une spirale. C'est encore ça, la rue, un engrenage qui vous attrape et qui vous aspire.

Donc, je pars de Paris en stop. Je n'ai pas une thune. Je fonce devant moi, direction la Belgique. Je veux quitter mon pays. J'étouffe à Paris, j'étouffe en France. J'ai l'impression qu'une meute de chiens est lâchée à mes trousses. Si je reste, avec tous les coups que je prends, je ne pourrai faire que des conneries. Alors, je pars. Plutôt que de faire des bêtises, je fous le camp.

En Belgique, où on ne me connaît pas, où on ne va pas chercher à me mettre en taule pour une raison ou pour une autre, j'espère me refaire. Je me dis : « Le temps de trouver un petit boulot, de reprendre mes esprits, et je reviendrai plus fort, je récupérerai ma fille. »

Le 25 décembre, il n'y a pas grand monde sur les routes. C'est désert comme un dimanche. Tout le monde est à la maison pour préparer le repas de famille, et les enfants, qui ont de la chance, sont dans leur chambre à essayer leurs nouveaux jouets. Je pense à Élisabeth. C'est le premier Noël qu'on ne passe pas ensemble depuis sa naissance. Je ne sais pas si elle a eu des cadeaux. Mais je suis trop cassé pour imaginer plus loin. Ça me fait mal rien que de prononcer son nom. Ce qui me reste d'attention, je le consacre à ma situation. Question de survie.

Au bord de la route, il fait froid. Le vent coupant me donne des frissons. Avec mon baluchon, je n'ai qu'une écharpe que je tiens serrée autour de mon cou. Faudrait pas que je tombe malade avant d'avoir passé la frontière. Je n'ai pas de plan en tête, un seul objectif : Mons. C'est la première grande ville après la frontière. J'y suis souvent passé quand je faisais l'aller-retour Paris-Amsterdam. Dans ma situation, il me faut une grande ville. On a plus de chances d'y trouver des services sociaux, des centres d'accueil et du boulot. Puis c'est anonyme, une grande ville, et pour quelqu'un qui est sur la route, ça compte. Il peut se glisser dans la masse, se fondre parmi les autres. Dans les villages, tout de suite on vous remarque, les gosses vous dévisagent comme une curiosité, les gens vous regardent de travers comme si vous alliez les voler.

J'arrive à Mons en fin de journée. C'est le crépuscule. Les jours sont courts en hiver. Je dois me démerder pour trouver un coin où dormir. Mais c'est pas très agité dans les rues. Ici aussi, c'est jour férié. Dans le centre ville, je remarque une église. Je ne sais pas pourquoi mais j'ai toujours été attiré par les églises. Les hommes de Dieu sont différents des autres. Sur le parvis, trois clodos picolent. Je vais vers eux et leur demande s'ils savent où on peut dormir. Ils m'expliquent que le curé d'ici s'occupe des miséreux. Dans son presbytère, il a quatre ou cinq piaules pour eux. J'ai qu'à aller le voir, il m'arrangera le coup.

C'est ma première nuit de galère. Les autres lui ressembleront étrangement, mais au lieu d'un presbytère ce sera un foyer. Je reste deux, trois jours avec M. le curé, un homme de foi tout dévoué à la charité chrétienne. Je zone, je continue à me biturer en forçant sur la bière belge, et je traîne, un peu au hasard, à la recherche d'un boulot, sans résultat. Le curé finit par me faire comprendre que ce n'est pas comme ça que je m'en sortirai. Si je veux travailler, vaut mieux que j'aille à Bruxelles. Je hoche la tête. Il est gentil, le curé, il ne veut pas que je m'égare en cours de route. Alors, afin d'éviter les tentations, il me donne de l'argent pour payer mon billet de train et l'adresse d'un foyer. Je le remercie, je lui promets que je vais faire comme il m'a dit, mais, en partant, j'évite la gare. Je suis venu de Paris en stop, je pourrai aussi bien aller jusqu'à Bruxelles, et ça me fera économiser le prix du billet. C'est la seule entorse que je me permets à ma promesse.

Bruxelles, en cette fin de matinée, est dans la grisaille. J'ai déjà traversé cette ville mais je ne m'y suis jamais vraiment arrêté. Je ne sais pas si je l'aime ou non. Au niveau de la rue, toutes les villes se ressemblent : des trottoirs, des poubelles, des entrées de foyer, c'est l'ambiance qui varie. Puis il y a aussi les faubourgs où on marne un peu quand on fait du stop pour partir.

Cette fois, on me débarque vers le centre et, sans attendre, je me mets en quête du foyer que m'a indiqué mon bon curé. Ça s'appelle L'Îlot, c'est rue d'Écosse, dans le quartier Louise, un endroit chic. Ce n'est pas très loin du centre. Je me pointe avec mon barda. L'Îlot, c'est un foyer de réinsertion pour des gars qui sortent de taule. Dedans c'est propre. Je fais un tour par les services sociaux qui m'orientent vers une boîte d'intérim. Comme ça, je pourrai trouver du travail et payer ma pension. Tout est en règle. On me donne une petite piaule avec un lit, une armoire et un lavabo. Ça me va. Je n'en demande pas plus. On n'est pas très nombreux dans le foyer, une quinzaine.

Je ne m'en aperçois pas mais j'ai déjà trouvé mes repères. Mon passé à la DDASS est à la fois une aide et un piège. Les foyers, les gens des services sociaux, je les connais depuis si longtemps, que je ne suis pas surpris de retrouver leur circuit. Du coup, je ne perds pas de temps à me poser des questions. C'est l'avantage. Mais le piège, c'est que je ne réagis pas à l'anormalité de ma situation. J'ai toujours plus ou moins vécu un pied dans la rue, l'autre dans les services sociaux. De me retrouver là, à trente-deux ans, ne me choque pas, et pourtant, ça le devrait.

Comme je suis arrivé le 28 ou le 29 décembre, je suis invité à la fête du jour de l'an. Je rencontre le fondateur du foyer, un Français, Jean Pagnano. Il est accompagné de sa secrétaire et de son chien. La fête est formidable.

Champagne et bouffe à volonté. Je m'en souviens encore.

Très vite, par le biais de la boîte d'intérim, je trouve des petits boulots, ici et là, sur des chantiers ou bien dans les GB, sortes de Prisunic belges. Je rationne l'alcool. Puisque je suis en Belgique, je m'en tiens à la bière. Mais je fais gaffe de pas abuser. Je ne suis pas dans mon pays, alors je me tiens à carreau. Dans le foyer, l'ambiance est bonne. C'est un couple qui s'en occupe, et moi, j'ai presque l'impression d'être dans une pension ou une auberge. Avec les autres gars, on s'entend bien. Ici, ça devient un peu ma famille. Du coup, je me redresse. Je ne suis pas encore bien valide, mais je recommence à mettre un pied devant l'autre.

Sur les chantiers, je me suis fait un pote, Francis. Il est flamand, ça aide pour le boulot, sa femme tient un bar en centre ville. Après le travail, je passe régulièrement y faire un tour. Je m'enfile quelques bières, je cause avec mon pote et je rentre me pieuter. À force de traîner dans le bar, je fais la connaissance d'une femme, une Française. Elle s'appelle Jacqueline, elle a trente-quatre ans.

Jacqueline fait des ménages. Elle est « socialement assistée », mais en Belgique, à cette époque, c'est pas comme en France. On peut vivre décemment, même « socialement assisté ». Jacqueline m'explique qu'elle a un appartement dans le centre de Bruxelles, un rez-de-chaussée assez grand. Elle a aussi quatre enfants, dont trois sont en placement. Je lui raconte mon parcours.

Ma vie, c'est pas le luxe, mais ce n'est plus la zone. Je travaille, je suis propre et je bois raisonnablement, je veux dire comme n'importe quel ouvrier après le boulot. Moralement, ma situation s'améliore. Je n'irai pas jusqu'à dire que ça va. Élisabeth me manque énormément, mes affaires de justice et mes dettes restent en suspens, mais je ne me sens plus attiré par l'abîme.

Avec Jacqueline, on se fréquente quelque temps puis, comme le courant passe bien entre nous, je quitte le foyer pour m'installer chez elle. Je me sens bien en sa compagnie. Dans son appartement, je suis comme chez moi. Elle est douce. Ça me change de mes dernières années avec Brigitte. Jacqueline a un grand cœur tout plein d'amour qu'elle ne demande qu'à partager. Et c'est moi qu'elle a choisi. Elle est aux petits soins, toujours à chercher à me faire plaisir. C'en est presque gênant. Je ne suis pas habitué à tant de tendresse.

Malgré le cocon que Jacqueline tisse autour de moi, la France me manque, ma fille me manque. En reprenant pied, je sens les forces me revenir et, avec elles, l'envie de reprendre la lutte. Chez Jacqueline, je commence à écrire. J'écris ma vie, mon combat pour Élisabeth. Je me dis que ça pourra servir, que les gens, en me lisant, comprendront le piège dans lequel je suis tombé et l'acharnement dont j'ai été la victime. Puis, un beau jour, ce doit être en février ou en mars, je ramasse mes affaires et je retourne à Paris. J'ai assez traîné en Belgique, il est temps de revenir à l'affrontement. Jacqueline pleure, elle ne veut pas me laisser partir, mais je ne cède pas.

Ma seule arme, je l'ai dit, c'est de ne pas manger, donc je décide d'entamer une nouvelle grève de la faim. Je choisis de me mettre en face des studios d'Antenne 2. Avant de commencer, je prends contact avec une rédactrice de la chaîne. Je lui explique ce que je compte faire, je lui parle de mon passé, et je lui remets mon dossier et mon manuscrit. Puis je vais m'installer sur un banc, en face de l'immeuble.

Mais j'ai préjugé de mes forces. C'est l'hiver. Il fait un froid terrible. Je suis seul, personne ne s'intéresse à moi. Ceux qui ne savent pas me regardent avec curiosité. Ceux qui savent attendent de voir jusqu'où j'irai. Au bout de quelques jours, seul, comme un imbécile, sur mon banc, je craque. C'est trop dur. Je n'ai plus de résistance. Je suis cassé. Les deux années de forcing que je viens de passer m'ont brisé. Dans l'indifférence totale, je reprends mes affaires et je retourne en Belgique, chez Jacqueline.

Je me sens mal, plus effondré encore qu'avant, abandonné. Je n'ai même plus la force de penser. Là-bas, j'espère pouvoir me refaire une santé. Le combat, ce sera après. À ce moment-là, je ne saisis pas encore bien ce qui vient de m'arriver. Je ne comprends pas à quel point les derniers événements m'ont atteint. Toute ma vie, j'ai été trop proche de la rue pour prendre conscience de la violence que je viens de vivre et qui m'a jeté dans l'extrême misère. Je pense simplement que je recule pour mieux sauter. En fait, je suis déjà pris au piège.

Jacqueline est contente de me voir revenir. Elle me bichonne, on reprend notre petit train-train. Quelques semaines, un mois peut-être, ou deux après mon retour, je n'en sais plus rien, avec mon pote de chantier on se dispute sans vraie raison. Du coup, j'ignore s'il y a un lien, la boîte d'intérim, où nous travaillons tous deux, ne me donne plus de boulot. Ce n'est pas bien grave. J'attendrai.

Un soir, ça fait une semaine que j'ai arrêté de boire, parce que je veux avoir la tête claire pour réfléchir à ma situation, une copine de Jacqueline passe nous rendre visite. Jacqueline n'a pas une trop grande descente, mais sa copine, elle se trimbale toujours avec une flasque sur elle. On est dans le salon, j'ai le dos tourné, mais, du coin de l'œil, je vois Jacqueline qui s'enfile une goulée de la flasque. Quand la copine nous quitte, je dis à Jacqueline : « T'as bu dans mon dos. Ce n'est pas la peine de te cacher, tu sais. » Je dis ça comme ça, ce n'est pas méchant dans mon esprit. Mais Jacqueline nie. Ce que mes yeux ont vu, on ne peut pas me dire que ça n'a pas existé ! Ça s'envenime. À la fin, par défi, je lui lance : « Je m'en vais. » D'habitude, quand je menace de partir, elle me retient, elle pleure, me demande de rester. Cette fois, elle me rétorque : « Tu peux partir, si tu veux. » Je suis coincé ! Je range mes affaires dans mon baluchon, je me rase, je prends mon temps. Je traîne. J'attends qu'elle me dise quelque chose mais elle se tait obstinément. Alors, au bout d'un moment, je ramasse mon sac.

Voilà, je me retrouve dehors, dans la rue. C'est vrai, dans mon cœur il y a ma fille, je peux difficilement y mettre quelqu'un d'autre. Mais avec Jacqueline, quand même, j'étais bien, en tout cas mieux que dans la rue. Mais c'est un des pièges auxquels on est confronté quand on tombe dedans. Un rien, et on bascule. Dans le fond, en Belgique, je n'étais que de passage. Je n'étais pas chez moi, chez Jacqueline, malgré toute son affection. Pas chez moi dans cette vie, dans ce boulot d'intérimaire. En attente, en quelque sorte. Oui, j'étais bien, mais ce n'était qu'un bout de moi. Ma vraie vie, elle est ailleurs, avec Élisabeth.

Souvent, ce sera comme ça, l'alcool en plus. Quand on est tombé dans la rue, c'est qu'on a perdu sa vie. On peut vous donner tous les boulots et les logements sociaux qu'on veut, si on ne vous rend pas votre vie, ça ne sert à rien. C'est pas vous, c'est pas à vous. Au moindre accroc, à la moindre tentation, vous bazardez tout. Les psychologues, ils appellent ça de l'instabilité. Moi, je ne crois pas. Quand les gens prennent un taxi, il est chaque fois différent. Ils prennent le premier qui se présente. Ils ne sont pas instables pour autant. Dans la rue, c'est pareil. On prend des morceaux de vie, on monte dans le premier train qui passe. La différence, c'est qu'on va sans but. Moi, la vie qu'on m'a enlevée, la vie que j'ai perdue, c'est ma fille. Le reste, ce n'est pas ma vie, pas même une vie.

Quand j'arrive à Paris, gare du Nord, je vais faire un tour un peu plus bas, du côté de la gare de l'Est. Après le Marais, c'est devenu mon deuxième quartier. C'est là qu'était ma boîte de surveillance, c'est là aussi qu'étaient mes potes clodos, ceux que j'ai rencontrés en décembre. Et justement, je les retrouve au même endroit. C'est le mois de mai. Ils ont fait comme je leur avais dit. Ils ont squatté mon appartement de Montreuil. Mais en mars, un jour qu'ils y revenaient, ils ont trouvé des scellés sur la porte. Fini Montreuil, pour eux. Et pour moi aussi. Du coup, je me retrouve sans domicile. Obligé de passer par un foyer.

Je ne reste que quelques jours. Le temps de dire bonjour à Muriel, de récupérer un passeport – en revenant des Pyrénées, quelques mois plus tôt, j'avais demandé un passeport dans l'idée de partir en Tunisie avec Élisabeth – et de passer à Montrouge. Je tourne un peu autour de la maison de la mère de Brigitte, autour de l'école aussi, où Élisabeth est soi-disant scolarisée. Je me cache. Je me suis même grimé pour qu'on ne me reconnaisse pas. Peine perdue. Je ne vois personne. Ils ont peut-être déménagé. De toute façon, je n'ai pas la force d'insister. Je reviens dans mon foyer. Mais je ne supporte plus Paris. Trop de souvenirs qui me font mal. Mon passé me rattrape. J'ai besoin d'air.

Cette fois, direction la Suisse. Genève. Pourquoi la Suisse ? J'en ai eu envie, c'est tout. Je ne veux pas rester en France, et la Suisse, comme la Belgique, est un endroit où on parle français. Dans le monde de la cloche, on peut être zonard ou routard. Le zonard, il a son coin, ses habitudes, ses murs où il va pisser, son angle de rue où il peut dormir, ses bouts de trottoir pour faire la manche. Il ne bouge pas. Il s'enfonce dans sa non-vie, dans ses gestes répétitifs, ses repères minables. Passer d'un endroit à un autre, marquer son territoire, c'est tout ce à quoi il pense pendant la journée. Le routard, lui, il bouge. Il n'est pas mieux loti que le zonard, mais le fait de changer de ville, ça l'oblige à ne pas s'engluer dans les habitudes. Du coup, il est un peu moins zombi, un peu plus éveillé. Moi, je suis plutôt routard. Je l'ai dit, quand on vit dans la rue, le temps ne compte pas. Quelle différence ça me fait de traîner ma misère sur les trottoirs de Paris, plutôt que sur ceux de Dijon, de Grenoble ou de Genève ?

À Genève, je ne cherche ni travail, ni foyer, ni services sociaux. Rien à foutre de tout ça. C'est le printemps. L'air se radoucit. Il y a des églises pour la manche et les habits, des bancs pour dormir. Ça me suffit. Je fais la connaissance des cloches du coin. Pas méchants. Je fraternise avec la faune, mais je mène mon existence de vagabond tout seul. J'ai l'image de ma fille pour me tenir compagnie. Je vis de mendicité. Je dors sur un banc, dans une gare et, le reste du temps, je pense à Élisabeth.

Je bois, je pleure, et je prie. Je passe l'été en contemplant le lac.

Un matin, à mon réveil, les flics sont là, tout autour de mon banc, dans la gare. Ils m'ont repéré. Ça fait un mois et demi que je squatte le coin. C'est trop. Ils m'emmènent au poste.

Je ne suis pas inquiet. J'ai l'esprit ailleurs. Je suis encore dans mon combat pour Élisabeth, même si je n'ai plus grand espoir au fond de moi. Ce qui peut m'arriver m'est parfaitement égal. J'écoute d'une oreille distraite leur bla-bla habituel sur la clochardisation, la mendicité, l'hygiène. Quand ils m'annoncent que je n'ai plus le droit de rester, je ne réagis pas. Ils me signifient même que je suis interdit de séjour en Suisse pour cinq ans avant de me reconduire à la frontière dans un fourgon. Je me laisse faire. Cette arrestation met un peu d'animation dans ma vie. Mais je n'ai pas plutôt remis un pied en France, que je fais demi-tour et retourne en Suisse. Pas à Genève, à Lausanne.

Dans mon existence vide, il y a quand même des petites choses qui restent. En Suisse, je me sens bien, j'ai pris mes repères. Je connais tout le circuit des cloches. Je me suis habitué à l'ambiance, aux gens, à leurs réactions. Je n'ai pas envie d'en partir. Pas encore. J'ai besoin d'être tranquille pour penser à Élisabeth.

À Lausanne, je me réinstalle dans la clochardisation. Je pousse même le vice, comme à Genève, de me trouver un banc à squatter dans la gare. Les gares, c'est mon truc. Le mouvement, les trains qui partent et qui arrivent. Je n'ai pas calculé, mais je crois bien que ces endroits atténuent mon sentiment d'exclusion. Tous ces voyageurs que je vois défiler sont un peu comme moi.

Un peu sur la route. Et puis, les gares, c'est central dans la vie des démunis. C'est là où ils se retrouvent. Il y a des consignes où ils peuvent déposer leurs affaires. Maintenant, avec le plan Vigipirate, ce n'est plus possible, mais avant c'était comme ça. C'est un peu comme l'hôtel des cloches, sans compter que c'est plein de trucs qui traînent, des mégots, des cartes téléphoniques, des portefeuilles et un tas d'autres choses. La gare, c'est la survie améliorée.

Malheureusement, la police suisse est organisée. Je ne suis pas à Lausanne depuis une semaine, qu'on m'embarque. Les flics du coin m'ont repéré et ils ont entre les mains le dossier de la police de Genève. Cette fois, mon compte est bon. Ils sont même sur le point de me mettre en taule, quand ils s'aperçoivent que l'interdiction de séjour ne m'a été signifiée que verbalement. Pas de traces écrites. Donc, ils se ravisent mais ils prennent leurs précautions. Ils me font signer tous les papiers idoines et me reconduisent *manu militari* à la frontière.

Plus question de retourner en Suisse. La prison m'y attend. De l'autre côté de la frontière, en Isère, je n'ai pas envie de m'éterniser. Grenoble, c'est tout gris et il fait froid. Je décide donc de retourner à Paris. C'est ma ville, j'y reviens toujours. Dans la première gare que je trouve, je monte dans un train. Je grille. « Griller » le train c'est, avec le stop, mon seul moyen de locomotion. Les deux ont leurs avantages et leurs inconvénients. Le stop, ce n'est pas illégal. Mais c'est long, et quand il fait froid ou qu'il pleut, c'est très pénible. Sans compter qu'avec le temps, ça devient de plus en plus difficile. Griller, c'est plus rapide et plus confortable. Mais c'est pénible aussi, parce qu'on se fait gauler, chaque fois, par les contrôleurs. Ils nous foutent un P-V puis ils nous laissent tranquille. Mais on doit supporter leurs réflexions, et puis, les P-V s'accumulent. Des fois, même, on en a tellement sur la tête qu'on préfère refuser un boulot qui se présente, parce qu'on sait que tout ce qu'on va gagner, ça va passer en paiement d'amendes. Encore un bon point pour la réinsertion !

À Paris, l'été touche à sa fin. Sitôt arrivé, je fais ce que fait toute cloche rodée à son malheur : je trouve un foyer où dormir et un coin où faire la manche.

Je n'ai aucune nouvelle d'Élisabeth. Je n'ai plus de boîte aux lettres, donc plus de courrier. Muriel, elle, n'a rien à voir avec l'histoire, donc on ne lui dit rien. Il faudrait que je reprenne contact avec la justice, mais j'ai foutu le camp, je me suis dérobé aux brimades que m'imposait la juge, mes dettes m'attendent, je préfère ne pas me manifester. Raison de plus pour m'enfoncer dans ma vie de clochardisation. Si je sors la tête, je me fais tirer dessus.

Je tourne comme ça, quelque temps, à faire la manche, à chercher vainement des yeux Élisabeth, à boire, à pisser et à dormir, jusqu'à ce que je sature, que je n'en puisse plus de cette existence qui ne m'apporte qu'une chose : l'autodestruction. Et je quitte de nouveau Paris. Changer d'air, respirer. « Ailleurs, ce sera mieux. » Mais ailleurs c'est tout pareil. Les mêmes foyers, les mêmes têtes d'éducateurs, les mêmes petits boulots, la même rue. Bouger ne fait pas disparaître mes problèmes. Je les trimbale avec moi. Pété, lucide, à Paris, à Bordeaux ou ailleurs, ils me rongent l'âme.

Je fais le tour de la France. Les villes que je traverse ? Je ne m'en souviens pas. Elles se ressemblent toutes. Partout de la grisaille, du froid, de l'épuisement. Partout la même faune, mes frères ou mes sœurs de misère. Ils sont pudiques sur leur souffrance. Ils la laissent sortir par petits bouts. Quand ils ne sont pas trop abîmés, ils me racontent leurs histoires. J'y trouve d'étranges analogies avec la mienne : Assistance publique, taule, enfance difficile, parents divorcés, familles déchirées, séparation d'avec leur enfant. Moi, j'ai un peu de tout ça en commun avec chacun. Je les comprends. Je commence à les regarder autrement.

En revanche, maintenant, la vie des autres, des gens normaux, je la vois de loin. Même si je bouge, je circule dans mon petit ghetto. Parfois, je croise des cloches que j'ai rencontrées dans d'autres villes. Les autres, ils doivent penser pareil de moi : « Tiens ! L'autre cloche. Où je l'ai vu, lui ? » Entre nous, l'amitié est rare. On aimerait bien, pourtant, se faire des amis, de vrais amis. Ça tiendrait chaud au cœur. Mais l'amitié, c'est sur le temps qu'elle se manifeste, et nous autres, on est hors du temps. Alors, on se contente des affinités. On se rassemble, au hasard des rencontres, par petits groupes, pour quelques jours, une semaine, un mois. Un jour, il y en a un qui veut changer de squat, ou qui doit partir parce qu'il est grillé avec l'assistante sociale, il n'a pas rempli ses papiers. Il se lève, mais ce jour-là, on est trop fatigué pour bouger. On le regarde partir. On ne le reverra plus. On a passé quinze jours à tout partager, il a à peine tourné le coin de la rue qu'on replonge dans ses obsessions. On ne l'oublie pas. On le range au fond de notre mémoire, avec tous ceux qu'on a croisés et qu'on a perdus. Et puis, il y a l'alcool. Ça tape fort. C'est pas rare qu'après avoir trop bu, ça dégénère. Bagarres, insultes, on ne sait plus ce que l'on fait. Quand on se réveille, le matin, on se dit : « Merde, qu'est-ce que j'ai foutu ? » Mais le mal est fait.

L'alcool, ça nous bouffe tous à quelques exceptions près. Moi, depuis ma période hippie, mes excès d'éther, je suis un peu conditionné. J'en ai tellement mis, dès le départ, directement dans mes veines, que je suis devenu alcoolo presque sans boire ! Ça ne veut pas dire que je suis toujours sous son emprise. Quand je travaillais dans la sécurité, je contrôlais. Mais dans la rue, j'ai ouvert les vannes. Les autres, pour eux aussi c'est un fléau. On ne peut pas dire que mes potes étaient tous des alcoolos. Mais la rue, c'est un engrenage. Quand on y tombe, on se met à boire. D'abord parce que, quand on boit, on change d'état. On n'oublie pas nos problèmes mais on les voit différemment. Moi, par exemple, ça me rend plus sensible. Quand je bois, je souffre encore plus que d'habitude de l'absence d'Élisabeth, je sens encore plus lourde l'injustice que l'on m'a faite. Ensuite, on continue de boire parce que les autres boivent. Puis, il ne faut pas l'oublier, dans la rue on est sous-alimentés. Il n'en faut pas beaucoup pour nous mettre K-O.

L'asile de nuit dans lequel je suis tombé n'a rien de particulier. Je serais même incapable de dire dans quelle ville il se trouve. Ils se ressemblent tous. Avant d'y aller, j'ai pris mes précautions. J'ai bituré. Je me suis forcé à boire, des canettes, autant que j'ai pu, pour supporter ce qui m'attend. Sans les vapeurs d'alcool, je crois que je n'aurais pas le courage.

Quand j'arrive, il y a la queue. Je voudrais bien l'éviter mais je n'ai pas le choix. C'est ça ou dormir sur un banc ou sur le trottoir. Et, je peux vous dire que même si on vit dans la rue, on essaie de coucher dehors le moins souvent possible.

La file s'ébranle. Quand arrive mon tour, je découvre une grande salle miteuse, avec des paillasses alignées les unes à côté des autres. Il doit y en avoir vingt-cinq ici. Parfois plus, parfois c'est moins. Comme je viens d'arriver en ville en stop, je n'ai pas eu le temps de passer à la gare. J'ai mon sac avec moi, et ça m'inquiète. Je sens que je vais mal dormir. Il va falloir que je le surveille si je ne veux pas me faire voler. Heureusement qu'on n'est pas au début du mois. C'est le moment où certains d'entre nous reçoivent un peu d'argent. Du coup, il y en a qui viennent rôder spécialement dans les asiles pour les dépouiller.

Maintenant, je fais la queue pour le repas. Je ne sais pas ce qu'il va y avoir, la bouffe qu'on nous sert, c'est tout ce qui devrait partir à la poubelle mais qu'on nous réserve. Ce n'est jamais fameux, mais ce sont les quantités qui varient. Je jette un coup d'œil. Ça me paraît très juste. Je sens qu'il va y avoir de la bagarre. Le gros qui me précède a dû se faire la même remarque parce qu'il se retourne pour me jeter un regard méchant. Je lui rends son regard sans broncher. Il a compris, il se détourne. Il ne va pas oser me racketter quand on va se faire servir, mais je vais devoir m'en méfier. Je me penche à nouveau. Tiens, on dirait qu'il y a des yaourts ce soir. Si on leur a retiré l'étiquette, je n'en prends pas. Je connais leurs ruses. Quand ils ont des produits périmés, ils enlèvent les étiquettes pour qu'on ne lise pas les dates de péremption.

Cette fois, j'ai un bol de soupe avec des lentilles et une banane. J'ai refusé le yaourt. Maintenant il ne faut pas que je traîne. Il y a un temps limite pour manger. Si vous lambinez, on vous rappelle à l'ordre : « Ho ! on n'est pas au restaurant ! » Quelquefois, ces règlements, ça me rappelle la prison, mais en moins bien et d'autres fois, l'Assistance publique.

À présent, je rejoins ma paillasse, dans le dortoir. Dans une petite salle annexe, certains de mes frères de galère se sont réunis pour regarder le petit poste de télé. De là où je suis, j'entends vaguement les rumeurs de l'émission. Je ne sais pas quelle est la chaîne et je m'en fous. De toute façon, ce n'est pas nous qui la choisissons, ce sont les surveillants. Puis ils ne vont pas tarder à l'éteindre. Moi, ça me frustre, je préfère ne pas y mettre les pieds. Dans mon dos, j'entends la douche couler. Je me retourne. Je me sens crado. Ça fait je ne sais plus combien de jours que je ne me suis pas lavé, mais je n'ose pas bouger et laisser mes effets à la portée de tous. Ce n'est pas encore ce soir que je vais racler ma crasse. Je me console en me disant qu'elle me tiendra chaud. De toute manière, je suis sûr qu'à cette heure-ci il n'y a déjà plus d'eau chaude. Finalement, je me lève pour aller aux toilettes. Je n'ai pas trop envie, mais je sais qu'il faut que je me grouille. Passé une certaine heure, c'est tellement dégueulasse qu'on ne peut plus y entrer.

Quand je reviens, je jette un regard autour de moi. Mes camarades de misère commencent à squatter leurs lits. Je glisse mes effets sous mon matelas et je m'allonge en attendant l'extinction des feux. Tout habillé, je regarde le plafond vide, les néons, et je pense à Élisabeth. Aujourd'hui, je ne sais pas pourquoi mon esprit m'entraîne vers les Pyrénées. Je me revois, avec Élisabeth, dans un camping. Puis nous, au restaurant. C'est le soir, comme maintenant. On est sur une terrasse. En contrebas, il y a une rivière encaissée. De là où on est, on ne la voit pas mais on l'entend. Ça fait un bruit de fond. Les souvenirs, les vapeurs d'alcool, la fatigue de la journée employée à marcher et à faire du stop, je commence à m'assoupir quand des cris me réveillent

169

en sursaut. Dans un coin, deux gars se sont attrapés. Le temps que je me redresse, les surveillants leur sont tombés dessus. Ça fait du remue-ménage, d'autres gars se mettent à hurler. Parmi eux, je repère le gros de la cantine. Celui-là, c'est un fouteur de merde. Il fait du bruit pour en rajouter. En même temps, je remarque qu'il se balade entre les lits. Il est en train de repérer pour la nuit. Je me lève de mon matelas. Bon, lui, je le surveille.

Pour ne pas m'endormir, je regarde mes compagnons. On a beau être une grande famille, nous, les exclus, les sans-rien, on est toujours seul. Il suffit de jeter un coup d'œil à ceux qui m'entourent. La plupart sont assis sur leur lit, hébétés, le regard dans le vide. Certains lisent un journal ramassé dans une poubelle ou sur un banc, d'autres se grattent ou essaient de remplir des papiers. Mais ils sont rares. Certains sont affalés sur leur paillasse. Je ne sais pas s'ils dorment ou s'ils ont fermé les yeux pour ne rien voir. Et les odeurs ! Pourries, rances. Des odeurs de mort. Dire que tous ces gars étaient vivants avant de tomber dans la rue ! Maintenant, ils sont comme des ombres. L'idée me traverse l'esprit qu'ils attendent simplement la mort. Mais cette vision me révolte. Personne n'attend la mort s'il a de l'espoir.

À l'extinction des feux, tout le monde se pieute, même ceux qui voudraient veiller. Pas le droit. Comme les autres, je m'allonge sur mon lit. Je suis crevé. J'aimerais bien me reposer. La couverture est vieille mais, par chance, pas trop humide. Je fais ma prière quotidienne à Jésus, une dernière pensée pour Élisabeth et j'essaie de dormir. Seulement, la moitié des gars ronflent. C'est tout à fait insupportable. Des respirations caverneuses de tubards et d'ivrognes, des respirations grasses. Dans un coin du dortoir, un type hurle dans la nuit, il n'arrive pas à dormir. Ça n'arrange strictement rien. Ceux qui ronflent continuent de ronfler et ceux qui s'endormaient lui hurlent de la fermer. À vingt-cinq, c'est dur d'être peinard. Quand, enfin, j'arrive à fermer l'œil, il doit être onze heures du soir, je suis réveillé par un bruit. Je vois mal sans mes lunettes. En plus, tout est éteint. Mais je sens des gars qui rôdent. C'est parti. Maintenant, je ne vais plus pouvoir dormir du tout. Combien ils sont ? Deux, trois ? S'il y en a un qui s'approche, je lui démonte la tête.

Combien de temps je les attends ? Je l'ignore. Des heures, j'ai l'impression. Puis, malgré ma vigilance, je finis par m'assoupir. À peine. Les néons du plafond s'allument. Il est quelle heure ? Six heures du matin. Bon Dieu, il me semble avoir dormi cinq minutes. Ils ne pourraient pas nous laisser tranquilles ? Non. Je connais la chanson. Ils vont nous mettre dehors à sept heures. C'est le règlement. Pourquoi ? Qu'est-ce qu'on va foutre, dans la rue, à sept heures du matin, livrés au froid, sans toit et sans thune ? Je me le demande encore aujourd'hui. Eux, ils disent que c'est pour faire le ménage. Je crois plutôt que c'est pour nous humilier, une espèce de règlement disciplinaire pour nous casser. Comme si on ne l'était pas déjà !

Autour de moi, mes compagnons se réveillent. Ils grognent tous. Ça fait mal, de se faire jeter du lit comme ça. Je le sais, je suis comme eux. Ce n'est pas tellement le fait de se lever tôt mais c'est de savoir que, dans une demi-heure, on va être remis dans la rue. Il y en a certains, je n'ai même pas besoin de les connaître pour les repérer, qui vont tourner comme des bêtes en attendant l'ouverture de la première épicerie. Ils iront acheter leur litre de vin et, à dix heures, ils seront déjà ivres. Simplement pour tenir, simplement parce qu'on les aura jetés à la rue à sept heures du matin, quand les gens normaux, les bien-nourris, qui ont un toit et tout le reste, seront encore chez eux à siroter leur café.

Mon premier réflexe, c'est de vérifier que mes effets sont toujours là. C'est bon. Je profite du fait que les autres vont prendre la lavasse qui nous sert de café pour me changer. Merde, ça me démange. Voilà, comme souvent je rentre dans un asile sans poux et j'en ressors avec. Merci, l'institution. Le temps de me chercher quelques poux et de m'habiller, quand j'arrive il n'y a plus rien. Tant pis. J'ai encore quelques thunes. J'irai au bistrot prendre un café.

Dehors, il fait froid. Mes compagnons de misère s'en vont vers le centre ville, par grappes. Moi, j'hésite. Je traîne dans le quartier à la recherche d'un troquet ouvert. Même pour eux, c'est trop tôt, ils n'ont pas encore monté le rideau de fer. Avec mon barda qui me pèse au bout du bras, je ne vais pas loin. Je me trouve un endroit abrité et je m'assois par terre pour attendre. J'ai aussi une idée derrière la tête, une magouille qu'on pratique souvent dans ce monde d'exclus. Ce foyer, il n'est pas pire qu'un autre. Je n'ai pas envie de zoner dans le coin. Je me dis que si je propose de faire leur boulot aux surveillants du foyer, si je me porte volontaire pour les corvées de nettoyage des chiottes et le ménage du dortoir, j'aurai plus de chances d'être accepté les nuits suivantes. Je sais qu'en agissant ainsi je prends la place d'un autre. Mais la rue ne fait pas de cadeaux.

Quand le bistrot que je surveille de mon coin ouvre, je pousse un soupir de soulagement. Je suis transi. Je commence à avoir les doigts gelés et j'ai envie de pisser. Je me suis changé, je suis à peu près propre. Je pue un peu mais ça devrait passer. Les gens ne vont pas trop me dévisager.

Dedans, enfin, il fait chaud. Je n'ai pas beaucoup de thunes, je devrais calculer, ne prendre qu'un café. Mais je ne peux pas. J'ai besoin de me réchauffer, alors je prends trois cafés, coup sur coup. Je claque la moitié de ce qui me restait, mais au moins je me réchauffe.

J'essaie de réfléchir. Ça fait dix jours que je galère, à dormir sur des cartons ou à l'asile. J'en ai marre, profondément marre de cette non-vie, j'ai envie de souffler, de reprendre une existence normale. Pourquoi pas dans cette ville ? Peut-être qu'ici les choses seront différentes. Je vais peut-être rencontrer des gens bien qui m'aideront à m'en sortir. Ce n'est pas possible sinon. Je ne vais pas rester là à attendre la mort ! Dans ma tête, je repasse les étapes : assistante sociale, SAO[1], CHRS[2]. Je calcule, un à un, les détails du parcours. Ce que je dois leur dire, en fait ce qu'ils veulent entendre, comment je dois me présenter... Là, tout à coup, un doute me prend. Qu'est-ce que j'ai foutu de mon pantalon sale ? Je ne me revois pas le mettre dans mon sac après m'être changé. Je fouille. Il n'est pas là ! J'ai dû l'oublier au foyer. Je regarde l'heure. Huit heures. Avec un peu de chance, je pourrai le récupérer et proposer mes services en même temps.

Quand je frappe à la porte du foyer, je dois attendre un bout de temps avant qu'un mec daigne se montrer :

— Qu'est-ce que tu veux ? Tu ne sais pas que c'est fermé à cette heure-ci ? C'est pas rentré dans ta tête ?

Avec eux, le truc, c'est de rester poli, même s'ils nous parlent comme à des chiens, sinon on n'obtient rien.

— Excusez-moi de vous déranger, mais j'ai oublié un pantalon dans le dortoir et je me demande si vous ne l'auriez pas trouvé par hasard.

---

1. Service d'accueil et d'orientation.
2. Centre d'hébergement et de réhabilitation sociale.

— Un pantalon ? Ouais. Mais on l'a détruit.

— Détruit !

— C'est le règlement, mon gars. Question d'hygiène.

Je ne comprends pas. Qu'est-ce que c'est que cette histoire ? Qu'est-ce qui leur permet de détruire les affaires des autres ? Le type rigole. Il voit que je suis perdu. Ça le fait marrer.

— Fallait pas l'oublier. Maintenant, tu sauras.

Et il me referme la porte au nez.

Encore une ville pourrie. C'est pas là que je vais refaire ma vie. Je reste un instant devant la porte. Ce type, j'ai envie de l'emplâtrer. Je lui file une leçon et je m'en vais. Ni vu ni connu et au moins j'aurai lavé l'injure. Finalement, je renonce. Trop compliqué, et je n'ai pas le temps. Je ramasse mon sac puis je prends la direction du centre ville. Je n'ai pas envie de faire du stop. Je vais griller le train. Quand je serai à la gare, je déciderai où aller.

Je dois me trouver dans l'ouest de la France, peut-être du côté de la Vendée, c'est sans importance, je décide de recommencer à zéro. D'abord l'asile de nuit, qui ressemble comme deux gouttes d'eau à celui que je viens de quitter. Là, avant d'aller dormir, je demande au personnel d'encadrement de me donner l'adresse des services sociaux du coin. C'est la première étape vers la réinsertion, sur le parcours du combattant de l'exclu. Les asiles de nuit, vous y dormez, c'est tout. Les services sociaux, c'est le déclencheur du processus.

Le lendemain, je me rends sur place, et je prends rendez-vous. Parce que, évidemment, il faut prendre rendez-vous. C'est l'administration, même pour les nécessiteux. On est mardi, je dois revenir vendredi. D'accord. Je patiente. Comme je n'ai pas une thune, je fais la manche dans la journée, et le soir je dors à l'asile. Le vendredi arrive, je suis au rendez-vous. Ça commence par un entretien. J'explique mon parcours à l'assistante sociale qui me reçoit. Je lui dis que je veux me réinsérer, trouver du travail, arrêter de boire. Je m'apitoie sur mon sort en insistant sur ma bonne volonté. Je lui dis exactement ce qu'elle veut entendre. J'ai mon histoire toute prête. Obligé, sinon elle ne m'écoute pas.

Quand on dit que les sans-abri sont des mythomanes, on ne pense jamais que c'est le système qui les a poussés à le devenir. Les services sociaux ont leurs règles, leurs critères. Si vous êtes conforme à ce qu'ils attendent, c'est bon, vous pouvez continuer, sinon, vous êtes éjecté. Pas de sentiment. Du coup on peaufine son histoire. On bidonne ce qu'il faut. C'est facile, les agents sociaux s'en foutent, dans le fond, de savoir si ce qu'on leur dit est vrai ou non, ils ne cherchent pas à connaître les hommes, ils se contentent de gérer des cas. Bien sûr, avec le temps et la déchéance dans laquelle on vit, certains finissent par croire à leurs propres bobards, mais au début, ce n'était pas spontané.

Cette fois, coup de chance, ce que je dis vient du cœur. Je veux vraiment m'en sortir. L'assistante sociale tamponne mon dossier. Elle me donne l'adresse de mon nouveau foyer, un CHRS. Là, c'est toute une structure qui se met en place. Je ne suis plus en dortoir mais je partage une piaule avec un autre exclu. Dans ce nouveau foyer, les règlements sont plus souples qu'en asile, mais les principes sont les mêmes.

Nous autres, les exclus, on est du bétail, ou des délinquants, au choix, auxquels on colle un encadrement répressif. Des interdits partout et une surveillance constante au cas où on déconnerait. Si on nous chope à ne pas respecter les règles, on nous fout dehors, recta. Pour le reste, quand je dis que c'est plus souple, qu'on peut découcher, par exemple, il faut avertir une semaine à l'avance. Et il ne faut pas abuser. Sinon, dehors ! On peut aussi inviter quelqu'un pour une heure ou deux, si on avertit à l'avance. Bien sûr, pas question d'amener une fille, un soir.

Ici, je me retrouve comme quand j'avais onze ans à l'Assistance publique. On me prend pour un gosse qui ne connaît rien à la vie. Avec tout ce que j'ai vécu ! On me dit ce que je dois faire, et moi, je n'ai qu'à me taire. Je suis un exclu, pardi ! Un paumé, un perdu. Si je l'ouvre, on me répond : « T'es pas content, t'as qu'à partir. C'est pas nous qui sommes venus te chercher, c'est toi qui as frappé à la porte. Puis, t'as vu la liste d'attente ? Alors, tu fais comme on te dit ou tu prends tes affaires. » Surtout – c'est leur principe –, ne pas frayer avec nous. Pour commencer, les éducateurs, on doit les vouvoyer, mais eux, ils nous tutoient. C'est la barrière qui, d'entrée, est mise entre nous, entre nos mondes. Ça me révolte mais, pour l'instant, je baisse la tête, j'obéis comme à l'Assistance publique ; je ne veux pas me retrouver à la rue.

Les premiers mois sont une étape intermédiaire. Le temps de faire des papiers. Ce n'est pas rare qu'on ait tout perdu ou qu'on se soit fait voler tout ce qu'on avait. Le temps de se soigner aussi. C'est primordial. La rue, ça mine, ça détruit. Manger dans des poubelles, dormir sur des cartons, dans la nuit glaciale, ramasser tout ce qui traîne, tirer sur des vieux mégots que les pompes des passants ont écrasés, finir des canettes sans même savoir ce qu'il y a dedans, tout ça, ça fout en l'air. La rue, c'est un foyer d'infections. Regardez-les, les zonards, ils font vingt ans de plus que leur âge. Donc, pendant qu'on se remet la santé en place et qu'on refait ses papiers, on

la droguerie ®

50 rue Basse
59000 LILLE
Tél: 03 20 55 36 80

10.01.2006 - 15:50

Reçu la somme de 7,00 € réglée en espèces

Taux	H.T.	T.V.A.	T.T.C
19,60	5,85 €	1,15 €	7,00 €

Avec les conseils de Charlotte

Merci de votre visite et à bientôt !

La marchandise n'est ni reprise, ni échangée

La boutique est ouverte toute l'année
du lundi au samedi de 10h à 19h.

la droguerie ® a mis au point
un fil à tricoter 100% bambou

Très légère, douce et brillante comme de la soie
naturelle, la fibre de bambou permet d'obtenir
des fils anti-bactériens, imperméables et
résistants au froissage.

Un "bio-textile", fibre végétale, renouvelable,
qui pousse presque uniquement à l'état sauvage,
"spontanément", sans engrais ni pesticides,
et favorise la reforestation rapide.

cherche du travail. Généralement, on passe par des boîtes d'intérim, ou bien par des stages.

Ça fait un mois et demi que je suis dans le CHRS. Je me suis fait des potes. Un, notamment, tout maigrichon, que la vie a bien abîmé. Lui, c'est le souffre-douleur des matons et des gros costauds de la rue qui ne font pas dans la tendresse. Du coup, pour supporter l'avilissement et les brimades, il boit. Il me dit que ça lui permet de tenir. Je soupçonne qu'en fait il se détruit volontairement avec l'alcool. C'est pour ça que je suis content de le savoir dans le centre. Ça le protège. Seulement voilà, il est trop faible pour ruser et il finit par se faire gauler avec une bouteille. Dans ce cas-là, le règlement, c'est : « Mise à pied ». En d'autres termes : « Retourne d'où tu viens. » Il ne faut pas être sorcier pour comprendre que ce pauvre gars, le renvoyer dans la rue, c'est l'envoyer à la mort. Il suffit de le regarder. Eh bien, non. Il n'a pas respecté le règlement, il doit être puni.

Le soir, quand j'apprends par mes potes qu'il a été exclu du centre, je monte dans ma chambre, je ramasse mes frusques, mes papiers et je dégage. Pourtant, j'avais un job. Mais je n'y peux rien, ça me révolte.

C'est un autre aspect de la rue, cette espèce de fraternité. Ça nous arrive souvent, à nous autres, de tout plaquer pour suivre un pote dans la détresse. On est comme ça. Le gars, je tourne un peu pour le retrouver mais il a disparu. Du coup, je quitte la ville.

Je fais du stop pas loin de Bordeaux. La nuit dernière, j'ai dormi dans les champs. C'est la galère. Tout à coup, une bagnole s'arrête. Je crois que c'est pour me prendre. Non, c'est un gitan.

— Tu veux bosser, mon gars ?

— Ouais.

— Les maraîchers, tu connais ?

— Jamais fait.

— C'est pas grave, je t'expliquerai. Monte.

Je grimpe dans la voiture. Dans mon for intérieur, je ne suis pas mécontent de le rencontrer. Les gitans comme les autres profitent de notre misère, mais ils sont un peu comme nous. Ils savent s'y prendre. Je vais trimer, c'est sûr, mais au moins j'aurai une bonne bouffe tous les soirs et du vin et du shit pour m'endormir. Enfin, quand je dis tous les soirs, je suis optimiste. Au début, ça va, mais ensuite ça dérape souvent.

Sur place, il y a déjà une équipe de vagabonds comme moi que le gitan a ramassés. Il me dépose puis il repart tourner dans la région. Il en manque un pour qu'on soit au complet. On m'indique la turne. Une espèce de cabane où on dort par terre, sur des couvertures. Je planque mon sac dans un coin. Je souris. Je suis peinard pour un mois. Je sais que je vais en baver, mais je m'en fous. J'ai un mois de presque existence devant moi et je suis content… si les choses ne se dégradent pas et si tout ça ne finit pas en bagarre.

À Toulouse, je me retrouve dans un nouveau CHRS. Cette fois, la chance est avec moi. En arrivant dans cette ville, je n'en avais rien à foutre, de la réinsertion. Comme beaucoup de mes camarades, je ne suis entré dans le circuit que pour réactualiser mes droits et mettre en règle mes papiers. Ce n'est qu'une magouille, je l'accorde, mais dans la rue on n'est rien, on n'existe pas, on n'a plus de nom. Si on veut réapparaître dans les circuits de la société, faut passer par toutes les instances sociales, faire tous les papiers. Ça prend des semaines, pendant lesquelles on exige de nous, en contrepartie, qu'on se réinsère. C'est emmerdant, mais on s'applique à faire comme si, en attendant de dégager. Nullement parce qu'on préfère la désespérance de la rue mais parce que, quand on rentre dans le circuit de la réinsertion, on sait qu'on va devoir endurer l'avilissement et l'humiliation. Et ça, on en a marre. Donc, on supporte jusqu'à ce qu'on ait obtenu les papiers, puis on fout le camp. On est indigent, mais on n'est pas masochiste !

Donc, à Toulouse, je rentre dans le circuit mais, coup de chance, je trouve un bon job, dans une usine aéronautique de la région. Ouvrier sur une machine, j'impressionne tout le monde. Mes collègues n'en reviennent pas qu'en quelques semaines je réussisse à maîtriser un engin dont ils ont mis trois ans à prendre la mesure. Mes patrons sont contents de moi et envisagent de me salarier. Le boulot n'est pas mal, l'ambiance est bonne. J'ai l'impression de me retrouver à mes seize ans. En tout cas, c'est bien parti. Encore deux ou trois petits efforts, je me dis, et je me sors de la rue. Quand ma paye tombe, je suis tellement heureux que je fais un tour au bistrot pour fêter ma nouvelle vie. Le soir, quand j'arrive au centre, je suis bien entamé. Je dodeline de la tête et, avec mon plateau, je titube légèrement. L'éducateur m'attrape par le bras. « Tu as vu comment tu es ! Va te coucher. » Sans manger ? Bon, c'est pas grave. C'est pas la première fois que je saute un repas. Je pose mon plateau vide et je monte lentement dans ma chambre où je ne tarde pas à m'endormir. Au matin, alors que je me prépare à aller au boulot, les éducateurs me convoquent.

— Il y a un règlement. Tu le connais.

— Oui.

— Et tu sais que l'alcool est interdit dans le centre.

— Oui, et alors ? Je n'ai pas bu dans le centre.

— Peut-être, mais hier, tu es rentré pété, non ?

— Ah ! Mais ça, c'est rien. J'ai juste fait la fête parce que j'étais heureux.

— Nous, ça ne nous plaît pas. On a nos règles, et toi, tu les as enfreintes. Ton attitude, vis-à-vis des autres, ça marque mal. Conclusion, tu ne peux plus rester ici.

— Vous me foutez dehors !

— C'est toi qui l'as choisi.

— Je n'ai rien choisi du tout. Où voulez-vous que j'aille ?

— Ce n'est plus notre problème.

— Mais enfin, j'ai un travail, je n'ai jamais fait d'histoire. Vous n'allez quand même pas me renvoyer à la rue parce que j'ai fêté ma première paye !

Peine perdue. Ces lumières ne veulent rien savoir. Tous les week-ends, la moitié de la France se bourre la gueule et on applaudit. Moi, parce que je suis un exclu, je fais la fête un soir et je prends une baffe qui me renvoie à la rue !

Dehors, sur le bitume, avec mon sac, sans logement, je n'ai plus envie de retourner au boulot. Plus du tout. Bande de cons, je me dis. Et dire qu'ils sont payés pour être des travailleurs sociaux !

Je tâte le fond de ma poche. Il me reste encore de la thune. Je connais le circuit. Je reprends mes habitudes. Je vais déposer mon sac à la consigne de la gare, où je retrouve la zone, puis je me dirige vers la première épicerie. Puis je me dégote un coin tranquille et je me saoule en ruminant ma colère. Cette nuit, je dormirai dans ce trou. Avant de sombrer complètement, j'ai un dernier instant de lucidité. Les crétins, tout ce qu'ils ont gagné avec leur règlement sur l'alcool, c'est de me faire replonger à fond dedans. Mais ils s'en foutent ; celui qui tombe dans la déchéance, celui qui se retrouve dans la rue et qui va y crever, ce n'est pas eux, c'est moi. Et là, c'est le gouffre.

Quelques jours de biture dans mon trou, le temps de claquer ce qui me reste, et je quitte Toulouse que je ne peux plus voir en peinture. Dans la ville où je débarque – je ne sais plus laquelle –, j'atterris à l'asile de nuit. Mais je n'y demeure pas. Je refuse de reprendre le circuit social. Rien à foutre. Merde. Je sais qu'en agissant ainsi je perds tous mes droits. Je m'en tape. J'aime mieux être sans papiers mais avec mes compagnons. La rue où je m'installe, c'est l'enfer, mais je sens qu'on m'y respecte plus que dans tous ces foyers. Avec mes frères, je peux me friter, il n'y en a pas un qui me méprisera parce que je suis un miséreux. C'est stupide, cette situation, mais c'est réel. Ceux qui sont dans la rue détestent la rue. Qui aimerait s'y retrouver ? Mais, à force de se faire traiter comme des chiens par ceux dont le travail et l'engagement moral consistent à les aider, à force d'être stigmatisés, ghettoïsés, regardés de travers parce qu'ils viennent de la rue, ils préfèrent y rester. C'est le système social lui-même qui nous maintient dans la rue. Il n'a pas besoin d'en faire plus. Il nous y pousse et les lois de la rue se chargent du reste.

À Marseille, je tente de me refaire. Je suis dans un nouveau CHRS, un de l'Armée du Salut, à la recherche d'un travail. Ce qui veut dire que je suis inscrit dans une agence d'intérim. Mais je n'ai aucune formation hormis la surveillance, je ne peux pas espérer grand-chose.

Comme je ne fous rien, je suis embauché pratiquement de force par le centre. Il faut qu'on soit occupé, ils disent. Pourtant, moi je ne leur ai rien demandé. Donc, avec d'autres « oisifs », on turbine pour l'Armée du Salut. On tourne avec une camionnette pour fouiller les poubelles. On ramasse les chiffons, les cartons, les emballages plastique. De retour au centre, on les trie, puis le centre les revend. Pour ça, on nous paie cinquante francs la semaine, en gros un paquet de cigarettes par jour. Pourtant, on ne chôme pas, quarante heures par semaine, six jours sur sept. Et puis c'est assez dégueulasse, les mains dans la crasse à respirer toute la journée les miasmes des ordures. Au bout d'un moment, j'en ai marre d'être pris pour un con. Alors je me mets en quête de gitans. Eux aussi nous exploitent, mais ils sont plus humains. Malheureusement, je n'en trouve pas. Je fous le camp.

La nuit tombe.

Je suis arrivé à Toulon dans le courant de la journée. J'ai pas mal marché, depuis Marseille, j'ai les pieds en compote. Je ne vais pas dire que j'ai envie de me retrouver à l'asile de nuit, mais j'ai encore moins envie de dormir dehors. Dix-neuf heures. Il faut que je me dépêche. Ils seraient foutus de me laisser à la rue parce que j'arrive dix minutes trop tard. Je les connais.

Sur place, une dizaine de gars font déjà la queue. Je me mets dans la file, avec mes frères mendigots. Le grand type qui est devant moi pue la vinasse. Pour l'instant il tient encore droit mais, vu la vitesse à laquelle il s'enfile son litron, je vois venir le moment où il va s'effondrer. Ce ne serait pas la première fois. Mais je sais pourquoi il se détruit la santé. On lui interdit d'apporter sa bouteille à l'intérieur, alors il la vide d'un coup avant d'entrer. Derrière moi, d'autres encore arrivent. Je compte. On doit être une quinzaine. Si le centre a vingt, vingt-cinq places, on aura peut-être la chance de tous passer la nuit au chaud. Moi, en tout cas, j'aimerais bien être accepté. Je ne me sens pas en sécurité dans cette ville.

Sort le responsable. Je me penche. Pas très grand, râblé, la tête de travers et la coupe en brosse. Il n'y a pas à chercher loin, encore un ancien militaire. Vu qu'on est à Toulon, il devait être mataf ou bien légionnaire. À croire que c'est un parcours obligé. Le nombre de troufions retraités qu'il y a dans les asiles, pour la surveillance ! Sûr, ils ne sont pas là pour le social. Avec eux c'est plutôt régime garnison, pas de sentiment mais de la discipline ; il y en a même qui veulent qu'on fasse nos lits au carré. Qu'est-ce qu'il va nous inventer, celui-là ? Je l'observe. Il remonte la file doucement, les mains derrière le dos. Il s'arrête devant chacun des gars, dans la queue, et les reluque. Qu'est-ce qu'il fout ? Pourquoi on n'avance pas ? Tout à coup, un gars sort de la file et entre dans l'asile. Puis un deuxième, un troisième. Bon Dieu, mais il nous sélectionne ! À ce moment, le responsable arrive à hauteur du grand gars qui est devant moi. Il fronce le nez. Je me dis que c'est mal parti pour mon pote de galère.

— Ouvre la bouche, il lui fait. Tu pues la vinasse, je n'en veux pas des comme toi.

À présent, c'est mon tour. Il se plante devant moi. Avec ses petits yeux, il me scrute du haut en bas. Je sens que quelque chose ne va pas. On dirait qu'il cherche une bonne raison pour me refuser. « Ouvre la bouche ! » En ouvrant la bouche, j'ai envie de lui roter dessus, mais je me retiens. S'il croit qu'il va m'avoir, ce soir, il est mal tombé. J'ai pas eu le temps de boire sur la route. Je suis clean comme un sou neuf. Mais j'ai tout faux. Il n'a pas besoin de raison. Il choisit au faciès. Le mien ne lui revient pas.

Celui qui me suit a plus de chance. Comme des pantins, nous, les non-sélectionnés, au lieu de partir, on reste dans la queue la bouche ouverte, hébétés. On ne réalise pas vraiment ce qui se passe. On se dit que quand il aura fini, il nous laissera quand même entrer. L'asile de nuit, c'est un service pour les miséreux, ce n'est pas un hôtel quatre étoiles ! On se dit, comme ça, que c'est une humiliation d'un nouveau genre. Mais arrivé au bout de la file, le maton en chef nous lance : « Vous autres, dégagez ! »

Sur la quinzaine qu'on était dans la file, il n'en a pris que cinq ou six. Pour ceux qui ont été refusés, rien à faire. Et c'est le seul asile de la ville. On devrait faire valoir nos droits, lui expliquer, je ne sais pas, moi, que ceux qui ont une sale tronche c'est probablement ceux qui ont le plus besoin d'un asile, mais on se tait. On n'a pas la force. On se sent presque fautifs de notre sale tronche. Ceux qui ont un sac le ramassent et chacun part dans sa direction, chercher un trou, dans la rue, où dormir. Je regarde partir le grand gars qui était devant moi. Il n'a pas l'air en forme. Ça doit faire un bail qu'il n'a pas mangé et c'est pas ce soir qu'il pourra le faire. Comme l'asile est en face de la gare, moi, je décide de ne pas m'éloigner. Je me cherche une planque dans le coin pour la nuit. Je n'aurai pas de bouffe ni de lit mais, avec un peu de pot, je pourrai trouver un coin tranquille.

La France, je l'ai épuisée. J'ai fait toutes les villes. Plus d'un an est passé et je n'ai pas bougé d'un pouce sauf que je n'ai toujours pas revu Élisabeth. Mais ces deux années ou un peu plus, j'ai l'impression que c'en sont vingt. Je n'ai pas vécu, j'ai survécu. Tout ce temps que je suis au plus bas. Plus bas que la rue, il n'y a que la mort. Tout ce temps sans penser. Ressasser son mal, boire et pleurer, ce n'est pas penser. Au début, je croyais que ma fuite me permettrait de me refaire une santé et de revenir au combat. Je ne crois plus en rien aujourd'hui. Je n'arrête pas de fuir et, au lieu de me reconstruire, je me pourris. Elle m'a bien eu, la juge. Elle m'a rendu la vie infernale. Du coup, je l'ai abandonnée, la vie. Chaque jour qui passe m'éloigne un peu plus d'Élisabeth. Mais chaque fois, au matin, je sens que c'est encore plus dur de revenir.

Sur un coup de tête, je décide d'aller voir comment ça se passe en Italie. J'atterris à Milan. C'est la première grande ville que je croise. Je croyais avoir touché le fond, je découvre, là, qu'il y a pire. Je tombe dans le milieu des junkies. Les Italiens sont généreux, surtout les vieilles personnes, mais je rencontre une humanité totalement avilie. Une faune qui n'a même plus aucun sentiment. Une misère terrible. Des hommes et des femmes qui vivent comme des animaux, de vrais morts vivants.

Comme d'habitude, je me retrouve à la gare. Elle est énorme, jamais vu de si monstrueuse. Là et alentour, il y a la plus grosse faune de zonards que j'aie connue. Jusqu'à présent, je n'ai rencontré que des petites épiceries. Ici, c'est un supermarché. Derrière la gare, il y a un foyer. En tant que Français, j'ai droit à sept jours par mois, mais pas plus. Les Italiens ont droit au mois entier. Pour les trois semaines restantes, je dois me démerder.

Mais je n'y passe qu'une nuit. C'est infâme. Dans le dortoir, l'ambiance est tendue. Ça gueule, ça crie, ça gémit. Je ne comprends pas l'italien mais je ne mets pas longtemps à me faire une idée. Des histoires de vols. Je me mets dans mon coin. Je suis fatigué, j'essaie de dormir. Mais ce qui devait arriver arrive, une bagarre éclate. Les potes des deux mecs qui se battent parviennent à les maîtriser, mais ce n'est pas fini. Ça peut repartir d'un instant à l'autre. L'ambiance est malsaine. Je ne ferme qu'un œil. Je les connais, mes frères de misère, quand ils disjonctent ils peuvent faire n'importe quoi. Ils peuvent très bien me tomber dessus et me dépouiller simplement parce que je suis nouveau. La rue est sans pitié.

Je m'installe donc dans la gare. Je me trouve un coin, quelques cartons, et je commence à faire la manche. Très vite, comme chaque fois, je prends mes repères, autour de mon chez-moi en quelque sorte, dont je ne sortirai pas pendant les mois que je passerai ici. Le magasin où je peux acheter mon alcool, le centre où je peux manger ma soupe, le mur sur lequel je vais pisser et le coin où j'ai ma paillasse pour dormir. Une seule fois, j'ai essayé de pousser plus loin que mon quartier, je suis vite revenu.

Je ne sais plus pourquoi, peut-être l'obstacle de la langue ou le fait que les Italiens sont généreux, en tout cas, ici, je ne cherche pas à travailler et je m'enfonce dans une déchéance extrême. Je bois comme un perdu, bière, vin, n'importe quoi. Je suis dans un tel état que je passe des jours sans pouvoir me lever, sinon pour aller faire mes besoins et acheter mon alcool. Je reste allongé des heures durant. Quand je ne bois pas, je cuve. À côté de moi, j'ai posé une petite écuelle avec un mot écrit dans un mauvais italien, où je demande aux passants une petite pièce. De temps à autre, quand je sors de mon coma éthylique, je jette un coup d'œil pour voir ce qu'il y a dedans. Heureusement, cet état, je ne le traverse que par périodes. Le reste du temps, je suis plus lucide. Et j'ai intérêt à l'être, parce que la faune qui m'entoure est complètement dégénérée et dangereuse. Des junkies qui carburent à l'héroïne. À côté de ce qu'ils endurent, mes pires états ne sont rien. Ce qui me sauve, c'est que j'ai définitivement arrêté les piquouzes. Je les côtoie mais je ne rentre pas dans leur trip. Si bien que certains viennent me voir pour partager une bière avec moi. Ils se reposent en ma compagnie. Ils savent que je ne me pique pas, donc ils ne craignent pas les embrouilles.

Puis, ils replongent. C'est affreux. L'alcool, ce n'est pas encore trop onéreux. Un peu de mendicité, et on a de quoi acheter son litron. Mais la dope, c'est horriblement cher. Du coup, les pauvres mecs passent leur journée à chercher de l'argent. Ils ne dorment pratiquement plus. Ils n'en ont jamais assez. Alors, ils volent, tout ce qu'ils peuvent. Mais ils ne vont pas loin. Et ils finissent par se voler entre eux, se faire des embrouilles les uns les autres qui se terminent en bagarres violentes et, parfois, sanglantes. Sans parler du manque qui leur déchire tout le corps.

Je ne sais pas comment je fais pour tenir. Je suis lamentable, mais j'ai mon bout de gare, je crois que ça me suffit, et j'ai mes prières, toujours, la force de Jésus qui m'accompagne.

Je fais la connaissance d'un clodo. Il est allemand et s'appelle Daniel. Entre nous, la communication est difficile, mais on arrive plus ou moins à se comprendre et on devient potes. Bien qu'il soit clochard, il a une voiture. C'est son gagne-pain. Il embarque des clandestins à qui il fait franchir la frontière à Nice. Comme on est potes, je l'accompagne. On doit bien faire une dizaine de fois l'aller-retour, puis, un beau jour, les douaniers nous arrêtent. Ils nous embarquent. Je n'ai pas envie de faire de la taule. Je raconte une histoire. Non, je ne connais pas ce monsieur. Non, je ne savais pas que ces deux hommes étaient des clandestins. Moi ? Je faisais du stop et on m'a pris. C'est tout. Daniel comprend ma position, il confirme mes dires. Les douaniers sont obligés de me libérer au bénéfice du doute, mais ils gardent Daniel. Un dernier regard à mon pote, comme pour m'excuser de m'être défilé, et je sors du poste. J'ai eu de la chance mais j'ai le cœur lourd. C'était quelqu'un de bien, Daniel, un ami comme on n'a pas souvent l'occasion d'en croiser.

Cette aventure, néanmoins, a le don de me foutre une claque. Au lieu de retourner à Milan, cette ville malsaine, je continue tout droit sur ma lancée, je passe la frontière et je recommence ma zone en France.

Je me retrouve à Lyon, bien décidé à ne pas replonger dans mes errances. La rue est mortelle, et ma volonté de m'en sortir, très forte. Je pense à Élisabeth. À part l'asile de nuit que je zappe parce qu'on m'a rancardé direct sur un foyer, je reprends encore une fois le circuit de la réinsertion.

Le travail que j'ai dégoté est dans la surveillance. La surveillance, c'est mon métier. Je connais à fond. Là, je suis veilleur de nuit. Mes employeurs sont contents, ils projettent de confirmer mon embauche. Mais je suis sur le fil du rasoir.

J'ai choisi la surveillance parce que je veux vraiment m'en sortir. C'est mon métier, je l'ai dit, le seul que j'aie vraiment exercé. En plus, avec mes références, je suis sûr de trouver une place. Seulement, il y a cette loi qui m'interdit de l'exercer parce que, autrefois, j'ai fait de la taule. C'est comme une épée sur ma tête et je ne suis pas tranquille.

Un soir, au réfectoire du CHRS qui m'héberge, pendant le repas, un gars d'origine maghrébine commence à s'étouffer. Je le vois, à l'autre bout de la table, qui secoue la tête. Je le connais. La veille, on a joué aux cartes ensemble. Je le regarde. Maintenant, il ne bouge plus, la tête penchée en avant, le menton sur la poitrine, il reste immobile. Avec d'autres, on fait signe aux éducateurs qui nous surveillent :

— Il n'a pas l'air d'aller bien.

De loin, l'un des éducateurs jette un vague coup d'œil au gars et hausse les épaules :

— Il est en train de cuver, celui-là.

Puis il ajoute :

— Vous autres, magnez-vous de finir.

On replonge le nez dans notre plateau et chacun dans ses problèmes.

Mon problème, à moi, c'est le travail. Ce boulot de gardiennage me plaît bien, j'aimerais que ça marche. Je m'imagine déjà reprenant pied dans une existence normale, dans une vie stable. Ça me permettrait peut-être de revoir Élisabeth. Mais il y a cette loi qui me turlupine.

Quand j'ai fini, je me lève avec mon plateau. Au passage, je jette un regard au gars. Il ne bouge pas. Je passe à côté des éducateurs qui discutent entre eux et je vais dans une salle annexe prendre un café à la machine.

Je me demande toujours quand ils vont se décider à s'occuper du gars, mais j'ai aussi envie de fumer une cigarette. Un dernier coup d'œil à la salle et je sors dans le hall, le seul endroit autorisé pour fumer. Quand je reviens, la salle est pleine. Un gars m'attrape par le bras pour me parler de ses problèmes. Comme tout a l'air plutôt normal, je vais avec lui dans un coin pour mieux l'écouter.

Deux ou trois heures passent. Toujours dans la salle, je joue aux cartes avec des types quand j'entends, venant du réfectoire, un cri étouffé et un bruit de cavalcade. Qu'est-ce qui se passe ? D'un bond, je me lève et je me précipite. Le gars qui « dormait » est complètement affalé sur la table. Je veux voir. « T'approche pas, me fait le surveillant. Il est mort. » Quoi ? Je regarde à nouveau mon pote et j'ai la vision horrible de son corps sans vie, effondré sur une table en Formica. Dans mon dos, j'entends un murmure : « Il s'est étouffé avec un morceau de viande ! » Je reste tétanisé. Quand ils avaient dit qu'il cuvait, le gars, en fait, il s'était étouffé. La colère monte en moi. C'est comme ça qu'on nous laisse crever ! Ça serait arrivé à n'importe qui, il y aurait eu dix personnes autour de lui. Mais un clodo qui fait un coma, c'est normal ! Un clodo, ce n'est plus un homme, c'est une espèce de loque, et que ça traîne par terre, que ça vomisse ses tripes, c'est normal. Je vois rouge. La haine m'envahit. Je me saisis d'une fourchette et je me jette sur le surveillant qui n'a pas voulu s'occuper du gars. Je vais le planter, cette ordure. Je n'en ai pas le temps. Ses potes, les autres surveillants, sont plus rapides que moi. Ils me maîtrisent et me foutent par terre, au milieu des tables renversées. À deux, ils me ceinturent comme des brutes et m'entraînent dans le hall pendant qu'un troisième monte dans ma chambre. Je ne me rends pas tellement compte de ce qui arrive. Ça hurle partout. Je crie moi aussi, je crache ma haine. Tout à coup, le troisième surveillant se pointe avec mes affaires. Là, je retrouve mon calme. J'ai compris. J'ai enfreint le règlement et ils sont en train de me virer du foyer. Un de mes camarades crève dans l'indifférence, je me mets en rogne à cause de ce scandale et, naturellement, je suis puni. C'est la logique qu'on subit, nous les exclus. Je pourrais encore me débattre, leur cracher ma colère, mais je me retiens. Ce qu'ils ne savent pas, ces taches qui croient me punir, me renvoyer à la rue et à la misère, c'est que depuis deux jours un studio m'attend.

Grâce à mon boulot, je suis passé à l'ultime étape de la réinsertion : le logement. Pour les services sociaux, c'est bon. Ils ont réussi, ils m'ont remis dans le circuit du travail. En réalité, ils n'ont rien fait de solide. Ce ne sont pas les conversations avec les éducateurs qui m'ont changé. Je sors du circuit comme j'y suis entré, déstructuré et toujours sous l'épée de Damoclès qu'est l'alcool. Je n'ai pas l'impression d'avoir récupéré ma vie. Tout reste à faire, et je suis seul dans ce combat. Or, justement, ma réinsertion est très fragile, elle est sous la menace de la loi.

Finalement, ce que je redoutais arrive. Mon patron reçoit le volet numéro deux de mon casier et il découvre que j'ai fait de la prison. Heureusement pour moi, la chambre de commerce de Lyon, où je travaille comme gardien, m'offre un sursis. Elle insiste pour que je continue le job. Elle menace même de changer de boîte de sécurité si on me remplace. Mon patron est ennuyé. Du coup, il accepte de me garder mais je dois former un recours pour obtenir l'autorisation de travailler dans la surveillance malgré mon passé de taulard. Je m'exécute. J'envoie des lettres partout. Au début, j'ai bon espoir. Je me sens soutenu. Je ne demande pas grand-chose, juste un papier qui me permettra de redevenir un citoyen normal. Quand je pense à tout le fric qui passe dans le système de réinsertion, je me dis que ce serait bête de tout gâcher à deux doigts de ma réussite.

Mais les semaines passent et je ne reçois aucune réponse. Pendant ce temps, tous les deux jours, mon patron vient me voir pour me demander où ça en est et pour me dire qu'il ne va pas pouvoir tenir comme ça bien longtemps. Cette situation me mine. Elle devient obsessionnelle. Pendant dix ans on me laisse apprendre un métier puis on m'interdit de l'exercer ! Trois ans de taule, trois ans pendant lesquels j'ai payé mes conneries, comptent plus que dix ans de bons et loyaux services ! Chaque jour qui passe sans réponse de l'administration judiciaire, le risque de me retrouver à la porte grandit. Pour n'importe qui, cette menace serait très difficile à vivre, mais pour quelqu'un comme moi qui n'a rien que cet espoir de travail, c'est terrible. Seul, sans soutien, sans famille, sans personne sur qui m'appuyer, je fais des efforts énormes pour ne pas péter les plombs. À la fin, pour supporter cette tension, je me remets à boire à fond. Mais, cette fois, j'ai le vin mauvais, à moins que je ne tombe sur des allumés. De toute façon, la conséquence est la même : un week-end, au cours d'une virée dans les bistrots, les bagarres s'enchaînent et Lyon devient un enfer. Je ne peux plus rester. Je sens que mon boulot va sauter d'un jour à l'autre, l'alcool m'entraîne dans sa spirale de délire, je décide de reprendre la route. J'ai entrevu la réinsertion, je l'ai touchée du doigt. Avant qu'elle ne s'évanouisse en fumée.

À Paris, je retrouve mon circuit de zone. J'y rencontre Pedro Meca, fondateur de diverses associations dont celle de La Moquette. Je traverse mes quartiers de prédilection, mais je ne m'y arrête pas. Je clochardise autour des gares. Même Paris, ma ville, je la vois différemment. Ce n'est plus qu'une succession de rues, avec, planant au-dessus de ma tête, le système social. J'ai le sentiment que ce système m'a étouffé dès l'enfance, agissant comme un tampon entre moi et la vie. À Paris, où les images de mon passé me hantent, c'est encore plus sensible. Les enfants ordinaires sont en contact avec l'existence, ils sont dedans, avec leurs parents et toute leur famille. Mais les gosses de la DDASS ne sont en contact qu'avec cette institution ambiguë, répressive et charitable. En parlant avec mes frères de galère, j'ai l'impression qu'on nous a fabriqués exclus et dépendants. Imaginez-vous ce que ça fait de voir ses parents, sa mère, passer son temps à rendre des comptes aux juges ou aux services sociaux. On se dit : « C'est ça, le monde des adultes ! » On imagine à peine qu'au-delà il puisse y avoir une vie libre. Alors, la vie libre, on la cherche en deçà, dans la fuite et la rue. À Paris, chez moi, j'ai aussi un autre sentiment ; je suis obligé de me rabaisser, de me faire plus miséreux encore pour obtenir quelque chose. Et ça, ça me fait mal, parce que c'est le signe définitif de l'exclusion.

Je quitte donc Paris pour Chartres où je reprends tout le parcours. En attente d'une embauche, nouveau CHRS. Ici, c'est comme ailleurs. Ça ressemble à une maison de redressement. À croire que la misère est un crime qui doit être puni ! Il n'y a que des règles disciplinaires. Ouverture et fermeture des portes à telle heure, début et fin de repas à telle heure, extinction des feux à telle heure, accès aux diverses salles réglementé aussi, jusqu'au parcours qui est réglementé. Il ne manque plus que la ligne jaune pour se sentir complètement bagnard. Ce n'est pas un fantasme. Et une règle que je n'ai connue qu'en taule : la fouille systématique des cellules, pardon ! des chambres. Régulièrement, on trouve son lit sens dessus dessous, ses placards ouverts. Les éducateurs ont les clefs de toutes les chambres. Ils attendent qu'on soit dehors, à la recherche d'un emploi, pour venir fouiner. Ce n'est pas suffisant qu'on nous interdise tout, il faut encore qu'on vienne chercher la petite bête. On se tient à carreau. On ne dérange personne. On fait tout ce qu'on nous dit. Eh bien, non ! Ça, c'est de la charité !

Ici, il y a quelque chose en plus qui me fait vraiment penser que je suis dans un bagne. Une journée par semaine, on embarque tous ceux qui n'ont pas de boulot pour aller leur faire ramasser des cailloux dans les champs d'un élu local, un pote du directeur du centre. Corvée obligatoire. Si on refuse, on est exclu. Chaque fois que ça tombe sur moi, j'hésite. C'est clair, c'est une manière d'exploiter notre misère. Mais finalement, je craque. Parce que, si on n'est pas payé, on a quand même droit à un petit repas, dans le troquet du village et rien que pour me changer de la bouffe du centre, je vais faire un tour dans les vignes de l'élu.

Et puis un soir, je ramasse mes affaires et je fous le camp pour aller voir si le ciel est plus bleu ailleurs.

À Nancy, j'atterris dans un foyer d'urgence mixte. J'y suis depuis quelques jours quand un incendie se déclare. Tout le monde s'enfuit. Je suis le mouvement mais, dans la cour, en regardant autour de moi, je remarque qu'il manque quelqu'un, une petite vieille. Je fouille du regard, rien. Je demande. Personne ne l'a vue. Alors, sans réfléchir, je me précipite dans l'immeuble en flammes. Je ne peux pas laisser mourir cette vieille femme sans tenter quelque chose. Heureusement, mon lointain passé de pompier volontaire refait surface, mes quelques mois de formation à la caserne de Saint-Florentin me sauvent. Dans le brasier, suivi d'un pote, je retrouve les gestes. Je parviens à sortir la vieille femme restée coincée dans sa chambre et à maîtriser l'incendie. Quand tout est fini, on me remercie comme il se doit, et la vie reprend.

Nancy, ça m'a l'air pas trop mal, je décide de m'y installer. Je dégote un job, je rencontre même une jeune femme avec laquelle je me mets à la colle. Mais, après deux jours, la nana me quitte, me laissant seul dans le studio qu'on a loué. Du coup, je replonge dans l'alcool et j'abandonne Nancy. Je poursuis ma route jusqu'à Marseille, puis c'est l'Allemagne, la Yougoslavie, et retour à Marseille.

Là, je me calme un peu. Je trouve un petit boulot, une chambre d'hôtel et je réduis l'alcool. Cette existence de yo-yo, ne croyez pas que cela me plaise. On dit de quelqu'un qui a passé un an dans la rue qu'il faut cinq ans pour le reconstruire. C'est vrai, mais ça s'applique à tous les niveaux. Pour une semaine de clochardisation, il faut cinq semaines pour rebâtir. Un peu plus d'un mois. Sauf qu'au bout de ce mois, je ne suis pas reconstruit. J'ai simplement décroché des bas-fonds de la clochardisation.

Mais j'ai toujours un pied dans la rue. Et je fais la connaissance d'une fille, Jocelyne, une prostituée. Je suis sous le charme mais n'ose pas aller plus loin quand, un beau jour, un pote sonne à la porte de ma piaule. Il est accompagné de Jocelyne. Il m'explique qu'elle est en délicatesse avec son mac, qu'elle ne sait pas où crécher et me demande si je ne peux pas l'héberger. Je ne suis pas mécontent de lui rendre service, parce qu'elle me plaît bien. Ce sont ses yeux, surtout, qui me fascinent.

Moi, je ne suis pas un mac, je suis bien trop jaloux pour accepter de partager Jocelyne avec d'autres, aussi je la retire du trottoir. Mais Jocelyne n'a jamais rien connu d'autre que ce milieu. Elle est pute depuis son adolescence. Ce qui pose des problèmes. Je dois me comporter avec la dureté d'un mac, sinon elle ne comprendrait pas, elle finirait même par me bouffer. Mais ça ne suffit pas. Jocelyne est un peu perdue de ne pas faire le trottoir. Elle compense en buvant. Je pourrais encore m'arranger de cette situation, j'en ai vu d'autres, mais depuis qu'elle a disparu, son mac tourne dans la ville à sa recherche. Chaque jour, le cercle se referme un peu plus autour de nous. Finalement, le quartier commence à craindre, la ville tout entière commence à craindre et on doit s'enfuir.

Je n'ai encore jamais zoné avec une femme. Dans mon errance, j'ai croisé quelques couples, mais rarement, et en général ils se tiennent à part. On cherche un foyer mixte du côté d'Annecy ou de Grenoble, mais on ne trouve rien. Foyer pour hommes, foyer pour femmes, hors de question qu'on se mélange. Voilà autre chose ! Les cloches, ça n'a pas le droit de vivre en couple. C'est comme ça. Dans la misère, on ne baise pas, ou bien dehors, là où les services sociaux ne veulent pas mettre leur nez. Si c'est pour l'hygiène qu'on nous sépare, c'est gagné. Sûr que dans la rue, les rapports sexuels sont plus hygiéniques ! À moins que ce ne soit qu'une nouvelle brimade, ou une nouvelle sottise du système. Quoi qu'il en soit, comme on ne trouve rien, on reste dans la rue. Pour survivre, on fait la manche. Jocelyne retrouve son élément, le trottoir. Elle ne vend plus son corps mais son sourire contre une pièce. D'une certaine manière, je deviens son mac. Avec ce qu'on ramasse, on se paie des hôtels miteux.

Les Alpes, c'est froid et j'ai envie de faire découvrir le monde à Jocelyne qui n'est jamais sortie de Marseille. On monte à Paris, où on continue de vivre de la manche et de loger dans des hôtels à bas prix. Malheureusement, Jocelyne est une pocharde. Entre elle et moi, on descend beaucoup. Ça finit généralement en bagarres, des bagarres tonitruantes qui font vibrer les murs des chambres d'hôtel. Et chaque fois on en arrive au même résultat : on se fait jeter. Au bout d'un an à Paris, on est tricards dans nos hôtels et on doit partir.

Pendant trois années, on vivra ainsi, en faisant le tour de la France, en zonant dans toutes les villes jusqu'en Italie. Au fur et à mesure, notre existence se détériore : clochardisation, manche, ivrognerie, bagarres. Mais je m'accroche, je l'aime. C'est un amour passion qui tente de survivre dans les conditions de la rue. Un amour folie qui se déchire pour survivre. Mais aussi un amour dans la complicité de l'alcool. Évidemment, tout ce temps, je ne travaille pas. Pour espérer travailler, faut avoir une piaule. Quand on est seul, à la rue, la piaule, c'est le foyer. Mais vu que les foyers acceptent très peu les couples, on doit passer directement à l'étape du studio ou de la chambre meublée. Seulement, on n'a pas de travail pour la payer, et là, c'est le cercle vicieux. Obligés de faire la manche toute la journée pour se payer la chambre, à la fin, on n'a plus le temps ni la force de chercher du boulot. En plus, avec Jocelyne, on a pris le coup. La manche suffit à satisfaire nos besoins. On est ensemble, on a de quoi manger, boire et dormir, on ne demande rien d'autre. Je ne sais pas si on est heureux ou si on ne fuit pas plutôt la vie. En tout cas, on se contente de notre existence, même si elle n'est pas brillante.

À Paris, où on est revenus depuis quelque temps, il y a deux jours de ça, on s'est fait virer de notre hôtel pour tapage. Il faisait tellement froid qu'on a dormi une heure ou deux dans le coffre d'une voiture. Mais ce n'est pas une solution. Cette fois, le soir tombe et nous surprend sans une thune. Comme d'habitude, qu'on soit seul ou à deux, quand on rencontre une difficulté dans un endroit, la solution de facilité c'est de partir, de changer de ville pour se refaire ailleurs. Au début, c'est parce qu'on s'est grillé, parce qu'on a épuisé le circuit des aides jusqu'à replonger. Après, ça devient un réflexe. Donc, avec Jocelyne, on ramasse nos affaires laissées à la consigne de la gare de l'Est et on se met en route. On ne peut pas prendre le train, on n'a pas de thunes et j'ai perdu mes papiers. Si les contrôleurs me chopent, je suis bon pour les flics. Et ça, je ne veux pas. Il n'y a plus qu'une solution. On traverse Paris à pied, on passe le périph du côté de la porte d'Italie et on se plante sur la première nationale qu'on rencontre. Seulement, le stop fonctionne mal. On marche, pour avancer, en espérant qu'une voiture va s'arrêter, mais rien, jusqu'à ce que, crevés, on s'effondre dans un coin de zone industrielle. Au petit matin, on repart, mais le stop est toujours aussi inefficace. Au fur et à mesure, on bazarde nos affaires, ça fait lourd à porter quand on marche des heures sans rien bouffer. C'est des emmerdes supplémentaires, tout ce qu'on jette, on va devoir le racheter, mais on ne peut pas faire autrement.

Quand finalement on arrive à Nemours, on est dans un état lamentable. Ça fait quelques heures qu'on zone dans le centre ville quand un type nous aborde. Il nous a repérés. C'est une ancienne cloche qui s'en est sortie et qui aide ses frères. Il connaît bien la question. Il sait qu'il n'y a aucune structure d'accueil pour les couples. Il nous propose de venir chez lui.

Chez lui, il y a déjà deux autres couples de vagabonds. On s'installe, tout contents de trouver un lit et de quoi becter. Après ce qu'on vient de traverser, c'est le luxe. On a une petite chambre pour nous, le reste en commun. Petit à petit, on reprend nos repères. Le jour on fait la manche dans le centre ville, le soir on retourne dormir à l'appart.

Les rapports avec les autres sont bons et la consommation d'alcool pas trop délirante. Mais, avec les jours qui passent, j'ai l'impression qu'entre le gars et Jocelyne, il se passe quelque chose. Un soir, on fait une petite fête. Bière, musique et danse. Entre Jocelyne et le gars, ça se frictionne. Quand la fête est finie, je la prends à part pour lui demander des explications. Elle m'assure qu'il n'y a rien, mais moi j'ai vu. D'habitude, elle ne me cache rien. Ses dénégations, ce n'est pas bon signe. Pour en avoir le cœur net, je ramasse mes frusques : «Je descends. Je t'attends en bas dix minutes. Si tu ne viens pas, je m'en vais.» Au bas de l'immeuble, dans la cité, j'attends. Dix minutes, pas de Jocelyne. Une heure, toujours pas de Jocelyne. Pas de Jocelyne. J'ai compris, je n'insiste pas. Je jette mon sac sur le dos et je reprends la route, seul.

Dans les environs de Nemours je déniche un centre Emmaüs, qui, après quelques jours, me trouve un boulot comme responsable des ventes. Mais je pense encore à Jocelyne. Les trois années qu'on a vécues ensemble m'ont complètement perturbé. Je pense toujours à ma fille, Élisabeth. Maintenant, elle doit avoir quinze ans. Est-ce qu'elle me reconnaîtrait ? J'ai conscience de ma déchéance. J'ai mal de voir ce que je suis devenu. Mais malgré toutes mes prières à Jésus, je n'arrive pas à m'en sortir. Je décide de revenir à Paris.

Depuis quelque temps, il y a un truc qu'on appelle le RMI. Un peu d'argent que l'État nous verse tous les mois. C'est fait, soi-disant, pour nous aider, nous les démunis. En réalité, avec le RMI on ne peut pas vivre décemment. Il faut choisir : se loger ou manger, on ne peut pas faire les deux. Du coup, même si on a la tête sur les épaules, on ne peut faire aucun plan. Le RMI, on le bouffe en une semaine. Faut comprendre. Ça fait un mois qu'on n'a rien, qu'on mange mal, qu'on dort à la belle étoile et que le seul revenu qu'on a, c'est la manche. Quand tout ce pognon nous tombe dans les mains, notre premier réflexe, c'est de prendre une chambre d'hôtel pour dormir au chaud, d'acheter à manger, des cigarettes, un futal, parce que celui qu'on porte est pourri, des grolles, parce que celles qu'on a sont pleines de trous, un sac, parce que celui qu'on trimbalait, on nous l'a volé dans un asile de nuit, etc. Il y a plein de raisons pour dépenser cette manne. La rue, c'est cher. Et puis, il y a la picole. Dès qu'on a un peu de thunes, c'est régalade pour tout le monde.

À Paris, au hasard de mon circuit de cloche, je rencontre Babar, le créateur du DAL, Droit au logement. L'idée est simple. D'un côté, il y a des logements vides depuis des années, laissés à l'abandon pour des raisons économiques, spéculation ou autres. De l'autre, des gens dans la rue, sans toit, qui crèvent l'hiver venu. Il suffit de mettre les gens qui n'ont pas de toit dans les logements qui n'ont pas d'habitants et on évitera que des miséreux ne meurent de froid sur le trottoir. Mais il y a loin du bon sens à la réalité des faits. Dans ces conditions, on est obligé de passer des arguments à l'action.

L'action, c'est la réquisition des immeubles. Moi qui connais la rue, cette spirale de l'enfer, depuis bientôt dix ans, je suis à fond pour cette idée. De fil en aiguille, je me retrouve avec des jeunes qui ont réquisitionné un immeuble, rue de Ségur, aux environs du ministère des Affaires sociales.

Au début, c'est confidentiel, puis l'affaire prend de l'ampleur. La place, au bas de l'immeuble, est réquisitionnée par les infirmières qui y ont installé leurs piquets de grève. Nous, on profite de l'aubaine pour faire connaître notre combat. Dans notre squat, on s'organise. Ce n'est pas le pire que j'ai connu. En plus, avec tout ce barouf, les responsables se déplacent. On nous délègue Simone Veil. On a aussi la visite d'Albert Jacquard qui soutient notre combat et nous apporte une plaque à l'air officiel : place des Sans-Abri. La presse est là, bien sûr, sinon tous ces pontes ne seraient pas venus. Les CRS veulent nous faire dégager. Avec eux, on ne discute pas, on s'affronte. Ça me vaut deux côtes cassées aux alentours de Noël.

Quand on ne reçoit pas des notables ou qu'on ne se bat pas avec les CRS, on passe notre temps sur le toit de l'immeuble à crier : « Un toit, c'est un droit ! »

C'est dans le métro qu'un jour de janvier, tout à fait par hasard, je rencontre Gérard. Il a un look d'enfer, moitié Gitan, moitié rocker, longues moustaches et rouflaquettes. Je suis content. Ça fait si longtemps ! Lui aussi, ça lui fait plaisir de me retrouver. On se salue – on n'arrive plus à s'embrasser –, et il me raconte sa vie. Il continue son existence de saltimbanque, à Paris, mais il est séparé de sa femme et de ses gosses.

Les jours suivants, on se revoit. Je retrouve un peu de mes gènes.

Un soir, on se donne rendez-vous dans un bistrot dans le quartier où traîne Gérard, côté porte de Clignancourt. Gérard ne boit pas, moi j'écluse pour deux. On se met à causer mais, dans mes brumes d'alcool, je commence à faire de la parano. Entre Gérard et moi, il y a un contentieux. Malgré ma joie de le retrouver, je ne lui ai toujours pas pardonné le coup qu'il m'a fait pendant ma grève de la faim, quand il m'a rendu Élisabeth en me la jetant comme un paquet de linge sale. Et justement, le voilà qui se met à parler d'Élisabeth. J'ai le sentiment qu'il en parle mal. Alors, je me mets en colère. Le ton monte. On s'accroche. Entre frères ! On en vient aux mains et finalement on sort se bastonner dans la rue.

De nouveau, deux côtes cassées. D'habitude, c'est toujours moi qui ai le dessus. Mais cette fois, je suis une proie facile. Du moins, c'est ce qu'il croit, Gérard, et il m'envoie une beigne qui me fait tomber. Par terre, l'alcool aidant, je sens monter en moi une haine énorme. Je perds tout contrôle. Je me jette sur lui comme un forcené et lui agrippe la gorge. Dans ma folie, je suis parti pour l'étrangler à mort, lui arracher la carotide. Et je l'aurais fait si deux de ses copains n'étaient intervenus. Ils me ceinturent et sont sur le point de me filer une volée, quand Gérard, qui a repris son souffle, les arrête :

— C'est bon, les gars, c'est mon frère.

Leur étreinte se desserre, je me dégage, mais ma haine n'est toujours pas partie. Lui il me nargue :

— Fils de pute, il me jette.

J'explose à nouveau et je crache dans sa direction :

— Toi, je te tuerai.

Puis je m'éclipse dans la nuit.

Quand je me retrouve seul, sur le boulevard Ornano, les images de Gérard que j'essaie d'étrangler tournent dans ma tête. Elles tournent comme un manège fou. Ça me fait peur. Qu'est-ce que je suis devenu pour vouloir tuer mon frère ? Depuis mes dix-sept ans, c'est vrai, je me suis bagarré un peu plus souvent qu'un autre. Ma vie a dérapé. Après dix ans de rue, je ne me reconnais plus. Je retrouve ce sentiment de rage impuissante que j'avais quand j'ai fugué pour la première fois. Et, comme cette fois, je prends la fuite. Mais à dix-sept ans je fuyais un monde fait d'injustice, là c'est moi que je fuis. À dix-sept ans je partais à l'aventure, là je fonce vers ma destruction.

J'ai pleuré et j'ai prié

Amsterdam. Je suis incapable de dire pourquoi je me trouve ici. Souvent, en racontant sa vie, on cherche à donner des explications sur tout. Dans une existence fracassée comme la mienne, ça ne fonctionne pas. Combien de fois ai-je agi sans calculer ! L'enchaînement de faits qui nous a jetés sur le trottoir nous a aussi privés de la seule liberté qui convient à l'homme, celle de se tenir droit. Du coup, notre existence se réduit souvent à des réactions instinctives que le contexte du moment oriente. Après l'altercation avec Gérard, je n'avais qu'une envie : foutre le camp. Après, je suis sans doute rentré dans la première gare venue. Ce devait être la gare du Nord. Je suis rentré dans le hall, j'ai regardé les panneaux, j'ai vu Amsterdam, une ville que j'avais connue vingt ans auparavant, et je me suis dit : « Va pour Amsterdam ! » C'est tout, mais je devais le payer.

La période qui s'ouvre est l'une des pires que j'aie connue. Toute ma vie, j'ai frôlé l'enfer, il fallait bien que je finisse par le vivre. En descendant du train, à la Station centrale, j'ai dessaoulé. Dehors, un après-midi de janvier, froid et humide.

Les maisons qui se dressent devant moi, de l'autre côté de l'avenue, me rappellent d'anciens souvenirs. Je

sais qu'il me suffit de prendre à droite et de m'enfoncer
dans le quartier pour tomber sur la place du Dam. Mais,
à mesure que j'avance, j'éprouve un sentiment étrange.
Mes repères d'il y a vingt ans ont disparu. Les gens, la
langue me font une impression curieuse, étrangère. J'ai
froid, je ne sais pas où aller, je continue de penser à
l'altercation de la veille. Dans ma tête tout se mélange.
Les souvenirs de mon adolescence insouciante viennent
se superposer aux images de désespoir de mon proche
passé. J'ai dans la bouche un goût amer. Les choses ont
changé, j'ai changé. Je n'ai plus ni joie ni excitation. Je
suis seul avec ma détresse.

Finalement, je m'effondre sur un banc et me mets à
lire *Le Parisien* que j'ai gardé sur moi. À cet instant, un
gars s'approche :

— T'es français ?

Je réponds, par réflexe :

— Ouais !

Je suis un peu surpris et le gars l'a compris à mon
regard :

— C'est le journal. Je me suis dis que tu devais venir
de Paris… Je peux m'asseoir ?

La question !

— Sûr.

Il est content de rencontrer un compatriote. Ça fait
vingt ans qu'il vit ici. On fraternise. Il me file une clope.
Avec ce qui me reste de thunes, j'achète deux canettes
et on se met à évoquer l'ancienne époque, celle de notre
adolescence sur cette même place du Dam. Ça fait du
bien de se trouver en terrain familier. On fréquentait les
mêmes coins, la même zone. Lui, c'est un Breton.
Comme moi, il est arrivé à Amsterdam quand il était
jeune, et il n'en est plus reparti. Question dope. Il s'est
fait son trou. Il vit d'une rente qui lui est versée chaque

mois depuis la mort de son père. Aujourd'hui, il vient de palper son fric.

Du coup, il m'invite à faire la bringue. Comme le soir tombe, on démarre. Coffee-shop, bière, boîte. Durant toute la nuit, je fume joint sur joint, je bois bière sur bière. Lorsque arrive le petit matin, je suis K-O technique. Ça fait longtemps que je n'ai pas mélangé le shit et l'alcool à ce rythme-là. Aux lueurs de l'aube, on se sépare. C'est un junkie. Il s'éclipse pour aller se piquer à l'héroïne. Il s'en va le faire seul. Il ne veut pas m'embarquer dans ce mauvais trip.

Après son départ, je me retrouve défoncé dans une ville où j'ai perdu tous mes repères. Si on me tombe dessus, dans l'état où je suis, je me fais détruire la tronche, c'est sûr. Mais j'ai l'habitude de ce risque, ça m'est déjà arrivé de me faire exploser dans cet état. Ça fait partie des lois de la rue. Seulement, je n'ai pas d'endroit où aller, alors je traîne comme un malade, encore environné des vapeurs de la nuit, dans un monde dont je ne parle pas la langue, à la recherche de compagnons de misère. C'est comme ça que je rencontre des clandestins : des Algériens, des Tunisiens, des Marocains. Ce sont les seuls qui peuvent m'aider, eux, au moins, ils parlent le français. Ils me donnent quelques adresses.

Je passe la journée à zoner, place du Dam, à émerger, à me remettre. Je fais un peu de mendicité. Avec les florins que j'engrange, j'achète de la bière et une petite barrette de hasch, qui m'entretiennent dans les brumes de l'indifférence. Quand vient la nuit, je me dirige vers le foyer qu'on m'a indiqué. Un peu comme à Milan, en tant qu'étranger, je n'y suis autorisé que dix jours par mois.

Mais ce que je découvre est catastrophique. L'état des cloches qui ont abouti ici est lamentable. Des épaves, accros à toutes les drogues qui existent et à l'alcool. Ici, il n'y a pas de lit. On dort par terre ou sur une chaise. La nourriture, c'est une soupe. L'odeur est pestilentielle. Il n'y a pas de douche. Mais dormir au chaud est une question de survie, dehors il fait − 18 °. Le lendemain, je me mets en quête d'un autre endroit.

Grâce à mes potes maghrébins, je suis introduit dans un squat, sur le quai de chargement d'une usine désaffectée. Je ne gagne rien au change. Le quai est à ciel ouvert, il fait un froid terrible, et on dort sans duvet. À côté de moi, plus de cinquante clandestins, de toutes les nationalités. La plupart sont drogués à fond. Toute la nuit, je sens que ça rôde. Allongé sous un amas de couvertures moisies, de chiffons, mon couteau ouvert dans une main, je suis aux aguets.

Les mois passent et je vis toujours dans cette espèce de squat découvert, tapissé de carton et de couvertures dégueulasses. Pendant longtemps, je n'y dors que d'un œil, sursautant dès que je sens un type s'approcher, mon couteau à la main, jusqu'à ce que je m'impose. Malgré tout, la nuit, la peur ne m'a jamais lâché.

Le jour, je galère en quête d'argent. Je boucle mes huit heures comme un travailleur, je fais la manche ou je me démerde pour dégoter de la thune. C'est que je suis à Amsterdam, le royaume de la dope. Je disais que dans la rue les villes sont indifférentes, mais il y a des exceptions. À Amsterdam, qu'on le veuille ou non, on finit dans la dope. Entre les circuits légaux et les trafics, la dope c'est le centre de l'intérêt et du business. C'est pas pour ça que je suis venu à Amsterdam, mais c'est pour ça que j'y reste. Seulement, pour la dope, il faut du fric.

Durant mes dix dernières années, je n'ai pas fait de conneries. Je n'en avais pas besoin. Comme tout clochard, j'étais autosuffisant. Si j'ai piqué un fromage, ici ou là, dans une épicerie, c'est bien le pire. Un clodo, il demande l'argent dont il a besoin et se fout royalement du surplus. Et de quoi a-t-il besoin ? De manger, de boire, de cigarettes peut-être, c'est tout, et pour ça la manche c'est assez. Pour le reste, il se tient à carreau et il évite les embrouilles avec les flics. Mais avec la dope, c'est une tout autre affaire. C'est beaucoup plus cher, et rien que pour ça, il faut plus de thunes. En plus, c'est varié et, du coup, on essaie plein de produits différents, de plus en plus forts, de plus en plus chers, et ça corse la note. Puis les descentes sont plus dures, on a besoin de nos produits tout de suite si on ne veut pas trop souffrir. Enfin, le milieu est différent. Les revendeurs, les dealers, ce sont des junkies qui poussent à la consommation pour pouvoir s'acheter eux-mêmes leur dope. Alors, tout ça mis bout à bout, la manche, ça ne suffit plus, faut trouver d'autres combines.

L'une d'elles, c'est le touriste. Plein de jeunes de tous les pays débarquent à Station centrale tous les weekends. Ils sont venus pour s'éclater mais ne connaissent rien ni personne, alors ils finissent par venir quémander nos services. Ça rapporte. D'abord, ils nous filent une commission contre nos tuyaux puis, pour eux, souvent, ça finit mal. On les piste et, quand ils sont bien stone, on les dépouille. C'est facile. Portefeuille, passeport. Pas besoin de violence, suffit de se servir quand ils sont affalés, défoncés. Le reste de la semaine, on compense en maraudant, en cassant des bagnoles ou des caravanes, en volant des vélos.

Je me débrouille et on me respecte. Je me fais même des potes : Rachid, Yacine, Samir, Léo Marlène, une figure locale. Grâce à ma démerde, j'ai tous les produits que je veux : shit, LSD, skunk hollandaise, cristal et autres, parfois une ligne de coke ou d'héroïne, et je suis stone vingt-quatre heures sur vingt-quatre. Je suis crado aussi. C'est à peine si je me lave tous les quinze jours. Certains jours, je suis tellement défoncé que j'ai des trous noirs. Au milieu de cette jungle, je profite des femmes faciles : les junkies ou les putes en vitrine du quartier rouge, Zaidec. Je suis entré dans un univers entièrement fait de délires qui m'aident à supporter les nuits, dehors, à – 15°.

Quand je pense à mon existence, aujourd'hui, et notamment à cette période, je me demande comment je suis toujours en vie. J'ai passé un an et demi non-stop dans un univers glauque, au milieu des ordures, des maladies, des drogues. Je me dis que Jésus, que je garde dans mes prières, même dans les rues d'Amsterdam, a dû veiller sur moi.

Les mois continuent de s'enchaîner au même rythme. Moi qui ai plutôt la bougeotte, il faut croire qu'Amsterdam me plaît parce je n'en bouge toujours pas. Ici, pas de services sociaux pour moi, pas de réinsertion, pas d'éducateur pour vous apprendre à vivre mais des canaux, de la dope et des femmes. Une nouvelle spirale à laquelle je ne fais pas gaffe, qui m'entraîne vers l'enfer et le point de non-retour.

J'ai pris une habitude. Le dimanche soir, je vais rôder à la Station centrale. Les jeunes qui sont venus en week-end pour goûter à la dope retournent chez eux. Et chaque fois c'est pareil. Au moment de monter dans le train, ils ont la trouille des douanes et ils bazardent leur reste de chichon ou d'herbe sur le quai ou dans les poubelles.

Il suffit de passer derrière et je récolte tous les petits sachets plastique abandonnés.

Ce dimanche soir, ça fait un an que je suis à Amsterdam, dans le paquet que je ramasse il y a une quinzaine de boulettes. Je sais ce que c'est, quoique je n'y aie encore jamais goûté. Assez cher. C'est du crack. Je me tire avec mon sachet et je vais voir un pote qui me confirme que c'est du bon. En sa compagnie et celle d'une nana qui s'est jointe à nous, on se défonce. C'est le déclic et le plongeon. Une nuit, ça me suffit pour m'adonner au crack. Ma vie, déjà infernale, prend une tournure dramatique.

Le crack, c'est terrible. Quand je fume ma pipe, je me sens beau, fort. Mais les effets secondaires sont catastrophiques. Je rentre dans des délires pas possibles, en pleine paranoïa, je défie tout le monde, je vis des cauchemars éveillés. Et je ne parle pas des descentes. Je me demande comment je n'en suis pas mort. Quand l'effet s'estompe, je reste comme paralysé. Il peut neiger, pleuvoir, je ne bouge plus pendant des heures. Ou alors, en plein été, je tremble et je frissonne comme si j'étais transi de froid. Parfois je deviens fou, j'essaie de fuir le lieu où je me trouve mais, inexplicablement, je reviens toujours au même endroit.

Je ne mange plus que des bonbons. Pour compenser le manque, je bois énormément, bière, whisky, alcool local. Je ne me lave plus du tout. Sentir mon odeur me rassure, je suis encore vivant. Je m'enivre de ma puanteur. Je me tape n'importe quelle nana qui traîne, je ne fais plus la différence. Tous les jours je me dis que c'est fini, mais tous les jours je replonge. Je n'arrête pas d'arrêter. Je suis pris dans un piège infernal. Pour couronner le tout, à cette époque de pur enfer, un autre de mes vices ressort. Amsterdam regorge de machines à sous. Complètement défoncé, je passe des heures à claquer mon pognon en tirant la manette.

Dans mon abîme, pourtant, où toute notion de dignité a disparu, où mon passé est tombé dans l'oubli, deux petites lumières continuent de briller. Élisabeth, à laquelle je pense chaque jour, et Jésus que je prie tous les jours.

Entre mes périodes stone, il m'arrive d'être lucide. Là, je me regarde, je regarde mes potes et je prends peur. Je nous vois complètement crados, sans une thune, avachis comme des loques. Avec la dope on se grille la santé et on abdique toute notre humanité. Quand j'observe un de mes compagnons ramper sur le trottoir pour attraper un quignon de pain qui traîne dans la boue, j'ai un mouvement de recul. Effrayé par le constat de ma déchéance, chaque fois je décide d'arrêter mes folies et de revenir en France. Mais la spirale me rattrape.

Pour rentrer en France, il faut prendre le train, et pour le train, il faut de la thune – pas question de « griller ». Seulement je suis fauché. Et entre ma décision de foutre le camp et le moment où j'ai l'argent, il s'écoule assez de temps pour que je me laisse tenter par la proposition d'un dealer.

J'en suis là, entre délires et tentatives de fuite, quand un pote à moi, Cornélius, un Hollandais, me propose de me tirer avec lui, en France. Il est accro à la dope, comme moi, mais lui, en plus, il se pique. Seulement, à la différence de moi, il reçoit, chaque début de mois, un peu de pognon de l'État, ce qu'ils appellent là-bas le Social 10. Comme souvent dans ma vie, et dans la vie de tous les démunis, c'est un petit détail qui change le cours de mon existence.

J'ai pleuré et j'ai prié

Mon billet en poche, un matin, avec Cornélius, je grimpe enfin dans ce train que je voulais prendre depuis des mois, je m'arrache d'Amsterdam, de sa dope, de son enfer et de ses plaisirs.

Après quelques petits détours, on atterrit à Béziers. Pendant trois jours, on se défonce non-stop avec toute notre provision de shit et d'herbe avec, par-dessus, l'alcool. Au terme du troisième jour, à peine capables de nous tenir debout, on se dispute violemment au point que Cornélius ramasse ses frusques et fout le camp. Je me retrouve seul, sans repères et sans habitudes. Béziers, ce n'est pas Amsterdam. Point de vue dope, il n'y a rien. Donc, après avoir un peu zoné, je décide de reprendre le circuit des foyers : asiles et CHRS. Le retour à la normale est dur mais j'essaie de m'accrocher. Je trouve un petit boulot à la con. Seulement, je ne tiens pas. J'ai eu trop de came dans le corps ces derniers temps. Pour compenser, je carbure à l'alcool. Finalement, je n'en peux plus, je pète les plombs, je fous tout en l'air et je retourne à Amsterdam.

Retour triomphal. Mes potes d'Afrique du Nord et les autres sont contents de me revoir. Je fais partie de la famille. C'est comme si je revenais à la maison. Mais les choses ont changé pendant mes quelques mois d'absence. Le squat est grillé. La police y a fait des descentes : contrôles d'identité, gardes à vue, détentions, expulsions, jusqu'à ce que l'endroit devienne intenable. Je dois trouver d'autres combines pour dormir. Ce n'est plus un problème. Maintenant, je connais la ville, j'ai tout un réseau de potes.

Toutefois, ces quelques mois à Béziers m'ont permis de prendre un peu de recul. Je modère mes folies. Grâce à Yacine, je fais parfois des petits boulots au noir, dans la peinture. Je continue de zoner, mais surtout je m'éclate toute la journée en bière, en fumette ou autre produit. Seulement, la pente est trop forte et je me réabonne au crack. Cette fois, cependant, ma glissade ne dure pas très longtemps. Très vite, la dégradation de mes potes m'alerte, alors je n'attends pas qu'un autre Cornélius se pointe, je fuis.

Cette fois, j'atterris à Valenciennes. Je reprends la filière réinsertion. J'en suis au stade du foyer quand, avec mes potes exclus, je reçois une invitation. On est conviés à une réception en l'honneur de l'abbé Pierre, dans la soirée. Je suis tellement heureux à l'idée de le rencontrer que j'arrive en avance. Quand il apparaît sur l'estrade, je suis ému de voir pour la première fois en chair et en os cet homme plein d'énergie qui a voué sa vie aux miséreux comme nous. Tout ce qu'il dit me touche profondément. Je ressens presque physiquement sa pureté, sa foi, son courage. Quand c'est fini, je me lève et, avant que les organisateurs aient le temps de réagir, je saute sur l'estrade et vais droit vers lui. Arrivé à sa hauteur, je me penche pour l'embrasser et lui glisser un mot à l'oreille :

— C'est beau ce que vous faites, l'abbé.

Proche de lui comme je le suis à cet instant, je peux voir son regard doux, lumineux, animé par la foi.

— C'est à vous de continuer, me murmure-t-il, je suis vieux.

Sans broncher, là, tout contre son visage, je ne peux m'empêcher de lui objecter :

— Mais vous, vous êtes craint et respecté !

Au lieu de me répondre, il se tourne légèrement vers moi et son regard s'embue, se voile de tristesse. Tout ça n'a pas duré bien longtemps, personne n'a rien entendu de notre dialogue, mais ce bref échange entre nous me marque.

Ce qui me touche, dans l'abbé Pierre, ce n'est pas tellement son association, Emmaüs, mais l'amour qui se dégage de lui. Ce qu'il fait pour les déshérités, il ne le fait pas par devoir ou parce que ça représente un problème social, un échec du système, que sais-je, mais par amour pour les hommes que la misère a rattrapés. Et cet amour nous rend la chose la plus importante : la dignité. Lui, il nous traite comme des hommes, il n'a pas peur de notre face ravagée par la rue, de notre puanteur. Il vient vers nous, il nous parle et il nous écoute. En le quittant, je songe qu'il en faudrait plus des comme lui.

Si j'ai bien compris, l'abbé, il veut que nous prenions la relève, que les exclus prennent en main le système, qu'ils se prennent en charge eux-mêmes. Mais comment est-ce possible ? Les exclus n'ont rien, et personne ne leur demande leur avis. Il faudrait que nous aussi on soit craints et respectés ? Mais c'est justement ce qui nous manque le plus, le respect. En tombant dans la misère et l'exclusion, on ne perd pas simplement notre travail et notre toit, on perd aussi le respect des autres. Même les gens qui nous veulent du bien n'arrivent pas à nous respecter. Comment respecter quelqu'un quand on le traite comme un gosse ou un délinquant ? Parfois, j'ai l'impression qu'ils confondent leurs sentiments et les nôtres. Ils croient, parce qu'on ne s'est pas lavés depuis quinze jours, qu'on a perdu le respect de nous-mêmes. C'est faux. Nous, même dans le pire des états, on ne perd jamais le respect de nous-mêmes. On est dans la rue par accident, pas parce qu'on a commis un crime ou qu'on a cessé d'être des hommes. Je me dis que c'est ça qu'il faudrait leur faire comprendre aux services sociaux.

Tant qu'ils ne nous respecteront pas, nous autres exclus, comme on respecte n'importe quel homme, ils auront tout faux.

Toutes ces pensées circulent dans ma tête et, à mesure que je les tourne et retourne, une certitude s'installe au fond de mon cœur, comme une lumière au bout d'un tunnel. Je ne sais pas comment je vais m'y prendre ni même ce que je vais faire, mais je me dis que je vais répondre à l'appel de l'abbé. Un jour, demain, dans un mois, dans un an, je ne sais pas, je prendrai la relève, je ferai pour mes frères et mes sœurs ce que l'abbé a dit. Je me servirai de mon expérience, de mon passé, de ma vie de galère pour les aider.

Je suis loin d'imaginer la difficulté du combat que je m'apprête à mener contre moi-même et contre le regard des autres. Je ne me doute absolument pas que, pour me faire connaître, « craindre et respecter », il me faudra passer par de terribles grèves de la faim. Pour l'instant, je pense avant tout à me stabiliser. La seule modification que je sens, c'est que mon regard se fait plus attentif.

À Valenciennes, je dégote un contrat de travail d'un mois. Au début, je me sens à peu près bien. La volonté de m'en sortir, la rencontre avec l'abbé Pierre me dopent. Mais les jours passant, la came recommence à me réclamer. La marginalisation est ancrée en moi. Du coup, mon contrat à peine fini, je ramasse mes affaires et je fous le camp, le plus loin possible, jusqu'à Marseille. Mais la distance n'y change rien. À Marseille, c'est l'enfer. Je craque une nouvelle fois et je décide de remonter en Hollande.

Sur le chemin, je m'arrête à Paris. C'est l'hiver. Je n'ai pas envie d'aller dans un foyer mais, vu le froid, je ne peux pas prendre le risque de dormir dehors. Alors, quand arrive une heure et demie du matin, je me cache

J'ai pleuré et j'ai prié

dans la station de métro Franklin-Roosevelt et je me laisse enfermer pour la nuit, du moins ce qu'il en reste. Je me glisse entre les rames, je pénètre dans le tunnel et une arcade de rame dans laquelle je peux me faufiler. Le matin, à six heures, comme le service reprend, je suis obligé de sortir de mon trou. J'ai la peur de ma vie quand je me fais frôler par une rame. Le bruit infernal qui envahit mes oreilles me laisse tout tremblant. Au moment de sortir, c'est autre chose qui m'envahit : la crainte de me faire choper. La nuit suivante, je recommence. Mais c'est trop pénible et, le troisième jour, je préfère aller dans un asile de nuit.

J'en trouve un porte de Champerret. C'est un centre Emmaüs. Je n'ai le droit d'y rester que quinze jours. Ensuite, je dois en trouver un autre ou rester dans la rue. Pourquoi ? Je n'en sais rien. C'est le règlement. Pour éviter de galérer, je me propose comme compagnon. Je travaille à l'entretien des locaux et, en contrepartie, j'ai une chambre et je peux rester sur place pendant un mois et demi. Nous sommes cinq ou six compagnons dans ce centre pour à peu près deux cents sans-abri. Nous avons chacun une chambre individuelle, cinquante francs et deux tickets-restaurant par semaine. Nous travaillons quarante heures. Sur les deux cents vagabonds, il n'y a que quelques femmes, qui sont parquées dans un bâtiment à part. Notre responsable est un grand Noir sympathique, Jean. Avec nous, il est bien. En revanche, les travailleurs sociaux marchent à côté de leurs pompes.

Ici, je me trouve à mi-chemin entre deux mondes : celui des mendiants et celui des travailleurs sociaux. Je peux voir des deux côtés. Mes frères, je le constate, sont plutôt amorphes. Ils encaissent en fermant leur clapet. Ils sont logés sur deux étages dans une vingtaine de dortoirs de dix personnes avec une douche à l'étage. Le nettoyage, le matin, ce n'est pas de la tarte. Dans les chiottes, je trouve des seringues, des bouteilles, des capotes. Le soir, les bagarres sont courantes. Il faut dire, à la décharge de mes compagnons, que ces foyers d'hiver sont ouverts à tous sans distinction, aux clochards aussi bien qu'aux junkies. Côté travailleurs sociaux, ce n'est pas mieux, sauf qu'ils n'ont pas l'excuse d'avoir été détruits par la rue. Combien de fois, par exemple, j'ai constaté que lorsqu'on donne un ballot de vêtements au centre – je ne veux pas parler des fringues qu'Emmaüs distribue mais de celles que des gens généreux apportent, parfois, directement dans les locaux –, ils se servent les premiers et abandonnent le reste aux résidents. D'autres fois, je les surprends à utiliser les tickets-restaurant des sans-abri pour se commander des pizzas. Chaque fois que je vois un truc qui ne va pas, j'en fais part à Jean qui, du coup, me surnomme « Petit détail ». Mais ça ne l'empêche pas d'aller voir le responsable des travailleurs sociaux pour lui régler son compte.

D'un autre côté, j'en viens à assumer un rôle de travailleur social auprès de mes frères. Je résous des problèmes, je calme des bagarres. Je crois que je fais du bon boulot puisqu'on me propose d'intégrer une équipe et de devenir veilleur-éducateur dans un hôtel social. Ça me tente mais, au bout de deux mois et demi, je reçois un rappel de RMI. Tout ce pognon me démange. Compagnon, c'est bien, mais ça n'a pas changé mon statut d'exclu. En plus, depuis Valenciennes, je suis entré dans une dynamique de combat et, en même temps que mon humanité, ma volonté d'aider mes frères grandit, ma colère aussi croît devant la manière dont on les traite. Alors, avec mon RMI, je décide de faire la fête, au bistrot, avec les autres compagnons. Je préfère claquer mon argent en faisant plaisir à mes potes. Au moins, pendant quelques heures, je les verrai rire et sourire. Le lendemain, je me retrouve à la gare du Nord et je prends le train pour Amsterdam.

Une fois encore, après quelques mois d'absence les choses ont changé mais j'essaie quand même de reprendre mes vieilles habitudes. Je dors dans un petit parc en retrait, caché de la faune et de la police. Pour me faire de la thune, je fais la manche, je rentre dans de petits trafics. Et comme si je n'étais jamais parti, je me réinstalle dans cette vie. Je fais simplement gaffe au crack. Mais, défoncé de longue date au shit, à l'alcool ou au reste, je n'ai plus guère de ressources morales. Indigent sur les trottoirs de France ou de Navarre, j'avais encore la force de vouloir m'en sortir ; camé dans les rues d'Amsterdam, je ne pense à rien et encore moins à la réinsertion. Je ne pense même pas à sauver ce qui me reste d'humanité. Je m'enfonce lentement, dérivant de défonce en défonce.

Une nuit, je me couche dans ma planque, comme d'habitude. Il fait doux. Je retire mes chaussures pour éviter que mes pieds ne gonflent, je retire aussi mes chaussettes, à cause de l'odeur. Le matin, à mon réveil, je découvre une seringue usagée plantée dans mon talon. Immédiatement, je pense au sida. Cette pensée me tétanise. Je retire la seringue mais, pendant des heures, je reste bloqué. Je n'ose pas poser mon pied à terre. D'où vient cette seringue ? Est-ce que quelqu'un l'a plantée volontairement dans mon talon pendant la nuit ? Est-ce que je l'ai attrapée en bougeant pendant mon sommeil ? Je ne le saurai jamais.

Quoi qu'il en soit, l'inquiétude est trop forte. Je panique. Quand enfin j'arrive à me mettre debout, je file à la Station centrale prendre le premier train et me

précipiter dans le premier centre médical que je trouve-
rai en France.

Pendant trois mois, je zone à Paris et dans la région
dans l'attente du résultat de mes analyses. Trois longs
mois de cauchemars et d'angoisses terribles, trois mois
pendant lesquels je me vois crever du sida. Heureusement, Jésus veillait sur moi et, au bout des trois mois, le
résultat tombe : je n'ai rien ! La maladie m'a épargné. Je
suis rassuré, et tellement content que, sans rien calculer
d'autre, je file le plus vite possible en Hollande reprendre mon existence de zombi. Évidemment, je retouche
au crack et rechute dans ma misère extrême.

Lorsque arrive la période des fêtes de Noël, je suis
en pleine défonce. Mais Noël, pour moi, c'est une fête
qui a une saveur particulière. C'est la naissance du petit
Jésus. La crèche, la Vierge Marie, les animaux, les ber-
gers, c'est un récit qui m'a toujours ému. Depuis tout
petit, au catéchisme, je le porte en moi. C'est devenu
quelque chose de sacré. Toute la tendresse et la beauté
du monde y confluent. Quand j'étais enfant, cette histoire lavait mes larmes. Et là, vautré dans un coin, pelo-
tonné pour lutter contre le froid, plein de shit, de crack
et de bière, je regarde les vitrines décorées, les gens
avec des cadeaux, les yeux des enfants qui brillent.
Mon esprit se balade. Je pense à l'abbé Mitre et à
Mlle Baratin, à la salle du catéchisme, aux Noël que j'ai
partagés avec Élisabeth. Si les choses s'étaient passées
autrement, nous serions ensemble, à cette heure, dans
les rues de Paris, main dans la main, faisant du lèche-
vitrines. Je ne peux même pas imaginer qu'Élisabeth
doit avoir dix-huit ans. La dernière image qui me reste
d'elle, c'est à six ans et demi, cela fait près de douze
ans maintenant.

J'ai pleuré et j'ai prié

Les journées passent, Noël approche. Je biture, je kiffe toujours, mais dans un coin de ma tête je prends la décision de foutre le camp. Le 24 décembre, je suis encore à Amsterdam avec mes potes zonards. La journée a été froide. La nuit ne va pas tarder à arriver. Les gens se dépêchent de rentrer chez eux. Je me lève. Je fais un dernier signe à mes potes et je me dirige vars la Station centrale. Dans le train qui m'emmène à Paris, je prends le temps de réfléchir. Jusqu'à présent, toutes mes tentatives pour sortir du crack se sont soldées par des échecs. Je n'ai pas pris le problème comme il fallait. J'ai voulu suivre la filière de réinsertion, mais je n'ai pas pensé que j'étais malade et que je devais d'abord me soigner. Je ne suis plus simplement un clodo, je suis aussi un camé. Tous ces produits m'ont endommagé les neurones et la santé. Mais, en France, ils ne connaissent pas ça. C'est à peine s'ils s'occupent des problèmes d'alcool. Sans compter que la population des cloches, d'ordinaire, ne touche pas à la dope. Donc, si je veux m'en sortir, je dois me soigner à fond, faire une cure de désintoxication, me laver de toute cette merde qui traîne dans mes veines.

Quand j'arrive à Paris, la nuit tombe. Je vais tout droit dans un asile de nuit, La mie de pain. Il y a la queue. Je pose mon barda par terre et, debout dans le froid, j'attends deux heures au milieu des autres. Quand arrive mon tour, je découvre deux types baraqués qui barrent la porte. Des vigiles. Ils me font subir une fouille sévère. Ils me passent même aux rayons pour voir si je n'ai pas un couteau !

Ensuite, direction le réfectoire. La bouffe est moyenne, les chiottes dégueulasses, les lits corrects, sans plus, et on me jette à sept heures du matin.

Dehors, je vais du côté de la gare de Lyon. On m'a dit que dans le coin il y a une association, Les Haltes des amis de la rue. Pourquoi pas ? Celle-là, je ne la connais pas. Alors je vais y jeter un œil, voir ce qu'ils peuvent faire pour moi. Mona, l'assistante sociale qui me reçoit, m'écoute attentivement. Après que je lui ai raconté mon histoire, et que je lui ai dit mon envie de décrocher de la dope, elle m'oriente vers un centre spécialisé, le Centre de Charonne. Là, je m'engage à décrocher et, en contrepartie, j'obtiens une chambre d'hôtel.

Seul, je commence mon combat. Je refuse les produits de substitution mais je m'impose, deux fois par semaine, une visite chez un psychologue. Pendant les cinq mois que dure ma lutte, je fais de gros progrès. Je ne touche plus à la came ni à l'alcool, mais je fume comme un pompier et, de temps à autre, je fume quelques joints en compagnie de Sophie.

Sophie, quand je l'ai revue, ça faisait un bail qu'on s'était perdus de vue. En ouvrant la porte pour me faire entrer dans son appartement, elle a un grand sourire. « J'ai changé », me dit-elle en s'allumant un gros joint. À l'intérieur de moi, je rigole. Je viens justement de quitter le milieu de la fumette extrême. Mais son changement, ce n'est pas ça. Elle est devenue lesbienne. Ça, ça me fait mal. Ma sœur ! Malgré tout, je reste. Chaque semaine je passe la voir. La fumette crée une complicité entre nous.

Pendant ce temps, je participe à un chantier de peinture avec Les Haltes des amis de la rue. C'est un chantier-école. À son inauguration, il y a tout le gratin : le ministre Martine Aubry, Xavier Emmanuelli, fondateur du SAMU social, et plein d'autres personnes, un tas de responsables du monde caritatif, la presse aussi. Avec ma notoriété passée, je me retrouve mêlé à tout ce beau monde. Je discute avec eux, je donne mon point de vue sur la question des exclus. Et, dès le lendemain, je décide de prendre ma plume pour écrire à tous les ministres concernés : Aubry, Kouchner, Gayssot, pour obtenir un logement social dans le 12ᵉ arrondissement. On me répond que mon cas est traité en urgence. Mais un mois passe et pas de nouvelles. Un deuxième mois, et toujours rien.

Depuis ma rencontre avec l'abbé Pierre, une idée me trotte dans la tête. J'ai envie de faire quelque chose pour mes frères de misère. Je ne sais pas encore quoi mais l'idée est en moi. Après ma journée passée avec les pontes, cette conviction est revenue, plus forte encore. En me disant qu'avec mon passé je pourrais aider mes compagnons, je vais voir Danielle Huèges, la fondatrice des Haltes. On se connaissait déjà avant l'inauguration. On s'est rencontrés plusieurs fois. Je n'ai pas de projet bien défini, je veux simplement aider. Comme réponse, elle me propose un poste d'agent de nettoyage ! Elle n'a rien compris à ma démarche. Ou alors elle ne veut pas en entendre parler. Il y a des résistances partout, à tous les niveaux, même dans les réseaux associatifs. Pour presque tous, l'exclu, c'est un problème à gérer, pas un homme, un échec d'une société qui doit trouver le moyen de le « réinsérer » dans son système. Pour d'autres, plus rares, l'exclu est un homme dans la détresse avant d'être un problème plus général. Mais il y a encore très loin à admettre qu'un exclu puisse se prendre en main et aider les autres exclus. Une cloche dans la cour des grands !

Cette réponse, tout comme le silence des cabinets, me casse en deux. J'ai l'impression qu'on se fout de moi.

Par-devant, on me fait des grands sourires, on m'écoute en secouant la tête : « Oui, oui, bien sûr », surtout quand il y a des journalistes, on me promet tout, mais dès que j'ai le dos tourné, je redeviens le clodo sans nom qui n'est bon qu'à zoner et bien content si on lui file à bouffer et les chiottes à récurer. J'entends d'ici les gens qui vont me dire : « Quoi, dans votre situation, vous faites la fine bouche ! Vous voulez le beurre et l'argent du beurre ! Balayeur, c'est pas assez bien pour vous ! Vous qui n'avez rien, que la société doit aider, vous vous permettez de refuser ! » Eh bien, oui ! D'abord, balayeur, je l'ai fait assez souvent pour qu'on n'ait pas à me dire quoi que ce soit. Mais la question n'est pas là. C'est assez que dans la rue les pauvres soient accablés de misère, il est inutile qu'ils soient, en outre, accablés de mépris.

Un soir, en rentrant chez moi, je sens que ça ne va pas, je craque. Mon CDD sur un chantier de peinture vient de s'achever, et l'entreprise avec laquelle je bosse me propose de signer de nouveau pour un autre chantier, mais cette fois dans la tapisserie. Ça me tente, j'ai besoin de travailler, seulement voilà, la tapisserie, je n'y connais rien. Et l'idée de m'engager sur un truc que je ne maîtrise pas m'angoisse. En plus, j'en ai marre de ma chambre d'hôtel. J'ai fait une croix sur le logement social qu'on m'avait pourtant promis. Je me sens mal, alors je téléphone à ma psychologue. Malheureusement, elle ne veut pas me recevoir. Pour moi, ce coup de fil est un appel au secours, mais elle, elle considère que je suis remis d'aplomb et que je n'ai plus besoin de ses services.

Alors, malgré les efforts du Centre de Charonne, je passe par une épicerie, j'achète de la bière et du vin et, seul dans ma chambre d'hôtel, je me saoule. Je sens la révolte monter en moi. Dans le brouillard, je rassemble quelques affaires. Direction Amsterdam. Là-bas, au moins, je connais les règles.

J'ai envie de retrouver toutes les sensations de la défonce, mais je ne veux plus me laisser piéger par le milieu que je connais. Du coup, je m'arrête en chemin et je descends du train à Rotterdam.

C'est une erreur. Ce n'est pas le milieu qui me bouffe, c'est la dope. À Rotterdam, je vends des journaux pour les sans-abri et je dors dans un foyer pour les toxicos SDF. Le local appartient à l'Église protestante. En réalité, on se contente d'y gérer la situation de fait. Tous les produits circulent dans le foyer : shit, héroïne, crack. Il y a des salles réservées, une pour ceux qui fument le joint, une pour ceux qui prennent du crack, une dernière pour ceux qui se piquent. Pour le reste, on dort par terre et il n'y a aucune hygiène. Dedans, ça grouille de maladies mais, là, au moins, on ne se fait pas agresser. Je n'ai pas besoin de ne dormir que d'un œil, le couteau dans la main. Il y a bien des vols mais, comme je suis K-O toutes les nuits... Parfois, l'un d'entre nous meurt d'une overdose ou de maladie. À mon arrivée, un gars toussait à en crever, trois jours après on l'a retrouvé mort. C'est comme ça. Plus personne n'est choqué. Un véritable crevoir.

Je n'ai plus de potes. À Rotterdam, je suis absolument seul. J'appartiens définitivement au monde des junkies. Le jour, je ramasse du fric pour me défoncer. La nuit, je m'écroule. Je ne parle plus à personne, je ne pense plus à personne. Ma seule obsession : la came. Plus envie de rire, de me battre, de faire la fête. Les nanas ne m'intéressent plus. Je n'attends qu'une chose : me retrouver dans un coin, tranquille, pour m'enfiler toutes les merdes possibles. L'idée que je pourrais aider mes frères en détresse s'est évanouie dans les brumes d'un passé qui m'est devenu étranger. Je m'autodétruis. Pas volontairement.

J'atteins l'extrême limite, morale et physique. Pourtant, au milieu de cette ambiance morbide, je continue à penser à Élisabeth et à prier, tous les soirs. Et c'est ce qui me sauve, une nouvelle fois. Je n'en peux plus de me regarder crever. Moi, le révolté, je me vois traîner comme une loque qui a baissé les bras. Si j'en suis là, c'est en partie ma faute, c'est sûr, mais je ne l'ai jamais décidé. Ce sont tous les coups que j'ai pris dans la tronche qui m'ont conduit à cette extrémité. Parce que je me suis rebellé, parce que je n'ai pas accepté la loi de l'injustice, je me retrouve là où je suis. Et maintenant, je me laisserais mourir comme une bête ? C'est trop facile ! Ça voudrait dire qu'ils auraient gagné, que l'injustice aurait gagné ! Et, dans un ultime sursaut, je puise les dernières forces qui me restent, je récupère mes affaires laissées à la consigne et je m'arrache de la Hollande.

Montpellier. J'ai un taf dans le bâtiment et un studio. C'est moi qui le paie mais les organismes sociaux m'aident. Les choses se présentent bien, mon patron est satisfait et, malgré mon passé, je tiens la route physiquement. Ça, c'est un autre truc pour lequel je remercie Jésus. J'ai la chance de récupérer très vite de mes excès. Pendant six, sept mois, donc, je mène une vie rangée. Le travail me fait du bien. Le travail, tout seul, n'a jamais permis à personne de se réinsérer, mais il m'impose une discipline salutaire. Comme la prison, il m'oblige à une certaine hygiène de vie, me maintient la tête hors de la rue. Mais la misère n'est pas qu'une donnée économique. Il y a tout le reste.

Quoi qu'il en soit, je me sens assez fort pour inviter Sophie et sa fille Audrey à venir passer trois semaines de vacances dans mon studio. Ce n'est pas très malin. On va être serrés dans mon vingt mètres carrés. Mais je suis comme ça. Dès que j'ai quelque chose, je veux le partager. Seulement voilà, Sophie débarque avec Audrey et deux copines, lesbiennes comme elle. Et Audrey, qui va vers ses quinze ans, suit la pente de sa mère en matière de goûts sexuels. Tout ça dans un vingt mètres carrés ! Comme il fallait s'y attendre, ça tourne mal. Je ne me sens plus chez moi et Sophie me fait des coups tordus. Je finis par lourder les deux copines, mais ça n'arrange rien avec Sophie, alors elle aussi je la mets dehors.

Cette expérience néfaste plus le fait qu'à part le travail rien en moi n'est réinséré dans la société, je me remets à boire très fort. Pendant quinze jours je me laisse aller à tous mes délires et, pour les financer, je prends mon chéquier. Mes interdictions bancaires ont pris fin et, depuis quelques mois, j'ai un nouveau compte. J'achète télé, chaîne hi-fi et autres que je revends à moitié prix pour me faire du liquide et payer ma picole au bistrot.

Au bout de quinze jours, un soir, complètement ivre, je ramasse mes affaires et je déserte Montpellier. Je prends le train pour la Bretagne. Renouer avec les racines de mon père créera peut-être un déclic en moi.

À Saint-Malo, je voulais me refaire une santé, mais je tombe sur une bande de durs avec lesquels je me bastonne. Ils me laissent sur le carreau. Quand j'émerge, le matin, je m'aperçois que mes lunettes sont cassées, mais surtout, que j'ai un grave problème d'alcool. J'ai décroché de la dope pour m'accrocher à la picole. Ce n'est pas nouveau. J'ai mené les deux en parallèle, biture et came. Je décide donc de faire une cure.

Je me fais prendre en charge par les Alcooliques anonymes, à Dinard. C'est là que je rencontre Maurice Ligier, soixante-seize ans, ancien alcoolique qui consacre sa vie à aider ceux qui sont atteints de ce fléau. Il prie beaucoup également. Je fais aussi la connaissance de Mme Hourdin, directrice du CCAS[1] de Dinard. Formidable. Malheureusement, toute leur sollicitude ne suffit pas et, après un temps de sevrage et d'efforts, je replonge, à fond.

Calais. Elle a les yeux de Jocelyne. Elle s'appelle Nathalie. Ça fait tilt. D'entrée, une complicité d'alcool s'établit entre nous. Dans mes vapeurs, je ne suis pas en état d'évaluer, je réagis à l'instinct. Ces yeux m'accrochent, je ne regarde pas ailleurs. Mes galères avec Jocelyne auraient dû m'alerter. La rue, pour un couple, c'est mortel. Nathalie n'est pas prostituée, mais elle est enfoncée dans la picole. D'ailleurs, dès le premier soir, je fais le tour des bars avec elle. Et avec sa mère, Simone, qui a soixante-huit ans mais qui nous écrase tous question pochtronnade. Et ce premier soir se termine en beauté. Sur le coup d'une heure du matin, mère et fille sont complètement bourrées. Dans la rue, dans la nuit qui résonne, elles hurlent tant que les flics finissent par les embarquer et par les conduire au commissariat. Ça commence bien !

Quand je les revois, le lendemain, dans le parc où j'ai fait mon trou, elles ont cuvé. Elles habitent un petit deux-pièces, et m'invitent à les rejoindre. J'ai un toit pour dormir, mais le reste, ce n'est pas fameux. Tous les soirs, on est ivres morts. Dans le petit appartement, il règne un bordel inouï. Rien n'est lavé, rien n'est rangé. En plus, Nathalie a le vin mauvais. Elle devient méchante, elle essaie de me filer des coups. Elle ne fait pas le poids, mais je n'ai pas envie de la cogner. Je préfère sortir et attendre qu'elle se calme. La vieille, ce n'est pas mieux. Mais elle,

_____

1. Centre communal d'action sociale.

c'est pour autre chose qu'elle me saute dessus. Ça me débecte, je la repousse, mais c'est lourd. Et puis, il y a l'ex de Nathalie. Lui, il rôde dans la cité. Il m'attend avec ses potes pour m'insulter et me menacer. C'est un vrai cauchemar, mais je reste à cause des yeux de Nathalie, et aussi par compassion. Son passé tordu, sordide, qui l'a conduite à cette déchéance m'a ému. Surtout, je craque quand elle me présente sa petite fille qui est adorable et qui me saute dans les bras quand elle me voit.

Un soir, l'ex passe à l'action. Avec un de ses potes, il me coince et me défonce la tête à coups de matraque. Mes années de rue m'ont durci le cuir. Je m'en sors avec des bleus. Je pense qu'il va s'arrêter là. Je me trompe. Il devient de plus en plus menaçant, et moi, je commence à m'inquiéter. La situation prend un tour dramatique. Avec Nathalie et Simone, on n'ose plus rester dans l'appartement. On se planque, jusqu'au jour où Simone fugue.

Notre situation devient intenable. On ramasse nos papiers, nos quelques habits et on part. Lille, une virée à Amsterdam, puis retour en France. On cherche des foyers pour couples. C'est dur. Le miséreux qui n'a rien, s'il a une femme, on la lui retire. Pour le punir sans doute. De quoi ? Ça, c'est une autre affaire. Finalement, on en trouve un, à Marseille. C'est un foyer pour femmes, mais il y a une place pour un couple. On reste un mois, c'est la limite. Après, on doit se trouver une chambre à l'hôtel. Encore un règlement que je ne comprends pas. Pourquoi un mois ? Si vraiment on veut faire de la réinsertion, il faut aller jusqu'au bout.

Dans le centre, ce n'était pas trop mal. On avait réduit notre consommation d'alcool. Mais à l'hôtel, plus rien ne nous retient. Nathalie et moi, on replonge dans notre vice. Seulement, Nathalie, quand elle est pétée, elle s'en prend violemment à tout le monde. Si ce n'est pas sur moi, c'est sur les voisins qu'elle tombe. Évidemment, on se fait expulser. On fait comme ça trois hôtels. Dans le dernier, notre altercation tourne mal. Au cours de sa crise, Nathalie me fracasse une assiette sur la tête et m'ouvre l'oreille. Les flics arrivent, mais je ne porte pas plainte. On doit juste quitter Marseille. C'était pourtant assez bien parti. J'avais profité de ces deux mois de relative stabilité pour commencer une formation de coffreur-brancheur et je devais me faire embaucher par une grosse entreprise. Mes projets tombent à l'eau.

On débarque à Toulouse. De nouveau, foyer, pendant quinze jours, puis la rue. On se dégote un coin de parc et on vit de la manche jusqu'à ce que tombe notre RMI. Là, c'est fiesta toute la journée jusqu'au soir. Malibu, bière, gin, on n'arrête pas. Comme d'habitude, une fois bien imbibés, on se dispute. Nathalie s'excite. Elle fait une crise dont elle est coutumière et, sur le coup de vingt heures trente, elle fout le camp. Comme j'ai très vite pris le pli, je la laisse à ses délires.

Le lendemain, je me pointe à la gare. C'est là qu'on a remisé nos affaires. Je sais qu'à un moment ou à un autre, elle va y venir. Effectivement, elle apparaît, mais accompagnée par un flic et un autre type. Celui-là, je l'ai repéré. Il fait partie de la zone et, depuis quelques jours, il tournait autour de Nathalie. Immédiatement, je sens le piège. Nathalie et le type m'agressent verbalement. Inutile, j'ai déjà compris. Sous la surveillance du policier, on partage les affaires. Nathalie et le type partent de leur côté, je me retrouve seul.

Nathalie, je m'étais attaché à elle. Je ne sais pas si on pouvait appeler ça de l'amour. Dans notre relation, il y avait beaucoup d'habitude, presque une année de vie et de galères communes, pas mal de complicité dans la picole et un peu d'affection. Ça me fait mal de la voir partir. J'ai, en plus, le sentiment de m'être fait avoir. Elle, elle devait déjà calculer de le rejoindre, mais elle a attendu qu'on ait un peu de thunes pour en profiter avant de se tirer. Je trouve ça sordide. Du coup, je prends le train.

La France, j'en ai ma claque. J'ai fait le tour de toutes ses villes. Il n'y en a aucune que j'ai envie de revoir. En revanche, l'Espagne n'est pas loin. Je n'y suis jamais allé. C'est l'occasion.

Barcelone, c'est une grosse ville, énorme, pleine d'agitation, mais la zone n'est pas très différente. Dans un asile de nuit, je fais la connaissance d'un gars, Xavier. On sympathise et on décide de partir sur les routes pour trouver du travail chez des paysans. En chemin, on fait la connaissance de gitans avec lesquels on fraternise. Pendant pratiquement un mois, nous allons, avec eux, travailler au ramassage des oignons. C'est un boulot éreintant. Il fait chaud, on passe neuf heures, courbé dans les champs, six jours sur sept. Mais, en contrepartie, le soir venu, c'est la fête permanente : bière, cognac espagnol, shit à profusion. Les gitans m'ont adopté. Tous les soirs défoncé, la journée cassé par le travail, au bout de quinze jours je décide d'arrêter toutes mes conneries. Plus d'alcool, plus de shit. C'est rude, parce que, autour de moi, les autres carburent à fond. Mais je tiens. Une semaine. La France me manque, sa langue, ses habitudes, et Nathalie aussi. Mais, pour la première fois, je pars avec regret. Je suis triste de quitter mes potes gitans.

Je fais une halte à Perpignan puis je reviens à Toulouse. Je pense encore à Nathalie. J'ai un peu d'argent :

ma paye de saisonnier, mon RMI qui vient de tomber, le fait que j'ai arrêté de boire, je me dis que peut-être je pourrais la récupérer. Je vais traîner à la gare et, finalement, ma patience est récompensée. Je repère Nathalie qui zone. Je m'approche, je commence à lui parler, à lui expliquer que j'ai arrêté de boire, que j'essaie de remonter la pente. Dans mon for intérieur, j'espère la convaincre de revenir, de faire, avec moi, l'effort de nous en sortir. Mais avant que j'aie fini de parler, elle se met à crier, et le type, Jean-Pierre, qui s'est glissé dans mon dos, m'envoie un coup de poing en traître. Un vigile intervient. Jean-Pierre se met à brailler que je voulais taper sa femme et, avec Nathalie, ils se préparent à aller au commissariat de la gare pour porter plainte. Un instant, je reste tétanisé. Ce sont surtout les paroles du type, Jean-Pierre, qui me font mal. Quand je pense qu'il y a un mois Nathalie vivait avec moi ! Je le chope et lui dis de régler la chose face à face. Mais il se débine. Il a compris qu'avec la haine qui est montée en moi je vais le massacrer. Tant mieux ! Je ne sais pas ce que j'en aurais fait. Quand je vois Nathalie commencer à faire tout un cinéma au sujet de son bras que j'ai à peine frôlé, au moment où elle franchit les portes du commissariat de la gare, je comprends que ce n'est pas la peine d'insister. Je dégage. Je retourne vers le centre ville. Au passage, je dépose plainte moi-même contre l'agression dont je viens d'être victime. Pas pour les coincer mais pour me prémunir. Mais en moi, j'ai toujours la haine. Et je sais que Jean-Pierre, si je le croise, je le détruirai. Du coup, je quitte Toulouse. La raison l'emporte sur la colère.

Je reviens à Perpignan. À la gare, comme souvent, je téléphone au SAMU social, le 115, qui m'oriente vers un foyer. Je raconte mes problèmes d'alcool et de toxicomanie. Seulement, la plupart des gars dans le foyer sont cacheton, alcool ou chichon. Je m'en tiens à ma décision de ne plus toucher l'alcool, mais vu ce qui circule dans le foyer, je continue la fumette. Avec tout ça, c'est le foutoir. Les éducateurs ne sont plus en mesure d'assurer. Il y a toujours le règlement disciplinaire : interdiction de ceci, interdiction de cela. Pour le reste, néant. Infoutus, de faire quelque chose pour les miséreux qui ont atterri dans leur centre, les travailleurs sociaux. Incapables même de les orienter vers un boulot. Il faut que ce soit moi qui me démerde pour dégoter un job de saisonnier à une bande de jeunes que j'encadre spontanément. Avec moi, au moins, ils sont en confiance.

Dans le fond, sous le vernis, ce n'est rien qu'un centre de redressement disciplinaire pour ceux qui ont commis la faute de s'être fait attraper par la misère. À Perpignan, le social est au niveau le plus bas. Il n'y a plus qu'une chose qui fonctionne : les interdits et les vexations. Et ça continue de s'appeler foyer de réinsertion, sans que ça choque personne ! Nous autres, les va-nu-pieds, il y a longtemps qu'on a compris. C'est pour ça qu'on fuit.

Mais cette expérience, en plus du fait que j'ai arrêté l'alcool, réactive mon vieux désir, cette vieille idée de me servir de mon passé pour aider mes frères. Je pense aux paroles de l'abbé Pierre, que je devais prendre la relève, moi, ou ceux qui sont comme moi. Je pense aussi à ce que je lui ai dit sur la notoriété. Je me rends compte que c'est ça qui m'a paralysé. Si je veux entrer dans le combat, je dois commencer par là. Ce que je veux dénoncer, c'est le sort que notre société réserve aux exclus, comment, par ignorance, bêtise ou mauvaise volonté, elle en arrive à nous ghettoïser, à nous maintenir dans notre situation d'exclus, d'absolus misérables. Depuis que je me traîne dans la rue, je n'entends qu'une chose :

« Ferme ta gueule ! » Et pour les plus durs, ceux qui ne se dissimulent même pas, c'est : « Si tu n'es pas content, on te lourde. »

Pour eux, je suis un exclu, un échec lamentable. Bien beau qu'ils me filent un lit pourri et une nourriture avariée, faudrait pas en plus que je ramène ma fraise. Impossible de faire entendre ma voix. Il faut que je trouve un moyen. J'en connais deux : la fuite et le refus de manger. La fuite, ça n'a pas de sens. Reste le refus de manger. Mais comme ça, tout seul, ça ne marchera pas. Dans ma foutue vie, j'ai découvert un troisième moyen : écrire.

Je décide donc d'écrire ma vie. Je veux que les gens sachent comment on bascule dans la rue sans le vouloir, comment on peut se faire aspirer par la spirale infernale, et le sentiment qu'on éprouve, ensuite, quand les gens nous regardent de travers comme si c'était notre faute. Je veux qu'on comprenne ce qu'est la rue, pour qu'on comprenne ce que je propose. Un livre et une association. J'ai des idées plein la tête pour changer les choses. À vrai dire, ce n'est pas difficile. Il suffit de regarder ce qui ne va pas. Et il n'y a rien qui va. En fait, il faut tout changer, de fond en comble.

Le 15 octobre 2001, je prends un studio pour être tranquille, commencer mon manuscrit et mettre de l'ordre dans mes idées. L'un et l'autre, ce n'est pas facile. J'ai tellement tapé sur mes neurones que ma mémoire défaille et que mes idées ont du mal à se mettre en place. Le plus dur, ce n'est pas de me rappeler les choses, j'ai une bonne mémoire, c'est les dates. J'ai tellement bougé, je suis passé par tant d'endroits, que je n'arrive pas toujours à les remettre dans l'ordre. Je reste des heures assis sur mon lit, une tasse de café à côté de moi à replonger dans ma vie, à triturer mon esprit déstructuré. Parce que la misère ne s'arrête pas aux aspects matériels. Elle touche aussi les sentiments et l'esprit. Ouais, ça attaque du dedans, et ça, personne jamais ne le prend en compte. On croit qu'avec un petit arrangement matériel, un boulot, on va effacer la misère, mais le cœur et la tête, on ne s'en occupe pas. Et, ça, c'est plus important que le reste, et c'est plus long à refaire. C'est le centre du problème.

Mais tout seul dans mon studio, une autre idée me hante. Je pense à Nathalie. Pas à la personne, avec tous ses excès, mais à un fait bien précis : avant qu'on se quitte, elle n'avait pas eu ses règles pendant deux mois. Je me dis que je suis peut-être père, pour la seconde fois. Cette idée me perturbe. En plus de mes difficultés à écrire, elle m'entraîne vers des rêves troublants. Pour chasser cette idée, je sors. Je vais dans la rue pour rencontrer des femmes. Je ne cherche pas d'aventure sexuelle, je veux seulement parler un peu, ou partager un joint puisque j'ai tiré un trait sur l'alcool. De temps à autre, j'héberge aussi des désœuvrés pour quelques nuits. À force de tourner autour des femmes, je finis par avoir la tête accaparée par deux ou trois d'entre elles. L'envie me reprend de me remettre à boire, alors, pour l'enrayer, je tire de plus en plus sur le chichon. Au point que je n'écris plus un mot. Je suis sur une mauvaise pente. Mais devant le danger, en février 2002, je ramasse ce que j'ai et je me retrouve, sans thune, sur la route.

Avignon, Valence. Je reprends les foyers, mais j'évite la faune. Je fuis mais cette fois c'est différent. Avant, je fuyais pour échapper au monde, maintenant je fuis pour ne pas retomber dans mes vices. Grâce à ça, je me sens plus fort. J'ai choisi Valence pour faire la saison dans les maraîchers, seulement j'ai mal calculé, j'ai deux mois d'avance. Ce n'est pas grave. Je continue de bosser sur mon livre, je rencontre des gens qui m'aident, surtout la directrice de l'asile de nuit qui m'a semblé plus humain que les autres centres, et par l'intermédiaire de l'ANPE je rentre en stage de formation peinture. Tout se déroule bien. Je m'en tiens à mon programme. Je n'ai toujours pas retouché à l'alcool.

Malheureusement, au terme du stage, si l'employeur, pour respecter les conventions, m'embauche, c'est pour me transformer en homme à tout faire. Ce manque de respect, cet énième geste de mépris, me fait péter les plombs et, le troisième jour, je me retrouve complètement ivre en Hollande. Pendant trois jours, je replonge dans le crack, l'alcool, l'herbe et le shit. De là, je redescends vers la France, mais je m'arrête à Bruxelles.

Pendant un mois et demi, je replonge dans l'alcool et la clochardisation. Un an d'efforts, de discipline et de volonté balayé en une semaine. Je me croyais fort, je mesure l'ampleur de ma déchéance. Dans la rue, on peut difficilement croire que tout va bien. Mais on entretient toujours l'idée que si on veut, demain, on pourra s'en sortir. C'est vital. Sinon ça veut dire qu'on baisse les bras et qu'on accepte de crever. C'est vrai qu'aujourd'hui mes frères sont de plus en plus nombreux à baisser les bras, mais moi je n'ai jamais accepté. Seulement, effondré dans mon ivresse au milieu des passants dans le centre ville, je ne peux plus me bercer d'illusions, je dois reconnaître ce que je suis devenu, non seulement un mendiant, mais un poivrot. Je me suis fait pote avec un groupe. Il y a Ludo, Christophe, Charlie, Monique. Ils sont plus jeunes que moi, mais à fond dans la picole. En leur compagnie, je me laisse complètement sombrer. Comme aux plus beaux jours, ou aux pires, je ne dessaoule plus. Je bois, je vomis, je pisse et je cuve dans un sommeil hanté de cauchemars.

Dans l'asile de nuit où je pieute, il y a un gars, un ancien taulard. Il est sympathique. Il ne se fait pas remarquer. Il essaie de se réinsérer. Je le croise régulièrement et, dans mes brumes alcoolisées, j'arrive à lui sortir un petit bonjour. Un jour, je ne le revois plus. Je ne m'inquiète pas. Chez nous, les gens vont et viennent. C'est par hasard que j'apprends qu'il a été lourdé. On a découvert, dans sa turne, un petit rat dans une cage. Ça ne mange pas de pain, un petit rat, et ça l'aidait à vivre. Mais toujours le règlement. Pas d'animaux. C'était le foyer ou le rat. Il a choisi le rat.

Cette histoire me réveille. Dans ma clochardisation extrême, j'essaie de reprendre mon manuscrit. C'est très dur, physiquement, intellectuellement et moralement. Tous les matins, je m'astreins à passer une heure ou deux dans un parc avec du papier et un stylo. Raconter ma vie, pour moi, c'est la revivre. Et revivre ma vie, c'est revivre tous les coups que j'ai pris, repasser par toutes mes souffrances. Mais, en même temps, je prends conscience que ma vie n'est pas qu'un simple enchaînement d'événements. Une force m'accompagne. Chaque fois que je me retrouve en danger extrême, une main venue de nulle part vient m'arracher de l'endroit où je sombre pour que je continue d'avancer. Tout ce que j'ai vécu, on dirait que ça a un sens. Comme si on avait voulu me faire passer par toutes les expériences afin de mieux me préparer à mon combat. Même les détails me paraissent significatifs.

Et, dans mon parc, je me laisse aller à délirer. Je vois la main de Dieu partout. Ça dure, comme ça, quelque temps, jusqu'à ce que je me reprenne. Si je veux vraiment faire quelque chose, je ne dois pas me laisser aller à la mystique, je dois rentrer dans le concret. Ce n'est pas que je mette en doute le sentiment très fort que j'ai, ici, du compagnonnage de Dieu. Au contraire. C'est parce que je le sens présent à mes côtés que je ne veux pas me laisser aller. Si Dieu m'a protégé jusqu'à maintenant, c'est pour que j'aide mon prochain. Du coup, je décide de quitter Bruxelles, ses vapeurs d'alcool, et de revenir en France pour mener ma lutte jusqu'au bout.

Mais où ? J'ai tellement usé toutes les villes de mon pays que je suis dépourvu d'idées. J'opte finalement pour Le Havre. J'y arrive un vendredi dans la journée. Il y a pénurie de place. Tous les foyers sont pleins. Ça me surprend. Avant, même si on m'expliquait qu'il y avait plein de monde sur les listes d'attente, j'arrivais toujours à trouver une solution. Les listes d'attente, c'était plutôt un bâton avec lequel on nous menaçait. Mais là, au Havre, ce n'est plus du bidon. Les foyers sont réellement surchargés. Je me dégote finalement un lit, mais quand le soir du dimanche arrive le surveillant me prend à part et me fait comprendre que je dois vider les lieux pour le lendemain. Moi et les autres, on doit dégager parce que le foyer a été privilégié pour des sans-papiers en attente d'éclaircissement sur leur statut. Je n'en reviens pas. Ce n'est pas les sans-papiers le problème, au contraire, eux il faut les aider, leur situation est pire que la nôtre, ils n'ont carrément rien, pas même le RMI. Le problème, c'est la manière dont s'y prennent les services publics. Au lieu de créer des structures spéciales pour eux, ils les greffent sur nous. Je ne sais pas pourquoi ils ne veulent pas reconnaître le problème, moi j'en vois les conséquences au niveau de la rue et elles ne sont pas brillantes. Pour aider les uns, on fait dégager les autres. Plus tard je découvrirai que cette situation se répète ailleurs, avec des variantes, dans les foyers mais aussi bien dans les soupes populaires ou dans les vestiaires.

Quoi qu'il en soit, le lundi matin, je me retrouve dans les rues du Havre. Et il n'y a pas plus de place que quand je suis arrivé. Direction Rouen. Je pense que je vais me débrouiller en stop, mais ça ne marche pas ou très peu. Pour ne pas rester sur place, je me mets à marcher et, les heures défilant, je finis par arriver à Rouen à pied. Là, je cherche un foyer pour me reconstruire, me remettre à mon livre et à mon combat. Seulement, après avoir écouté mon histoire, les éducateurs m'orientent vers un centre médical, ce que justement je ne veux pas. Du coup, je quitte Rouen pour descendre vers le sud. À la sortie de la ville, je me remets au stop en me disant qu'au Havre ç'avait été un accident, mais là non plus, le stop ne marche pas. Je suis obligé d'avancer à pied. Encore un changement auquel je n'ai pas fait gaffe et qui est pourtant décisif dans notre existence : faire du stop est de plus en plus dur. Ce n'est plus dans les mœurs. Résultat, quand on n'a pas de thune, comme nous autres, les exclus, si on veut changer de ville, soit on grille le train, avec P-V à la clef, soit on marche.

Dans chacune des villes que je traverse, j'essaie la mendicité. Encore un truc qui se perd. Je ne veux pas dire que les gens, aujourd'hui, donnent moins. Ils auraient même peut-être tendance à donner plus, mais ils sont trop sollicités, on est trop nombreux à crever de misère. Ma descente vers le sud est un calvaire. Je dors au bord de la route, je me nourris d'épis de maïs à peine éclos. Quand j'arrive en vue de la région parisienne, je n'en peux plus. Je monte dans le premier train que je trouve et qui m'amène à Tours. Je vais griller mais je m'en fous, je suis trop crevé.

À Tours, je trouve enfin refuge auprès d'une communauté Emmaüs. L'accueil est chaleureux, la bouffe est bonne. Il y a une douche et je peux changer mes habits en loques. Malheureusement, la suite n'est pas à la hauteur. Malgré mon état physique déplorable, après ma randonnée sur les routes depuis Le Havre, je suis obligé de travailler. Ça, encore, ce n'est pas le pire. J'en ai vu d'autres, j'ai la peau tannée. Mais il y a le chauffeur. Une véritable ordure. Pendant quatre jours, j'ai droit à tout : insultes, humiliations. Le quatrième jour, je ramasse mes affaires et je fous le camp. Quand j'ai fait remarquer le comportement ignoble du gars au chef du centre, celui-ci n'a rien pu me répondre sinon qu'ils connaissaient son caractère mais qu'ils avaient besoin de lui parce qu'il était le seul à avoir un permis poids lourd.

Je me retrouve donc devant la gare, sans une thune, comme d'hab. J'en ai marre des contrôleurs, des P-V. Je n'en peux plus, de cette merde. D'un autre côté, je suis trop faible pour reprendre la route à pied. Je me décide donc à aller à la poste, pour voir s'il me reste quelque chose sur mon compte. On ne sait jamais. Surprise ! Un restant de RMI. Je l'encaisse, mais au lieu d'aller à la gare j'écume tous les cafés de la ville et, vers vingt-trois heures, complètement ivre, je prends un billet pour Paris.

Le matin, je me réveille dans un hôtel, avec la gueule de bois. Il me reste encore quelques sous et je décide d'aller me payer un tapin, rue Saint-Denis. Mais arrivé à hauteur de l'arche, je reste sans voix. Une jeune femme, elle doit avoir une trentaine d'années, dans un état lamentable, mange, par terre, les graines de maïs et les bouts de pain que les gens jettent aux dizaines de pigeons qui y ont élu domicile. Autour d'elle, des badauds rient et la prennent en photo, comme une bête de foire ! Je ne sais pas quoi faire, à part souffrir avec elle. Finalement, je lui achète un Yoplait, un fromage, des gâteaux et lui donne cinq euros. Je ne peux rien faire d'autre. Je reste quelque temps à l'observer, jusqu'à ce que je la voie boire son Yoplait. Là, je suis rassuré, je peux partir. Mais avant, je la prends en photo avec un petit appareil jetable que je viens d'acheter. J'ai décidé de commencer un album pour montrer au monde le malheur dans lequel vivent les exclus.

Pendant que je descends le boulevard Sébastopol, au milieu de l'agitation, l'image de la jeune femme sous l'arche ne me quitte pas et je traîne dans les rues de Paris en regardant autour de moi. Ce que je vois, avec mon nouveau regard, m'effraie. Des êtres humains en état de clochardisation extrême qui se comportent comme des animaux, dans tous les coins de la capitale.

Le lendemain, je quitte Paris pour Lyon. Deux jours autour de la gare de Lyon-Perrache et je fais le même constat. Des vagabonds dans un état d'ultime clochardisation, qui ont franchi le point de non-retour, et pour lesquels revenir à une vie meilleure est d'ores et déjà interdit.

Clocheman, l'écorché vif

Arrivé à Toulon, crevé, je m'aperçois que j'ai des poux. Je dégote une fontaine pour me laver et atténuer mes démangeaisons. C'est humiliant, je dois le faire devant tout le monde, mais c'est ça ou me gratter toute la nuit.

Quand le soir tombe, j'évite délibérément l'asile de nuit. Même si ça fait maintenant quinze ans, j'ai encore en mémoire la brute qui nous sélectionnait. Je trouve un petit parc, à l'écart du centre. Traduction : l'endroit est moins fréquenté et je risque moins de me faire agresser. Je m'installe, je dispose mon sac sous ma tête, je m'enroule dans un vieux manteau râpé et je m'endors à la belle étoile. Je plonge dans le sommeil comme une masse. Mais au milieu de la nuit, je suis réveillé par une averse. Je lève la tête. Il ne pleut pas ! C'est l'arrosage automatique qui vient de se déclencher. En hâte et tout trempé, je ramasse mes affaires. À la lumière incertaine de la lune, je repère un talus herbeux, le long de la voie ferrée. Ça fera l'affaire. Mais au bout de dix minutes je commence à sentir des démangeaisons sur tout le corps. Je fais un saut en arrière pour m'apercevoir que je me suis installé en plein sur une fourmilière. Mince ! Je déménage à nouveau, avec tout mon barda, trempé et couvert de fourmis. Finalement, j'aperçois, en retrait de la route, un petit terre-plein désert. Cahin-caha, je vais m'y coucher. Je vérifie qu'il n'y a pas d'arrosage, pas de fourmis, et je recommence toute l'opération, sac, manteau, puis je m'assoupis, heureux de pouvoir enfin trouver le repos. Seulement je ne dors pas depuis dix minutes, que je suis à nouveau réveillé par de drôles de bruits. Des halètements, des petits cris venant d'une estafette. Qu'est-ce que c'est encore ? J'écarquille les yeux : le terre-plein est un lieu de passe pour les tapins qui exercent plus bas ! Je ne sais plus où dormir. En plus, des mecs rôdent sur la route. Du coup, je deviens inquiet. J'ai peur qu'on ne m'agresse et qu'on ne me dépouille, alors je marche jusqu'à ce que j'aie semé les types. Mais ça ne me rassure pas beaucoup de ne plus les voir, j'ai la pétoche. Je serre mon sac contre moi.

Quand le jour se lève, j'atterris dans un jardin public où je peux enfin m'assoupir, rassuré par les gens qui circulent autour de moi. Mais je ne suis pas très à l'aise au milieu de la foule. Au bout d'une heure, je me réveille, aussi crevé que si je n'avais pas dormi. Je n'ai presque pas de thunes mais je suis crado, mal rasé, je commence à puer… mauvais pour la manche. Alors, je me mets au vin rouge parce que la bière est trop chère et, pour bouffer, je fais les poubelles à la recherche d'un bout de pain, d'un restant de frites. En mangeant, je perds une dent. La deuxième en quinze jours.

Heureusement, depuis quelque temps, ma foi s'est renforcée. Les prières, le souvenir du catéchisme, qui ne m'ont jamais quitté, ont pris une nouvelle dimension. Ce n'est plus simplement une habitude – la seule bonne habitude que j'aie conservée dans ma pire déchéance –, c'est devenu un secours. À présent, la charité, l'amour du prochain me soutiennent. Mon combat pour mes frères est né dans la révolte. Seulement, la révolte, si c'est bien, ce n'est pas suffisant. J'en ai fait l'amère expérience. Pour tenir, pour transformer la colère en action, il faut une force, et la foi me donne cette force. Je ne suis pas très savant, bien sûr. Je ne peux même pas dire que j'ai la foi du charbonnier. Vu mon état, c'est plutôt celle du vagabond, du mendiant, de celui qui a tout perdu. Mais le sentiment d'être protégé par Dieu me permet de ne pas baisser les bras.

Je zone autour de la gare de Toulon. La manche ne marche pas du tout. J'en profite pour avancer mon manuscrit, pour penser à l'association que je veux créer. J'essaie d'envisager toutes les possibilités pour que mon projet réussisse et que, grâce à lui, mes compagnons de misère aient une chance de s'en sortir. Mais c'est très dur, et, quand je n'en peux plus, le rosé m'aide à supporter mon état de clochardisation avancée.

À force de vivre dans la rue, je me suis fait des relations partout. Après quelques jours, grâce à des potes routards, je m'introduis dans la faune locale. On me donne des nouvelles des anciens. Ils sont tous morts : maladie, suicide, accident... La rue les a tous emportés. C'est ça aussi, l'exclusion. Des compagnons qui meurent avant l'âge, minés, ruinés, assassinés par leurs conditions de vie. Mais on n'en parle pas.

Pendant les quinze jours que je reste à Toulon, j'en profite pour observer encore et encore le monde de la cloche. Entre la place d'Armes, le port et Chicago – le quartier des putes –, ils se ressemblent tous, mes potes. Malgré leur haine d'une société qui les a ghettoïsés, ils restent sensibles. Ce sont même les premiers à porter assistance aux plus faibles. Le plus difficile, pour eux, c'est de voir passer un enfant sans pouvoir lui donner la main. La plupart partagent un parcours similaire : divorce, séparation d'enfant, alcool, rue. De temps à autre, ils se disputent, ils en arrivent même à se battre pour des conneries quand le désespoir et l'alcool les submergent. Leur vie est aussi la mienne, depuis vingt ans.

J'ai élu domicile non loin de la gare avec quelques gars qui sont devenus des amis : Michel, une figure locale qui se bat pour les exclus, Philippe, un ancien harki, et Pascal. Grâce à leur soutien, je parviens à traverser cette période difficile.

Le 6 septembre 2002, je fais un saut à la poste. Pas de RMI. Je n'ai pas accompli les démarches administratives pour que mon dossier me suive jusqu'à Toulon. Donc, ceinture. Mon moral déjà très bas en prend un coup. Tout va mal : santé bancale, thunes à zéro, clochardisation à fond. Je creuse mon abîme. Pour moi, c'est le signe que je dois bouger. Je décide de remonter à Paris. C'est ma ville, si je dois faire quelque chose, c'est là.

J'arrive à la gare de Lyon à vingt et une heures. J'essaie de faire la manche, mais il y a trop de mendiants, les gens sont las de donner. Je quitte la gare sans réussir à tirer une thune et me rends à Châtelet. À hauteur de Saint-Paul, quelqu'un me hèle. « Jean-Paul ! » Je me retourne. C'est Gérard ! Ça fait environ neuf ans qu'on ne s'est pas vus, neuf ans depuis notre bagarre ! Sans rancune, il m'invite et me paie un café. Ça me fait tout drôle de me retrouver là, dans le quartier de mon enfance, en compagnie de mon frère. Il va, comme moi, vers ses cinquante balais et se fait toujours appeler Gino. À ses dires, je comprends qu'il continue son existence de saltimbanque. Il a même réussi à se bâtir une petite réputation parisienne. Je suis content pour lui, heureux de le revoir, de l'entendre, mais aussi un peu gêné et, quand il m'invite à venir dormir chez lui, je me sens obligé de refuser. Je pourrais passer quelques jours avec Gérard, ça me ferait plaisir et je pourrais enfin me reposer, mais ça me ramollirait. Trop de confort me ferait oublier la misère de mes frères. Je dois rester dans la rue si je veux mener mon combat.

Place Saint-Michel. La nuit est pleine de touristes. Bien plus qu'à l'époque de ma jeunesse. La manche, toujours zéro. Les touristes ne donnent pas trop. Ils ne sont pas chez eux, ils ne se sentent pas concernés. En revanche, ils gaspillent. Sans thune, je suis obligé de chercher à manger dans les poubelles. Avant de me pencher, je regarde à droite et à gauche si on me voit faire. Fouiller dans les poubelles, c'est quelque chose qu'on est contraint de faire mais qu'on déteste, comme beaucoup d'autres choses. On s'y résout pour survivre. Seulement, même les poubelles ne sont plus ce qu'elles étaient. Malgré les touristes, elles sont vides. Mes compagnons les ont déjà fouillées. Je renonce à manger et je me mets en quête d'un coin pour pioncer. Là aussi, c'est la galère. Cette nuit-là, Paris est balayé par de violents orages. Je dois trouver un endroit abrité, et les places sont chères. Pour mes besoins, il y a bien des sanisettes mais elles sont payantes, alors je fais entre les voitures, comme un animal.

Pendant quelques jours, je tourne. Gare d'Austerlitz, gare de Lyon, Bastille, Saint-Michel, c'est la cour des miracles. Des dizaines d'êtres humains dorment sans hygiène, mangent dans les poubelles, et vivent comme des animaux au milieu de l'indifférence générale. Parmi cette population ghettoïsée à l'extrême, des Français, des Maghrébins, des gens de l'Est. Pendant un mois, je zone dans ce rectangle de la capitale. Je n'ose pas m'aventurer dans les autres quartiers. J'ai peur de ce que je pourrais y découvrir. Un mois au cours duquel je m'abreuve des images qui ont fait mon ordinaire pendant vingt ans mais dont la multiplication prend une allure dramatique. Gare de Lyon, une scène désormais banale. Un de mes camarades est allongé par terre, inconscient. Des gens, inquiets, se sont attroupés et ont fait venir un vigile. Quand celui-ci arrive, il jette un coup d'œil au pauvre gars puis fait un pas en arrière : « C'est rien, c'est un clochard ! » Ces paroles ahurissantes ont un effet magique. Les gens se regardent les uns les autres puis s'en vont, abandonnant mon compagnon à son triste sort. Ce n'est qu'un clochard ! Mon pote s'en sortira, mais, non loin de là, gare d'Austerlitz, on passera, indifférent, devant l'un de mes camarades pendant trois jours avant de s'apercevoir qu'il est mort ! Trois jours, toute une foule de voyageurs, de VRP, de vigiles, de tout ce qu'on veut, passant à côté de lui et pressant le pas en se disant : « C'est rien, c'est un clochard ! »

Ma décision est prise. Le 27 septembre 2002, je vais entamer une grève de la faim devant les locaux de la Ligue des droits de l'homme. Si je dois mourir, qu'il en soit ainsi. J'espère simplement que des gens réagiront avant qu'il ne soit trop tard. Ça ne peut plus durer. Toute cette misère ne peut plus durer. Il faut casser la spirale, arrêter avec ce système qui n'a réussi qu'à nous parquer dans la rue. Et en premier lieu, il faut briser le premier tabou et donner la parole aux exclus.

En attendant le 27, je fais la manche dans la gare d'Austerlitz, que j'ai adoptée, et je dors sur les berges de la Seine en compagnie de Christian, un frère de galère. Si j'ai assez de thunes, je me paie un burger simple et un café, sinon je fais les poubelles. Je m'achète aussi des petites bières et du tabac. Je ne me lave pratiquement pas. Je commence à puer. Je m'enfonce dans la plus profonde clochardisation.

Avec mon manuscrit, je vais démarcher les gars d'une association, mais ils n'y jettent même pas un œil. « La clochardisation, ça n'intéresse pas les élus. Les exclus sont une population sans intérêt ! » osent-ils me lâcher. Je suis furieux : que des hommes crèvent dans la rue, à leur porte, ça ne les intéresse pas ! Ils baissent la tête. Je ne sais pas comment je dois prendre leur silence. Comme de la honte, peut-être.

Le lundi 25 septembre, je me retrouve devant la Ligue des droits de l'homme, dans le 18ᵉ. Avec le peu d'argent que j'ai économisé sur la manche, j'ai acheté un paquet de tabac, un carnet de feuilles et deux litres d'eau. J'ai avancé ma grève de deux jours. La détresse de ma situation, l'alcool qui revenait à grands pas, je ne sais pas si j'aurais pu tenir encore les deux jours qui me séparent du 27. Pour me sauver, je précipite donc mon entrée dans le combat.

J'ai choisi la Ligue des droits de l'homme parce que mon combat est avant tout humain, non politique ou quoi que ce soit d'autre. Je lutte pour mes frères et mes sœurs, pour qu'on les reconnaisse comme des hommes et des femmes. Les droits de l'homme, pour moi, c'est tout un symbole. Je suis sûr que ceux de la Ligue prendront fait et cause pour ma lutte et qu'avec leur aide je parviendrai à faire bouger les choses.

Je m'installe donc sur le parking de la Ligue avec ma couverture, mon manuscrit, mes photos. Dès le deuxième jour, un représentant de la Ligue vient me voir pour me proposer un hébergement, mais je refuse. Je veux faire entendre la voix de ceux qui sont sans voix. Je ne veux rien pour moi. Je veux témoigner pour eux.

Le quatrième jour, à mon réveil, je trouve deux croissants. Je les jette au loin. Dans l'après-midi, je perds encore une dent. Je fais la connaissance d'un SDF du quartier, Stéphane, avec lequel je deviens pote. Il m'apporte des cartons pour faire des écriteaux.

Les gens commencent à venir me voir. Les Bleus de Nanterre, la police, le SAMU social et d'autres organismes. Une anthropologue, Virginie, se propose de me filmer au jour le jour. D'autres personnes du quartier m'apportent leur aide, parmi lesquelles une jeune femme, Alexandra, l'une des filles de Ray Charles. Je parle beaucoup. J'explique.

La première semaine passe. Le plus dur est fait. Maintenant, je suis calé, mais aussi de plus en plus fatigué à cause de l'absence de nourriture, du froid, de la pluie et du manque de sommeil ; je ne dors que quatre heures par jour. Heureusement, grâce à ma foi, à mes prières et à mon amour pour ma fille, Élisabeth, je ne cède pas. D'autant que les gens du quartier font preuve d'un formidable élan de solidarité. Ils sont là, ils m'entourent, ils me soutiennent et me protègent un peu. Ils me ravitaillent en cigarettes et en bouteilles d'eau. Les hommes, les femmes, les enfants, les personnes âgées, tout le quartier est derrière moi. Grâce à leurs efforts, la presse commence à bouger.

On se met à me photographier, à parler de mon action sur Internet. On m'interroge pour la radio, le journal du 18e publie un article sur moi et tout s'enclenche. D'un coup, je deviens un centre d'attractions. Je passe le plus clair de mon temps à m'expliquer auprès des journalistes radio, télé ou presse écrite : *Le Parisien*, *Métro*, *Vingt Minutes*, *Libération*, Paris Première, RFI… Il m'est difficile de tous les citer, vu que des journalistes, il en vient tous les jours.

C'est à partir de ce moment aussi que je me fais connaître sous mon nom de guerre, Clocheman. C'est lors d'un séjour à Montpellier que je l'ai trouvé, pendant un passage dans un CHRS. Je m'étais mis à écrire des paroles pour les chansons d'un groupe rap que je voulais créer et, quand j'ai dû les signer, je n'ai rien trouvé de mieux pour me qualifier que Clocheman. Et là, quand il m'a fallu parler pour mes frères et sœurs, Clocheman est revenu et s'est imposé. Bien sûr, c'est Jean-Paul Fantou qui fait la grève de la faim, mais c'est Clocheman qui combat, Clocheman, pour toutes les cloches, sans distinction.

En revanche, les gens de la Ligue des droits de l'homme ne sont pas à la hauteur de ce qu'ils représentent. À aucun moment ils ne me proposent d'utiliser leurs toilettes, ce qui m'oblige, dans l'état d'extrême épuisement où je me trouve, à faire mes besoins à une vingtaine de mètres, comme un chien. Et, à plusieurs reprises, leur président vient garer sa voiture sous mon nez. Lorsqu'ils passent devant moi, je surprends, dans les regards des mecs de la Ligue, une lueur de mépris. J'en suis profondément blessé. Je m'attendais à autre chose.

Un jour, une petite famille qui me soutient, Brice, sa femme Dominique et leur fille Aurane, vient me voir avec un buste de Jésus sculpté dans du bois d'olivier qu'ils ont rapporté de Bethléem. Après la naissance d'Élisabeth, c'est le plus beau cadeau de ma vie. Mais malgré tous les articles de presse, les pouvoirs publics ne bronchent toujours pas.

Le vingt-deuxième jour, un type, qui se dit ancien flic, me braque avec un 357 Magnum. Heureusement, des amies présentes avertissent la police qui l'arrête. Le lendemain, il est relâché, sans son arme, et il vient s'excuser de son geste. À vrai dire, je n'arrive pas à savoir ce qu'il veut. Je suis fatigué et lui a l'air perturbé.

Pendant ce temps, je ne cesse de recevoir des journalistes, des gens qui s'intéressent à mes revendications, du personnel de Médecins du monde, avec qui le courant passe mal, ou du SAMU social, avec qui le courant passe mieux.

Finalement, le vingt-sixième jour, curieusement, comme pour ma première grève, la mairie de Paris décide de me recevoir. C'est Milène Stambouli, qui était venue me voir quelque temps auparavant, qui m'invite. Je ne peux m'empêcher de penser : « Ça y est, j'ai gagné ! » Enfin les pouvoirs acceptent qu'un exclu leur parle, enfin ils admettent qu'un exclu peut représenter ses compagnons de misère et être écouté en tant que tel.

Cette invitation coïncide avec le jour de la Réunion contre l'exclusion qui se tient une fois l'an. Pour l'événement, la mairie a déplié le tapis rouge à l'entrée. C'est là que Milène Stambouli m'attend :

— Vous voyez, monsieur Fantou, on reçoit des exclus, on leur donne la parole.

Je sursaute :

— Ouais, vous les recevez après vingt-six jours de grève de la faim !

L'échange ne va pas plus loin. Je me présente dans la grande salle de réunion. Des lambris partout, de grands lustres au plafond et, tout autour d'une énorme table, plein de gens responsables. Je parle pendant trois quarts d'heure. Je remets mes notes d'intention, j'explique le sens de ma grève : que les exclus soient pris en considération dans leurs besoins et leurs envies, qu'on humanise les foyers. Je fais des propositions, simples, concrètes, pour les accueils d'urgence, pour les foyers de réinsertion aussi. Je parle de l'association que je veux créer, de ma structure d'aide aux SDF telle que je l'imagine, qui pourrait remplacer les CHRS, et où les exclus s'occuperaient des exclus, en partenariat avec les associations et l'État. Bref, je parle, on m'écoute, et j'obtiens, à la sortie, un hébergement de quarante-cinq jours à l'hôtel avec, en plus, l'assurance que je serai contacté par une association pour pouvoir travailler comme je l'ai proposé et apporter mon expérience.

Dans la semaine qui suit, je suis très actif. Interviews, rencontres. Je passe voir mes compagnons de misère. Ils ont presque tous une coupure de journal relatant mon combat. L'espoir revit en eux. Clocheman se bat pour eux.

Seulement, passé ces quelques jours d'euphorie, le reste ne suit pas. L'association des Haltes des amis de la rue, qui désirait travailler avec moi, se défile. Manque de crédits. L'hôtel où je vis est un vrai bouge : en moins d'un mois j'ai droit à deux inondations et plusieurs coupures de courant. L'assistante sociale qui s'occupe de mon RMI égare mon dossier. Après quinze jours, toujours rien. Je me dépense beaucoup. Les médias, les démarches auprès d'associations, les manifestations contre l'exclusion, les médecins du dispensaire qui me suivent, le vestiaire pour me fringuer et enfin la manche pour manger et payer mes cartes téléphoniques afin de maintenir mes contacts. Tout ça m'empêche de trouver le repos réparateur qui aurait normalement dû suivre une grève de la faim de vingt-six jours à la sauvage.

Finalement, comme rien ne prend corps, je décide de recommencer le combat et je réquisitionne un local au

142 de la rue Marcadet. La police intervient pour m'expulser, mais grâce à mes récentes relations je lui tiens tête. Les responsables du local, qui appartient à la Ville de Paris, arrivent alors. Ils parlementent avec moi en me jurant qu'ils ne porteront pas plainte. Je les crois. J'ai tort. Trois jours après, comme je suis toujours là, ils portent plainte et m'accusent même d'avoir cassé une vitre.

Par l'occupation de ce local, je poursuis mon combat, mais je n'arrange pas ma situation. Je n'ai plus de thune, mon moral est au plus bas, ma santé se dégrade et je continue de perdre des dents. Malgré tout, quand j'apprends que des gens vont manifester contre les SDF, je prends mon courage à deux mains pour me rendre sur place. C'est au métro Max-Dormoy. Une cinquantaine de personnes, toutes habillées en noir, crachent sur les élus, les associations et les pauvres. Je m'accroche verbalement avec elles. Ceux qu'ils visent avec leur « manifestation », c'est un groupe de SDF du coin, en majorité antillais, terrorisés par ces brutes qui les menacent des pires sévices. L'un d'eux aura le triste privilège d'être le premier mort de froid de l'année quelques semaines plus tard ! Il s'appelait Jean.

Ma situation dans le local est précaire. Mes actions ne me permettent pas de sortir du cercle vicieux dans lequel je me trouve. Une deuxième réunion avec les responsables locaux a lieu à la mairie de Paris, mais cette fois, elle se passe mal. On ne me laisse pas parler. Je quitte la réunion en plein milieu. J'ai la désagréable impression d'être grugé, un peu comme après ma première grève de la faim, quand on m'avait accordé la garde d'Élisabeth pour que je me calme. Cette fois, l'effort est un peu plus grand mais je n'ai pas le sentiment qu'on m'écoute à fond. Je suis juste une voix qui manquait, dans leur réunion, la voix de l'exclu pour faire complet. Ils me font entrer dans le système alors que moi je veux le faire exploser.

De retour dans mon local, je décide de reprendre mon action de zéro, d'entamer cette fois une grève de la faim et de la soif. Manifestement, c'en est trop pour la Ligue des droits de l'homme. Un de ses représentants vient me voir et menace d'appeler la police. Je vois rouge. Dois-je comprendre que les exclus, les cloches, ne sont pas des hommes, qu'ils ne bénéficient pas des droits de l'homme ? De colère, je lui crache au visage et je lui jette à la face tout ce que je pense de la conduite de la Ligue durant ma première grève. Et, à nouveau, je rencontre les médias. Pendant quatre jours je ne mange pas et je ne bois pas. Mon esprit se met à divaguer. Je perds deux dents. Le vendredi 13 décembre, la mairie du 18ᵉ et la société propriétaire du local que je squatte me promettent de me trouver un lieu et de m'aider à commencer mon travail auprès de mes frères et sœurs d'infortune. Je crois que je suis enfin compris et je lève le camp.

Le jour même, je touche mon RMI avec ses arriérés. Soudainement, je suis riche. Je me paie un hôtel plus luxueux, je m'habille, je dépense sans compter. Pendant une dizaine de jours, je prends des contacts. Je rencontre notamment Mgr Gaillot au cours d'une manifestation contre la guerre en Irak, et j'attends que la mairie m'appelle. Mais les fêtes de Noël arrivent. Ceux qui m'entouraient se dispersent aux quatre coins de la France, dans leurs familles respectives. Je suis de nouveau seul. Et mes rendez-vous avec les autorités sont sans cesse annulés ou reportés, pour cause de maladie ou de congé. Enchaînement de circonstances ou mauvaise volonté, en tout cas, les faits sont là. Quelques jours, quelques semaines, ce n'est pas grand-chose pour un homme « normal », mais pour quelqu'un qui vit dans la rue, cela semble être des mois. Et les heures que je passe dans ma chambre, seul, à attendre qu'on me reçoive me détruisent. Je me sens coincé par ces promesses et, pour supporter, je me remets à boire.

Je libère ma chambre d'hôtel et je me retrouve à la gare de Bruxelles. Je n'ai plus la force de me battre. Je me sens épuisé à la seule idée de quitter les alentours de la gare. Je me traîne jusqu'à un parc, juste à côté, je trouve un banc où je m'assois et je jette un regard autour de moi. Ici, dans ce petit coin bruxellois, je me sens presque bien. Je retrouve mes repères, ça me rassure. Une canette de bière à la main, mon barda à mes pieds, seul sur mon banc, je me détends et, doucement, je me laisse sombrer dans la clochardisation et l'alcoolisme.

Au bout d'une dizaine de jours, après avoir perdu une nouvelle dent, je quitte Bruxelles pour Marseille. Marseille, c'est un peu mon deuxième Paris. Je me dis que je vais m'y ressourcer, y retrouver des forces pour reprendre la lutte. Mais ma seule vraie force, c'est les prières et le souvenir d'Élisabeth.

En descendant les grandes marches de la gare Saint-Charles, je sens flotter l'odeur de la mer et, sans réfléchir, je descends jusqu'au Vieux-Port. Il y a une église, que je connais de façade. Je n'ai toujours fait que passer devant, cette fois j'y entre. J'y reste un peu pour y prier, puis je me mets en quête d'un foyer.

J'y passe deux mois. J'ai élu domicile dans un abri de nuit, rue Forbin, à Saint-Jean-de-Dieu. Tous les jours, je prie dans cette église du Vieux-Port. Mais je ne vais toujours pas très fort, je ne décroche pas de l'alcool et du chichon. En revanche, je collectionne les coupures de presse relatives au sort des sans-abri. Ce que je lis alimente ma colère, justifie à cent pour cent mon combat, mais la rue me cerne et me retient dans son enfer. Je tourne comme un lion en cage dans ma détresse, sans penser au lendemain. Le tapis rouge, les réunions à la mairie de Paris, ça me paraît tellement loin que j'en arrive à me demander si je n'ai pas rêvé. Ça me fait mal de voir combien le combat est inégal, David contre Goliath. Le pire, c'est que je me retrouve piégé par ce que, justement, je dénonçais. J'ai replongé dans l'horreur de la rue parce qu'on ne m'a pas traité avec dignité, et maintenant, j'y suis englué.

Le 5 mars 2003 sonne le glas de mes cinquante ans. Cinquante balais et presque autant d'années de misère. Cinquante balais, et je suis seul, sans ma fille, sans famille sauf la rue, sans amis, abonné à l'indigence. Mais cinquante balais, malgré tout, c'est quelque chose. J'ai envie de les célébrer, même seul. Coup de chance, mon RMI est tombé. À l'intérieur de moi, je souris. Dieu ne m'a pas abandonné. Il m'a fait un de ces petits coups dont il est coutumier. Je ramasse les billets et j'entre dans le premier bar. Je me plante au comptoir. Il doit être huit heures du matin, je commande un demi. Le garçon me regarde de travers, vu ma condition et ma commande, mais il me sert. J'en prends un deuxième, puis un troisième. Je n'ai pas mangé. Quand je sors, je suis légèrement comateux, mais je me sens bien. J'ai soif. De bar en bar, toujours seul, je grille la journée. Je sombre complètement, je ne sais plus où je mets les pieds. Je suis ivre mort. Le soir tombe. Je sors d'un énième bar quand, en mettant ma main dans ma poche, je m'aperçois qu'elle est vide. On m'a dépouillé ! Ce qui me restait de mon RMI, mon portefeuille, mes papiers, ma carte d'identité, tout a disparu, envolé. Je suis incapable de penser, et encore moins de réfléchir à l'endroit où ça a pu arriver. Dans les vapeurs de la picole, je ne trouve rien d'autre à faire que continuer de marcher devant moi, jusqu'à ce que j'atterrisse à la gare. Après ce qui vient de m'arriver, j'ai pas envie de retourner au foyer. Pas envie non plus de rester à Marseille.

Arrivé à Nîmes je suis dans un état physique et moral absolument déplorable. Je n'ai plus de thune, je n'ai plus de papiers, mais j'ai dessaoulé et je décide de me refaire dans cette ville. Le 115 m'oriente vers un foyer d'urgence, ouvert spécialement pour la période hivernale. Il est dans le centre ville, sur la place des Arènes. Seulement, les premiers jours, je dois attendre jusqu'à vingt-deux heures que le 115 me dise s'il y a une place pour moi. Deux fois, je dois dormir dans la rue, derrière une tôle mal fixée, dans un petit espace où je peux roupiller, protégé du regard des autres. Puis le foyer me prend comme résident régulier.

On est à peu près une dizaine. Le dortoir est divisé en petits boxes avec armoire et douche. Mais l'ambiance est malsaine. Certains hébergés, qui sont là depuis novembre, ont transformé l'endroit en un squat légal. Ils sont quatre ou cinq et ils font régner leur loi avec la complicité des surveillants. Ils fument le chichon, picolent, mettent le bordel pendant la nuit. Pour supporter, je bois dehors et le soir je n'ai qu'à m'écrouler sur mon lit pour dormir. Pendant ce temps, je cherche une place dans un autre foyer, mais tout est pris.

Avec le 16 mars prend fin la période d'hiver et le foyer d'urgence ferme. Toujours aucune place pour moi dans ceux du coin. D'habitude je change de ville. Mais là, je suis obligé de rester pour mes papiers. Je dors donc dans la rue jusqu'au 8 avril.

Pour éviter les agressions, je m'éloigne du centre ville et trouve un coin le long de la voie ferrée. Le bruit des trains, la nuit, le froid persistant, les bagarres, causées le plus souvent par l'abus d'alcool, rosé et bière, la manche qui ne marche pas, mes repas composés presque exclusivement de pain, les mégots que je ramasse par terre... j'ai le moral au plus bas.

La nuit du 6 avril, le froid m'empêche de dormir. Je suis à bout. Ça fait deux jours que je suis dans la détresse la plus totale. Cette nuit-là, l'idée de mourir me rend visite. La voie ferrée m'obsède. Ce serait tellement plus simple de me jeter sous un train, et d'en finir avec cette vie de déchéance et de souffrances. Je me laisse aller à toutes les idées morbides qui me traversent l'esprit. J'ai l'impression que jamais je ne sortirai de mon abîme, que jamais je ne réussirai à briser la spirale qui m'entraîne au fond. Ça fait presque vingt ans que je n'ai pas revu Élisabeth, ma seule raison de vivre encore, presque vingt ans que je ne sais plus où elle est, ce qu'elle est devenue ni même si elle est toujours vivante. Toute mon existence, j'ai reçu des coups, à croire que j'ai été créé pour ça. J'en ai marre. Marre de cette survie que je n'ai pas voulue. Je n'ai jamais voulu mourir non plus, mais au point où j'en suis... Quand je prends conscience de mes pensées, j'ai peur. Je pense alors à mon combat, à ma fille, et je me mets à prier. Cela me permet de tenir jusqu'au petit matin. Et pour ne pas flirter avec une nouvelle nuit de tentation, je vais frapper à toutes les portes.

Mais les places sont chères, il n'y a vraiment rien pour moi. À la mairie, évidemment, ils n'ont pas de place à me proposer, mais quand je me fais reconnaître par mes coupures de presse et que je menace de faire la grève de la faim ici même, devant l'hôtel de ville, miraculeusement ce qui était impossible devient possible. On me paie une super chambre d'hôtel en attendant de me trouver une place dans un foyer d'accueil. Finalement j'atterris dans un CHRS comme je n'en avais encore jamais rencontré. Un mas immense, plein de charme, entouré de grands pins centenaires. C'est tranquille, ça sent bon, c'est agréable, le seul inconvénient c'est que c'est dans la campagne et perché sur une haute colline ; du coup, il faut une heure pour aller au centre ville à pied.

Malgré mes réticences vis-à-vis de ces centres, je suis content d'être là. À présent, je me sens en sécurité et je vais pouvoir me reconstruire pour reprendre ma lutte. Je sais que le travail à accomplir est énorme. La rue m'a marqué. Elle a fait de moi un écorché vif. J'ai tout à rebâtir. Papiers à refaire, santé à rétablir, problèmes de dentition, difficultés liées à l'alcool, état psychologique défaillant. En souffrant mais en progressant, je passe les deux premiers mois.

Un soir, vers dix-sept heures, avec l'argent que j'ai en poche, je décide d'aller boire un verre au bistrot. En route, je croise deux gars de mon foyer et je les invite. Nous autres, parias, lorsqu'on part pour deux bières, on va au finish. Quand le bar nous fout dehors, je suis dans un état semi-comateux et, en arrivant devant le foyer, ce qui devait arriver arrive. En titubant, je m'accroche je ne sais où et je chute la tête la première. Je tombe comme une masse, mes lunettes volent en éclats et je m'ouvre la pommette sous l'œil gauche. C'est assez grave pour qu'on m'emmène à l'hôpital. Mais je ne suis pas plus tôt arrivé aux urgences que je me sauve. Seulement, le lendemain, je prends conscience de la gravité de ma blessure, et j'y retourne. Ce qui m'affole, ce n'est pas tant la blessure que l'idée qu'à un centimètre près je perdais mon œil. Après Jésus et ma fille, mes yeux sont ce qu'il y a de plus sacré pour moi. Du coup, je tire un trait sur l'alcool. Fini. Plus une goutte. Je ne veux pas devenir aveugle à cause d'une murge.

Éthylique profond comme je le suis devenu, le manque d'alcool me fait énormément souffrir. Pour lutter contre les effets du sevrage, j'intensifie mes prières et mes pensées pour Élisabeth. Pendant quinze jours, c'est l'enfer malgré les psychologues et les médecins qui m'entourent. Ce n'est pas une reconstruction que j'entreprends, c'est une résurrection. Et j'ai intérêt à réussir, parce que j'ai déjà planifié ma prochaine action. Elle aura lieu le 17 novembre, le jour de la Sainte-Élisabeth. Je n'ai plus que cinq mois devant moi.

Alors que je sue sang et eau pour m'en sortir, Daniel, un éducateur du CHRS me convoque. Il a la tête de travers comme s'il avait un gros problème à résoudre. Il me parle en triturant ses papiers sans me regarder en face :

— Dis-moi, Jean-Paul, tu cherches du boulot ?

— Bien sûr. Pour l'instant je…

— Ce n'est pas mon impression. Ça fait deux semaines que je te vois traîner à droite et à gauche. Je sais que tu ne vas pas à l'ANPE…

Je le vois venir, cet abruti, avec ses insinuations, mais je ravale ma colère, je ne veux pas faire d'histoires, surtout pas maintenant.

— Ce n'est pas que je ne veux pas travailler. Je ne peux pas, c'est tout. Je n'ai pas de lunettes, je ne vois rien. En plus, tous mes papiers sont à refaire. Je passe mon temps à aller consulter, pour mes yeux, pour mes dents, des psychologues, des travailleurs sociaux. Je prends des médicaments pour combattre l'alcool. Je ne suis pas en condition pour travailler mais je me reconstruis.

Il ne m'écoute pas. Je le vois à son attitude. Il fixe ses papiers, les yeux dans le vide. Il pense à ses rapports. Il doit rendre des comptes. Pour lui et pour ses supérieurs, la réinsertion ça se résume au travail. Le reste, ça n'entre pas dans leurs statistiques, ce n'est pas comptabilisé.

— Je ne veux pas savoir, finit-il par laisser tomber en levant légèrement la tête. Tu connais notre politique. Si tu ne cherches pas de boulot, ce n'est pas la peine de rester. Ici, c'est pas le Club Med. Tu es venu pour qu'on t'aide, on ne t'a pas forcé. Alors il faut jouer le jeu.

À une autre époque, après un truc pareil, j'aurais pris mes cliques et mes claques en serrant les dents. Il n'y a pas de raison pour qu'on me traite ainsi. Je ne suis ni un gosse ni un délinquant. Cet éducateur, qui prétend faire du social, n'oserait pas me parler sur ce ton en d'autres circonstances. Qu'est-ce qui l'autorise à le faire dans ce centre ? Quand j'en glisse un mot à la psychologue qui me suit, elle aussi juge cette attitude inacceptable. Même réaction de la part de mon assistante sociale.

Heureusement pour moi, le hasard fait bien les choses. Peu de temps après les menaces à peine voilées de l'éducateur, je reçois des lentilles de contact, qui me permettent de trouver un boulot dans le bâtiment, sur un marteau-piqueur.

Puis on nous annonce qu'en application d'une récente loi les hébergés vont devoir élire un délégué. Il n'y a pas beaucoup de volontaires. Mes camarades sont tellement habitués à se taire qu'ils ne réagissent même pas. En revanche, je saute sur l'occasion. J'ai déjà une expérience dans le domaine. Pour moi, ce sera enfin l'opportunité de voir les choses de plus près. J'avoue que je suis un peu surpris qu'on donne enfin des droits aux exclus.

C'est un pas en avant. Mais je vais vite m'apercevoir que ces droits sont très limités.

Entre le sevrage, les médicaments, le travail, mes problèmes de santé, je suis sans cesse très fatigué. Ça ne m'empêche pas de remarquer des dysfonctionnements. Un des éducateurs, par exemple, qui a arrêté de fumer, se trouve pris de boulimie. Il disparaît toutes les cinq minutes dans la cuisine pour se goinfrer de fruits qui sont, en principe, réservés aux hébergés. Ce n'est pas si grave. Mais quand ce même éducateur chope l'un d'entre nous parce qu'il a deux fruits sur son plateau : « Tu vas me reposer ça. Tu n'as droit qu'à un fruit. Tu remets l'autre à sa place », ça ne va plus du tout.

Ou bien, c'est l'aide-cuisinière, Marie. Lorsqu'elle a fini ses vacations, je la vois chaque fois sortir avec un sac de sport si lourd qu'elle arrive à peine à le traîner. Je lis dans le regard des éducateurs qu'ils soupçonnent quelque chose mais ils n'interviennent pas. J'en fais part aux surveillants. Ce qui me révolte, ce n'est pas le fait qu'on prenne une pomme, non, ce que je ne peux pas supporter, c'est qu'on dépouille ceux qui n'ont plus rien. Je fais aussi remarquer aux surveillants que lorsque Pascal, le cuisinier, est absent et qu'elle fait la cuisine, ce qu'elle prépare est immangeable, soit trop cuit, soit pas assez cuit. Pour toute réponse, ils m'expliquent qu'ils n'ont trouvé qu'elle et que, de toute façon, il y a pire ailleurs.

Un autre jour, un gars, Denis, se fait prendre avec de l'alcool dans son placard. Malgré l'interdiction, il boit en cachette des flasques d'alcool médical à 90°. Au lieu de l'aider, on le punit. Règlement : trois jours de « mise à pied ». Denis ramasse ses affaires et repart dans la rue. Évidemment, trois jours plus tard, pas de Denis. Comme si un type aussi détruit que lui allait revenir après s'être fait foutre dehors ! C'était couru d'avance. Les éducateurs le savent. Mais il y a pire. En le renvoyant dans la rue pour le punir de son travers, on le livre à l'enfer de son vice. Ça aussi, tout le monde le sait. Pour moi, ça s'apparente à de la non-assistance à personne en danger. Denis, je ne l'ai jamais revu. Je ne sais pas s'il est toujours vivant. Je suis pessimiste. Quand on en arrive au point de boire de l'alcool à 90°… Ils auraient pu essayer de le faire suivre médicalement. Il y a un type, bien d'ailleurs, qui s'occupe de la désintoxication et qui passe deux heures par semaine au centre. Il aurait pu l'aider. Mais non ! Ce n'est pas les mêmes services, la réhabilitation et l'alcool. Si on est dans un centre, on ne peut pas être dans l'autre. Je n'en crois pas mes oreilles. Ça ne les gêne pas de constater que c'est exactement la même population qui passe d'un centre à l'autre ?

Durant l'été, une nouvelle éducatrice débarque pour faire un remplacement. Elle s'appelle Véronique. Tout de suite, je sens le changement. Elle, elle a une réelle approche. Elle écoute les problèmes des gars. Quand elle en remarque un qui reste dans son coin, elle va le voir. Elle s'intéresse à lui. Elle est proche, elle est disponible. Elle ne cherche pas à casser mais à comprendre. Du coup, les gars vont lui parler spontanément. Il se passe quelque chose. Puis, un beau jour, elle n'est plus là.

— Où elle est, Véronique ?

— Elle est au siège. On l'a mutée dans les bureaux.

Voilà. On dirait que quand quelqu'un travaille bien, on l'écarte. Peut-être aussi qu'on la jugeait trop proche de nous ? Je n'en sais rien. Ce que je sais, c'est qu'elle était bien plus utile au milieu des gars que dans la paperasse.

Une petite chatte a pris l'habitude de se balader dans les locaux. Elle passe de chambre en chambre. C'est un peu notre mascotte. Mais il y a toujours ce foutu règlement qui interdit les animaux. Allez savoir pourquoi. La moitié des Français ont un animal de compagnie, mais les cloches n'en ont pas le droit. Pourtant, ça se voit, cette présence, ça nous fait du bien psychologiquement. Alors, en tant que délégué, j'interviens. Il faut que je me batte. C'est réunion sur réunion pour qu'on nous la laisse. Je finis par gagner, mais que d'énergie dépensée ! Et que d'hypocrisie ! L'interdiction des animaux, c'est sûrement pour des raisons d'hygiène. Mais, à cause de ça, il y en a qui ne vont pas dans les centres, d'autres qui se tirent ou se font renvoyer. Et tous ces gars, où ils atterrissent ? Dans la rue où, c'est bien connu, l'hygiène est parfaitement assurée...

Quand je mets bout à bout toutes ces histoires, j'ai souvent l'impression que pour les services sociaux la lutte contre l'exclusion s'arrête à la porte du centre. De l'autre côté, ils ne veulent pas voir. Ce n'est plus leur problème. Ils gèrent leurs institutions dont on forme le « bétail ». Ils se créent des lois, des règlements pour eux-mêmes, pas pour nous. Leurs quotas, leurs statistiques, leurs politiques, c'est fait pour les rassurer. Nous, on n'est que leur raison d'être, le problème qu'ils ont à gérer. Et on apparaît, comme problème, au moment où on franchit la porte d'un SAO. Tant qu'on reste sur le seuil, sur le trottoir, à la rue, on n'existe pas. De temps à autre, on crève. En hiver, on fait la une des journaux qui oublient tous ceux qui crèvent à petit feu le reste de l'année minés, usés par la misère, morale et physique, dans les hôpitaux et les hôtels. En hiver, on rentre dans les statistiques, on réapparaît pour les services sociaux. Puis la mi-mars arrive et, de nouveau, on disparaît. La rue fait de nous des morts vivants, je découvre qu'elle fait aussi de nous des fantômes.

À Nîmes, donc, où malgré tout ce CHRS reste l'un des meilleurs que j'aie connus, je reste un mois de plus que les six autorisés, le temps de finir mon CDD. C'est un travail pénible, avec ce marteau-piqueur qui semble peser des tonnes, mais je le fais jusqu'au bout, jusqu'au 30 octobre. Je suis ici pour me refaire, pour reprendre des forces avant ma nouvelle action que je projette pour le 17 novembre, je n'ai pas envie de traîner un mois à rien foutre. Quand le jour du départ arrive, je fais mon baluchon. Évidemment, depuis sept mois que je suis là, tout le monde est au courant de mon combat et la plupart des gars sont avec moi, même parmi le personnel – parce que là, c'est comme partout, il y a des mauvais mais aussi des bons, surtout deux veilleurs, Éric et Patrick, plus humains et apparemment plus compétents que les éducateurs eux-mêmes. Dans la cour, mes potes sont venus me dire au revoir. Un dernier mot, une dernière claque sur l'épaule, je jette mon sac sur mon dos et j'attaque la route en pente raide qui doit me conduire à la nationale, en bas, où je prendrai le bus pour aller à la gare.

J'arrive à Paris le 4 novembre. Pendant huit jours, je dors dans une petite chambre d'hôtel, rue Biot, près de la place Clichy. Je me prépare pour ma grève de la faim qui, je le sais, va être dure étant donné mon âge, le froid et la rue. Mes prières, mes pensées pour Élisabeth se font plus fortes et je reprends contact avec les gens qui m'avaient soutenu, rue Marcadet. Ils considèrent ma nouvelle grève comme suicidaire, mais ils me comprennent.

Le 12 novembre, je retourne vivre dans la rue. Je dois me réhabituer. Mais il pleut et il fait très froid. Je ne dors pratiquement pas et je ne mange quasiment rien. J'ai déjà entamé mon combat. Enfin, le 17 arrive. « Enfin », car mon désir de combattre est maintenant tellement ancré en moi que je ne peux plus attendre.

À midi, j'arrive devant le 127, rue de Grenelle, le ministère des Affaires sociales. Je dispose mon écriteau sur lequel est notifiée ma grève de la faim, et je m'installe sur le trottoir. Clocheman est de retour ! Dix minutes à peine après mon arrivée, des policiers débarquent. Je ne peux pas rester devant le ministère. Ils m'autorisent cependant à m'installer plus loin, à l'angle de la rue. L'essentiel, c'est que les fonctionnaires ne me voient pas ! Qu'ils ne soient pas dérangés par ma présence peu reluisante. Je me trimbale donc quelques mètres plus loin. De mon trottoir, je reste en vue des bureaux et je remarque que, derrière les fenêtres, les fonctionnaires se relaient pour m'épier. Au début, c'est un peu déplaisant, ces manières de cafards, mais très vite je m'habitue.

Un peu plus tard, les flics me rendent une nouvelle visite. Cette fois, ils essaient de me convaincre de quitter le quartier. Je refuse catégoriquement de bouger. Treize heures quarante-cinq. Apparemment les flics en ont marre de discuter, ou alors ils ont reçu un ordre, quoi qu'il en soit ils m'embarquent, avec force et bagages, dans leur fourgon et me conduisent au commissariat du 7ᵉ arrondissement. Dans le car de police, je retrouve mes vingt ans, mais dans les locaux du commissariat ce sont d'autres souvenirs, plus proches et moins heureux, qui me visitent, des souvenirs liés à une autre grève de la faim… Là, on me fait poireauter un peu. Ça sent le tabac froid. Deux flics me surveillent ; ils me regardent de travers comme s'ils voulaient m'impressionner. Finalement, on me fait entrer dans un bureau où se trouve un gradé devant lequel je m'explique. Le petit jeu des questions-réponses dure une heure. Mais je n'ai pas bougé d'un millimètre. Découragé, le gradé me relâche, et moi, je retourne tout droit à mon bout de trottoir.

La nuit se passe mal. Malgré mes morceaux de plastique, je suis inondé par la pluie. Au matin, à huit heures, un officier de police se pointe. La maison Poulaga a renoncé à la diplomatie, celui qu'elle a envoyé me donne l'ordre de dégager. Et ce n'est pas compliqué, si je refuse il va employer la force. Bien sûr, je m'obstine. Du coup, il appelle du renfort. Ses collègues, qui arrivent dans la minute, me soulèvent brutalement comme si j'étais un fauteur de troubles et me jettent dans un car, où ils balancent mes affaires comme si c'était de la merde. En chemin, je prends conscience que même dans la rue il y a des zones interdites, des endroits où on a le droit de crever et d'autres où on n'est pas même autorisé à montrer son nez.

Je me retrouve une fois de plus au commissariat du 7e arrondissement, devant le même gradé qui, de nouveau, essaie de me convaincre d'abandonner mon combat. Rien à faire. Cette fois, pas question de me laisser filer. Je me demande ce qu'ils vont inventer. Peut-être qu'il y a une loi contre les clochards qui zonent devant les ministères. S'il y en a une, ils la gardent en réserve, et plutôt que de me mettre en taule une nouvelle équipe me balance de force dans un fourgon, direction l'hôpital. Devant l'hôpital, comme je refuse de sortir du fourgon, on me jette sur une civière. Au service des urgences, sur mon brancard, j'attends qu'ils aient fini de m'emmerder pour retourner sur mon trottoir. Puis un médecin arrive. Il semble plein de bonne volonté. Il se propose de m'hospitaliser, de me faire des analyses. Mais c'est une manière de me tenir éloigné de mon combat. Je refuse tout en bloc, alors il se contente de m'ausculter. Il me dit que j'ai 18 de tension et que mon état général est déplorable. Je prends peur qu'en si peu de temps ma santé se soit dégradée de la sorte. Le médecin, cette fois réellement inquiet, me conseille une transfusion de sucre, que je refuse. Je signe une décharge et suis « libéré ». L'hôpital où on m'a conduit se trouve à Balard. Encore une ruse. Si je veux revenir au point de départ, je dois traverser la moitié de Paris avec tout mon barda. Des fois que cela me découragerait. Mais j'en ai vu d'autres. En plus, j'ai activé tous mes réseaux, les choses vont bouger.

Il doit y avoir une manifestation quelconque parce que, quand j'arrive, la place que je dois traverser pour rejoindre mon poste est entièrement cernée par la police. Je dois la contourner, et là, par accident, je croise Lionel Jospin. Je vais le voir pour lui expliquer qui je suis et ce que je fais. Il m'écoute, mais quand j'ai fini, il n'a absolument aucune réaction. Alors moi, je le plante là et je retourne à mon trottoir.

Le lendemain – mon réseau de relations et ma réputation depuis ma dernière grève de la faim ont dû remonter jusqu'au ministère –, les choses changent du tout au tout. Les flics qui hier me jetaient dans leur fourgon comme si j'étais un délinquant sont maintenant gentils, presque aux petits soins. Des membres féminins du ministère passent aussi me voir pour parler avec moi, s'inquiéter de ce que je veux, tâter le terrain et, en fin d'après-midi, une d'entre elles m'informe que Mme Christiane Henry, attachée au ministre Versini, a décidé de me recevoir dans la soirée.

Quand arrive le soir, on vient me chercher pour me conduire jusqu'à Mme Henry. Nous parlons. Comme tous les autres, elle essaie de me dissuader de continuer ma grève, et, comme chaque fois, je lui fais comprendre ma détermination. Mais, dans l'ensemble, l'entretien est cordial et je reçois l'assurance de sa part que j'aurai, dès le lendemain, rendez-vous avec M. Olivier Béatrix, chef de cabinet du ministre Versini. En partant, on me propose un hôtel pour la nuit, mais je refuse et rejoins mon bout de trottoir.

Tard dans la soirée, Mme Henry vient rediscuter avec moi. Dans son regard, je crois lire qu'elle comprend mon action. Je ne dors pratiquement pas. J'essaie tant bien que mal de rédiger ma note d'intention. Mais les conditions sont dures. Il fait froid, je suis crevé, il pleut aussi. Psychologiquement et physiquement, cette grève est éprouvante. Mes prières me sauvent, ainsi que le fait de savoir que des gens me soutiennent à fond dans mon action, surtout mon pote Pat.

Enfin, le petit matin arrive. Vers neuf heures, on m'avertit qu'on va venir me chercher, puis un car de flics se pointe pour me conduire dans les bureaux de la DDASS, rue de Tocqueville, dans le 17e. Là, je rencontre M. Olivier Béatrix, et je lui remets ma note. Après l'avoir lue, il me dit la prendre en considération et qu'il va la transmettre au bon bureau. Mais cette fois, j'ai l'expérience des promesses en l'air, je ne cède pas. Je lui dis que je n'arrêterai ma grève de la faim que lorsque j'aurai des engagements écrits. Après son départ, deux assistantes sociales viennent me parler et, finalement, ce n'est que vers quatorze heures que je quitte les locaux, rue de Tocqueville, et, à quinze heures trente, je reprends mon poste. Derrière les vitres du ministère, je remarque à nouveau de nombreux regards, mais je m'en balance. Vers dix-sept heures, nouvelle visite du ministère et, de ma part, toujours la même réponse : j'attends un engagement écrit de M. Béatrix.

Le lendemain matin, j'apprends que *L'Humanité* a écrit un article sur ma grève. Je suis content. Mon combat est apolitique, il est simplement humain, et je suis satisfait qu'un quotidien national, quel qu'il soit, le fasse connaître. Vers quinze heures trente, on me remet enfin l'engagement écrit de M. Béatrix où il est indiqué que j'ai rendez-vous avec Mme Henry pour régler les détails pratiques. Je le lis, je le signe et je le rends en ajoutant que je reste sur mes positions.

Vers dix-sept heures cinquante, Mme Henry vient me chercher. Pour me soutenir psychologiquement, j'ai demandé à Graziella Robert, de Médecins du monde, de m'accompagner. Mme Henry m'explique que je suis convié à participer à des réunions mensuelles au ministère, en tant que représentant des exclus, en vue de préparer les états généraux du social auxquels participeront aussi des représentants d'associations et du ministère des Affaires sociales.

Clocheman existe !

Les plus forts aident les plus faibles

Le cœur de mon projet tient en un mot : humanité. Quand je dis qu'il faut « humaniser » le système, tout le monde est d'accord. Mais lorsqu'on en vient aux applications concrètes, les bonnes intentions se dissipent et les mauvaises habitudes reviennent.

Humaniser le système, ça veut dire considérer mes frères et mes sœurs de misère comme les hommes et les femmes qu'ils n'ont jamais cessé d'être, et non comme des irresponsables. S'il fallait une preuve de ce que j'avance, j'invoquerais mes grèves de la faim. Il a fallu que je mette ma vie en péril pour que l'on daigne m'écouter.

Humaniser le système, ça signifie aussi faire confiance aux exclus. Là, c'est pareil, tout le monde est d'accord sur le principe, mais quand on passe aux actes, personne n'ose franchir le pas et on continue à ne pas tenir compte de l'exclu, de ses envies, de ses besoins, de sa parole.

J'ai raconté mon parcours pour dire et montrer que, malheureusement pour moi, pour y avoir vécu tant d'années, je maîtrise tout de la rue. Dans cet enfer, j'ai rencontré beaucoup de gens généreux, avec un vrai cœur et une vraie humanité, mais même eux ont du mal à changer de regard. C'est pourtant ce regard, plus que tout le pognon qu'on peut mettre dans les institutions sociales, qui détermine la réussite ou l'échec de ce qu'on appelle la réinsertion mais que je préfère appeler la réadaptation. C'est ce regard presque toujours qui nous ghettoïse, nous dit qu'on est des incapables, des êtres à qui on ne peut pas faire confiance. C'est ce regard qui trop souvent nous maintient dans la rue et fait de nous des révoltés.

Donc, si on veut vraiment changer les choses, si on veut vraiment changer le regard que le monde porte sur nous et, ainsi, espérer nous offrir un avenir, il faut prendre des mesures concrètes d'humanisation, et non se contenter d'en parler.

Le parcours du combattant de l'exclu comporte plusieurs stades.

Pour le premier, les centres d'urgence ou asiles de nuit, quelques réformes de bon sens permettraient d'« humaniser » l'institution et de sauver de nombreuses vies.

1. Il faut abolir le système actuellement en place qui veut que nous ne puissions pas rester dans ces centres plus de quinze jours. C'est une limite absurde ou vexatoire qui ne devrait pas exister. Ce dont nous avons besoin, c'est que ces centres nous acceptent sans limite de temps. C'est le point de départ pour que nous puissions acquérir ce dont nous manquons tant et, ainsi, engager un processus de réadaptation à long terme.

2. À chaque réunion de ces centres, les exclus devraient être représentés par d'autres exclus. Si ces centres sont faits pour nous, pour nous venir en aide, la moindre des choses est que nous puissions dire ce qui nous paraît manquer ou ne pas fonctionner.

3. Pour abolir la surgetthoïsation, ces centres devraient accepter tous les cas de figure qui se présentent : femmes seules, hommes seuls, couples, personnes avec animal, etc. La rue est aussi diverse que l'humanité elle-même. Personne ne songerait à imposer de ségrégation dans les immeubles. Pourquoi devrions-nous la subir ? Aurions-nous cessé d'être humains pour qu'on nous parque, les hommes d'un côté, les femmes de l'autre ?

4. Il faut abolir les dortoirs, pour respecter le droit à l'intimité des exclus. Là encore, il s'agit d'un principe élémentaire. Ces dortoirs ne nous permettent pas de sortir de la rue, ils nous y renvoient. Ils nous font comprendre que nous ne sommes rien, que du bétail que l'on parque pour la nuit, et ils attisent notre révolte.

5. Chaque centre doit être pourvu de chambres d'enfants, afin que l'exclu qui y a résidence puisse exercer son droit parental en cas de séparation. L'une des raisons majeures qui conduisent un gars dans la rue est un divorce malheureux suivi d'une séparation d'avec ses enfants. Or les conditions qui lui sont faites dans la rue sont telles que très vite il se trouve dans l'impossibilité d'exercer son droit de garde et que ce qui l'avait provisoirement poussé à la rue devient, pour lui, une condamnation définitive.

6. En période d'hiver, il faut que l'on puisse partir vers dix heures et non vers sept heures comme c'est le cas actuellement. On m'explique qu'on nous jette dehors pour le ménage. C'est un faux problème. Il suffit de prévoir une pièce où l'on pourrait se rassembler et libérer ainsi les parties communes.

7. Il doit y avoir une meilleure formation du personnel, notamment des gardiens de nuit, et que le personnel associatif nous manifeste plus d'humanité. Qu'il nous

accepte comme nous sommes, hommes et femmes, et qu'il arrête de nous traiter en irresponsables ou en « criminels ». Tout le monde sait que se retrouver à la rue n'est pas un crime. Pourtant, les règlements et les comportements à notre égard ressemblent étrangement à ceux des prisons ou des maisons de redressement. Est-ce la meilleure manière pour nous aider ?

8. Il est nécessaire que les centres conservent des dimensions humaines, destinés à recevoir entre vingt-cinq et quarante personnes, et non, comme parfois, plus de cent personnes. Comme pour les quinze jours ou les dortoirs, cette exigence a pour but de permettre à l'exclu de se sentir mieux, considéré comme un homme et pas comme une bête, et ainsi de pouvoir commencer sa reconstruction.

9. Il faut que le personnel minimal soit constitué par : un psychologue, un alcoologue, un médecin, une assistante sociale pour remplacer les matons qui nous répriment. De deux choses l'une : soit on veut nous aider à nous sortir de notre misère, soit on se contente de la gérer. Mais si on choisit de simplement la gérer, notre misère va coûter beaucoup plus cher à la collectivité, puisque, en agissant ainsi, on nous maintient dans la rue à vie. Il est vrai que la rue ne fait pas de cadeaux et que nous y mourons. Mais alors, il faut avoir le courage de l'avouer : Nous gérons votre misère jusqu'à ce que vous creviez.

10. Chaque centre dit « d'urgence » doit être pourvu d'un lieu adéquat pour pallier la clochardisation à l'extrême et éviter la ghettoïsation. Il y a malheureusement toutes les sortes de dégradations dans la rue. Certains d'entre nous se trouvent dans des états si déplorables que même nous, nous avons du mal à les accepter. Faut-il pour cela les abandonner ? Ce sont nos frères sur lesquels le malheur s'est acharné.

11. Il faut que ces lieux soient pourvus d'un vestiaire pour pouvoir nous changer, car l'exclusion fait que nos habits sont très endommagés, et une annexe doit être créée près du centre pour le repas de midi, afin d'éviter l'éloignement qui remet en cause la réadaptation. Le premier problème du clochard est l'absence de repères, l'instabilité. Occupés à courir partout pour régler nos problèmes, nos papiers, pour trouver de quoi manger et où dormir, nous menons une existence de bête traquée. Nous qui n'avons rien, aucun endroit pour nous reposer, pourquoi nous obliger encore à traverser la ville pour manger, nous habiller ou dormir ? Enfin, pour éviter la surconsommation d'alcool pendant l'attente avant d'entrer au centre – où par conséquent les exclus boivent avec excès –, il faut qu'ils puissent boire en mangeant. C'est une question de vie ou de mort. L'interdiction d'alcool dans les foyers est un règlement hypocrite qu'il faut casser. Tout le monde sait très bien qu'une fois hors du foyer, tous ceux à qui on a interdit de boire vont picoler encore plus.

Voilà quelques-unes des réformes, du simple bon sens, qu'il faudrait appliquer aux asiles de nuit et qui apporteraient, dans les faits, cette humanisation. À cela, il faudrait ajouter que chaque centre devrait être doté de plusieurs télévisions – parfois, il n'y en a qu'une pour cent personnes, ce qui entraîne des tensions entre les résidents –, que les repas devraient être plus caloriques, que des activités diverses devraient être proposées afin de nous permettre de décompresser, etc. Et encore, à un autre niveau, il faudrait que l'État contrôle davantage ces centres, puisque leur financement vient du citoyen, il faudrait exiger qu'ils soient centralisés et, enfin, qu'ils soient ouverts toute l'année et non cinq mois seulement.

Le deuxième stade, dans le parcours de l'exclu, c'est le CHRS. Là, de simples aménagements ne suffisent plus, il faut entièrement repenser l'institution, faire une véritable *révolution sociale* en plaçant l'exclu au centre, en lui faisant confiance, en le traitant comme un citoyen à part entière que la misère a atteint mais à qui elle n'a pas retiré sa qualité d'homme ou de femme.

Partir d'un tel principe, c'est prendre le contre-pied de tout ce qui se fait. Ce que je propose est donc complètement différent des pratiques ordinaires. Cela correspond à ce que moi et tous mes frères aurions aimé rencontrer un jour, ce dont nous avons besoin. Je suis prêt, pour ma part, à mettre en œuvre un tel projet. J'en ai élaboré tous les détails. Depuis ma première grève de la faim, devant les locaux de la Ligue des droits de l'homme, je ne cesse de demander que l'on me donne un local pour commencer mon travail et prouver qu'en suivant mes préconisations on obtiendra des résultats infiniment meilleurs, que l'on offrira enfin un avenir aux cloches.

Le système que je présente, et que j'appelle « lieu de vie », sans entrer dans les détails matériels de son organisation, repose comme je l'ai dit entièrement sur l'exclu.

La situation est aujourd'hui trop grave pour que tous ceux qui sont concernés continuent de se chamailler. Il faut de toute urgence retrouver le sens de la fraternité et collaborer. Ceux qui sont concernés sont : l'État, les associations et les exclus eux-mêmes. C'est pourquoi je propose que mon « lieu de vie » soit géré et dirigé en collaboration par les trois parties. L'État, qui détient les cordons de la bourse ; les associations, qui apporteraient leur expérience ; et les exclus, avec leur regard et leur compréhension.

Ensuite, il faut, à tout prix, que l'on traite, dans ces « lieux de vie », les exclus qui y entrent comme des êtres humains à part entière. Pour cela, il faut abolir toute discrimination. Devront donc être acceptés dans un même lieu des hommes, des femmes, des couples, avec ou sans enfants, accompagnés ou non d'animaux, de dix-huit à soixante ans. Ensuite, puisque ce sont des êtres humains, ils devront être traités comme tels. Concrètement, cela signifie que chacun devra disposer d'un studio où il sera entièrement libre : de faire sa cuisine, de boire et de manger comme il le veut, de recevoir et d'héberger des gens comme il le désire. Un studio qui soit véritablement un chez-soi et non pas une cellule de prison.

Ces « lieux de vie » devront, en outre, disposer d'un encadrement constitué par : une assistante sociale, un alcoologue, un médecin, un psychologue, et un parrain, un ex-exclu. À lui seul, cet encadrement suffit. Pas besoin de maton ou d'éducateur, mais de personnes pour aider. L'assistante sociale prendra en charge les problèmes de papiers et, surtout, s'occupera des dettes financières qui pour la plupart d'entre nous sont suspendues comme une épée de Damoclès au-dessus de nos têtes : amendes diverses, pensions impayées, etc. L'alcoologue sera chargé du suivi de ce fléau qui touche la majorité de ceux qui sont dans la rue. Le médecin sera là pour rétablir la santé physique de mes frères et sœurs de misère que la rue a détruits, et le psychologue pour leur apporter une aide et un soutien moral dont ils ont besoin pour recommencer à vivre normalement. Quant au parrain, parce qu'il connaît tous les vices de la rue, parce qu'il sait comment on réagit quand on vient de là, il pourra comprendre les besoins et les envies de l'exclu dont il s'occupe.

Enfin, chaque cas étant traité pour lui-même, il faudra que ce qui est proposé soit réel et non une simple promesse, que l'exclu qui a décidé de s'arracher à la rue sache, en entrant, qu'après une formation ou une remise à niveau un travail et un logement l'attendent à la sortie.

Le séjour dans le « lieu de vie » pourra durer de six à dix-huit mois, le temps qu'il faut pour que l'exclu puisse se reconstruire. Après deux à trois mois durant lesquels il pourra se soigner et retrouver une certaine stabilité, commencera la formation. Bien sûr, ces centres seront dotés d'une Charte de vie. Car respecter quelqu'un, lui faire confiance, c'est le respecter jusqu'au bout. Mais si un exclu déconne, s'il ne respecte pas la Charte de vie, il ne sera pas jeté dehors comme un malpropre, mais orienté vers d'autres institutions, où il pourra recevoir des soins et une protection adéquats. Dans cette Charte de vie il sera également spécifié que l'exclu s'engage à suivre un stage au terme duquel il sera assuré d'avoir un travail et durant lequel il ne touchera pas le RMI.

Toutes mes idées pourront être reprises. Je ne prétends pas en avoir le monopole, elles ne font qu'exprimer ce dont mes frères et mes sœurs ont besoin. Je demande simplement, moi l'exclu, les moyens de les mettre en œuvre, et tant qu'ils ne me seront pas donnés, tant que l'on n'accordera pas confiance à un exclu, je considérerai que l'on ne m'a pas entendu.

Mais j'ai confiance, parce que Jésus m'a toujours protégé. Comment expliquer autrement que moi qui n'étais rien, qui n'avais rien, j'ai quand même réussi à rencontrer les personnes les plus importantes, comment expliquer que, du fond de ma rue, j'ai fini, après tant de galères, par trouver un éditeur ? La seule explication, c'est que Jésus me protège et veut me voir réussir dans mon entreprise, qui est tout entière dédiée à mes compagnons.

Aujourd'hui, je n'ai pas de local pour montrer au monde que les choses peuvent véritablement changer, mais moi, Jean-Paul Fantou, dit Clocheman, je me battrai jusqu'au bout, jusqu'à ce que la misère soit éradiquée. Je sais que c'est un combat sans fin, mais je sais aussi que, en le menant, je pourrai éviter des morts et sauver des vies, et c'est déjà beaucoup.

Votre dévoué Jean-Paul Fantou,
dit Clocheman

Table

Pour en savoir plus
sur les Presses de la Renaissance
(catalogue complet, auteurs, titres,
extraits de livres, revues de presse,
débats, conférences...),
vous pouvez consulter notre site Internet :
www.presses-renaissance.fr

Achevé d'imprimer sur les presses de

BUSSIÈRE
GROUPE CPI
*à Saint-Amand-Montrond (Cher)
en octobre 2005*

*Composé par Nord Compo
à Villeneuve-d'Ascq*

N° d'édition : 0089. — N° d'impression : 053815/1.
Dépôt légal : octobre 2005.

Imprimé en France